KB139635

웹 크롤링부터
데이터 분석,
시각화와
머신러닝 구현까지

엑셀을 활용한
**데이터 과학
실무 입문**

웹 크롤링부터 데이터 분석,
시각화와 머신러닝 구현까지

엑셀을 활용한
데이터 과학 실무 입문

지은이 김보겸

펴낸이 박찬규   엮은이 박진수   디자인 북누리   표지디자인 아로와 & 아로와나

펴낸곳 위키북스   전화 031-955-3658, 3659   팩스 031-955-3660
주소 경기도 파주시 문발로 115 세종출판벤처타운 #311

가격 27,000   페이지 360   책규격 175 x 235mm

초판 발행 2018년 01월 12일
ISBN 979-11-5839-089-1 (93000)

등록번호 제406-2006-000036호   등록일자 2006년 05월 19일
홈페이지 wikibook.co.kr   전자우편 wikibook@wikibook.co.kr

이 책의 한국어판 저작권은 통한 저작권자와 독점 계약으로 위키북스가 소유합니다.
신저작권법에 의해 한국 내에서 보호를 받는 저작물이므로 무단 전재와 복제를 금합니다.
이 책의 내용에 대한 추가 지원과 문의는 위키북스 출판사 홈페이지 wikibook.co.kr이나
이메일 wikibook@wikibook.co.kr을 이용해 주세요.

이 도서의 국립중앙도서관 출판시도서목록(CIP)은
서지정보유통지원시스템 홈페이지(http://seoji.nl.go.kr)와
국가자료공동목록시스템(http://www.nl.go.kr/kolisnet)에서 이용하실 수 있습니다.
CIP제어번호 CIP2017035878

엑셀을 활용한 데이터 과학 실무 입문

웹 크롤링부터
데이터 분석,
시각화와
머신러닝 구현까지

김보겸 지음

위키북스

4차 산업 혁명으로 일컬어지는 IT 기술은 눈부신 속도로 발전을 거듭하고 있다. 몇 년 전만 해도 상상하지 못했던 인공지능 스피커나 자율 주행 자동차가 이미 상용화 단계에 이르렀고 알파고로 대표되는 인공지능 소프트웨어는 이미 사람이 하던 일을 대신 할 수 있는 수준에 이르렀다. 그리고 이러한 발전은 앞으로 더욱 빨라질 것으로 예상된다.

이 모든 기술 발전의 원동력은 무엇일까? 어떤 이유로 이전에는 불가능하게 보였던 기술들이 이토록 빠르게 실현되고 있는 것일까? 한없이 어려울 것 같은 이 질문에 대한 답은 의외로 쉽다. 정답은 바로 '데이터'다. 구글이 만든 알파고, 테슬라의 자율주행 시스템 그리고 마이크로소프트의 인공지능 코타나(Cortana)는 모두 데이터 해석을 바탕으로 만들어진 결과물이다. 수많은 데이터가 쌓이고 알고리즘을 통해 분석되면서 상황에 맞는 최적의 의사결정을 내릴 수 있는 시스템이 만들어진 것이다. 한마디로 데이터가 효과적으로 활용되면서 먼 미래에만 가능할 것이라고 생각되었던 많은 신기술들이 점차 실현되고 있는 것이다.

이러한 시대 흐름을 감안할 때 결국 데이터를 얼마나 효율적으로 활용하고 분석할 수 있느냐가 장래 생산성을 좌우하는 큰 기준이 될 것이다. 그런데 끊임없이 만들어지고 재생산되는 데이터의 특성을 감안하면, 단순히 데이터를 보유하기만 해서는 가치가 만들어지지 않을 것이라는 점을 알 수 있다. 누구나 마음만 먹으면 데이터를 만들고 찾을 수 있기 때문이다. 핵심은 이러한 데이터를 효과적으로 가공하고 분석하는 능력에 있다. 원유를 정제해 다양한 고부가가치 석유화학 제품들을 만들어내듯이, 흩어져 있는 데이터를 필요에 맞게 수집하고 분석할 수 있는 형태로 만든 다음, 이것을 상황에 맞게 해석해서 부가가치가 높은 정보로 만들어내야 한다. 그렇게 할 수 없다면 아무리 많은 데이터가 있어도 원유와 다를 바 없이 부가가치가 낮은 데이터 덩어리만 달랑 지닌 셈이 되고 만다.

본서는 이런 식으로 데이터를 효율적으로 활용하기 위한 기초 능력을 기르는 것을 목표로 한다. 특히 마냥 어렵게 느껴지는 데이터 분석을 누구나 쉽게 이해할 수 있게 하기 위해 데이터의 기초 개념부터 차근차근 설명한다. 이 과정에서 데이터 분석을 어렵게 만드는 프로그래밍 언어와 복잡한 이론들은 최대한 멀리하고, 데이터 분석의 기초를 이루는 테이블과 변수에 집중해 설명하고자 했다. 그리고 예제를 전반적으로 쉽게 이해할 수 있도록, 여러 도구 중에서 가장 손쉽게 다룰 수 있는 마이크로소프트 엑셀과 무료 애드인 프로그램들을 활용했다.

또한 기초 작업에 해당하는 데이터 수집 및 가공 기술뿐만 아니라, 시각화와 머신러닝으로 대표되는 고급 데이터 활용 방안도 다루고 있다. 이를 통해 데이터 과학이라는 것이 꼭 파이썬이나 R과 같은 언어 프로그램을 작성해야만 배울 수 있는 전문 지식이 아니라, 엑셀 표로 구성한 데이터를 가지고도 입문할 수 있는 친근한 개념이라는 점을 이야기하고자 했다. 본서에서 다루는 내용이 전문 수준 머신러닝 안내서에는 미치지 못 할지라도, 데이터에 대한 기초 개념을 통해 데이터 과학의 전체적인 그림을 보고 스스로 학습할 수 있도록 안내하는 데는 충분하다고 생각한다.

그럼에도 필요한 내용을 더 많이 다루지 못해 아쉬움이 남는다. 하지만 이는 개인적인 욕심 때문에 아쉬움이 남았다기보다는, 그만큼 데이터 분석이라는 분야가 넓고도 깊은 이해가 필요한 영역인데 이 책에서 그 범위를 다 다루지 못한데서 생긴 아쉬움이라고 봐야 할 것이다. 이런 의미에서 아무쪼록 본서를 통해 데이터와 데이터 분석을 이해하고, 이 일을 계기로 데이터에 대한 더 많은 관심과 배움으로 이어지기를 수망한다.

"한 아이를 키우려면 한 마을이 필요하다"라는 아프리카 속담이 있다. 이는 한 권의 책을 펴내는 일도 마찬가지인 것 같다. 비록 책 한 권을 내놓는 일을 한 아이를 키우는 일에 비교할 수는 없겠지만, 지금의 책이 나오기까지 많은 분들의 도움이 있었고, 그분들 없이는 책을 펴내는 일이 불가능했기에, 이 지면을 빌어 감사하고 싶다. 우선 책의 기획부터 집필을 거쳐 편집에 이르는 과정 내내 지원을 아끼지 않으신, 위키북스의 박찬규 대표님과 부족한 내용과 어설픈 문장을 채워 주시고 바로잡아 주신, 리율의 박진수 대표님께 감사드린다. 또한 부족한 업무 능력을 채워 주고 집필 과정에서 지치지 않게 버팀목이 되어 주신 월드비전 국제사업본부 전략팀 팀원들과 팀장님, 그리고 언제나 사랑으로 지지해 준 누님과 어머님께 감사드린다. 마지막으로 언제나 옆에서 응원해 주고 힘이 되어 준, 사랑하는 아내 지혜와 잘 자라 준 아들 예준이에게 고마움을 전한다.

경영학을 전공하고 은행에서 첫 사회생활을 시작했다. 매일 밤마다 이어지는 야근을 피하기 위해 엑셀의 데이터 관리 기능에 관심을 갖기 시작했고 이내 엑셀의 편리함에 빠져들었다. 엑셀 VBA(Visual Basic Application)를 통해 프로그래밍에 입문하여 코딩의 장벽을 넘나들고 있으며, 은행을 나와 벤처기업을 창업했지만 부족한 준비로 인해 실패한 뒤에 다가온, 인류를 이롭게 하는 국제개발사업에 매료되어 국제 구호 개발 기구인 월드비전에 입사했다. 월드비전에서는 예산 수립과 비용 분석 등을 담당했고 우간다 개발 현장에 파견되어 개발 사업을 직접 진행했다. 이때 사업 방향성 설정과 성과 분석 등을 위한 데이터의 중요성을 깨닫고 데이터에 대한 연구를 다시금 시작하여, 엑셀을 바탕으로 하는 데이터 분석과 시각화 그리고 머신러닝에 대해 연구하고 있다. 코딩을 하는 대신에 쉬운 도구를 사용하여 데이터를 분석하는 방법을 찾고 있으며, 그 일환으로 마이크로소프트 데이터 분석 및 시각화 프로그램인 파워비아이 관련 블로그를 운영하고 있다. 은행 재직을 계기로 각종 금융관련 자격증을 취득하였으며, 국제재무분석사(CFA) 시험에 합격하였고, 기전대학교에서 재무분석 및 파생상품 강의를 진행했다. 현재는 월드비전 국제사업 전략팀에서 국제사업 예산 관리와 비용 분석을 담당하고 있다.

개인 블로그 _ http://blog.naver.com/bokyoum_kim

파워비아이 활용 카페 _ http://cafe.naver.com/mspowerbi

01부

데이터 분석 기초

02부

실전 데이터 분석

01 부

데이터 분석 기초

1부는

크게 두 개의 장으로 구성되어 있다.

1장에서는 본격적인 데이터 분석 이전에 데이터가 무엇이고 어떤 형태로 되어 있는지 그리고 데이터 분석은 어떤 프로세스를 거쳐 이루어지는지 설명한다.

2장에서는 데이터 분석의 기본 재료인 데이터를 실제로 어떻게 수집하고 가공하는지 그리고 데이터 분석의 기초가 되는 테이블과 쿼리는 어떻게 만들고 활용하는지를 설명한다.

01장

데이터 분석
환경 구축

이번 장에서는 '데이터'라고 부르는 것이 구체적으로 무엇이고 어떤 형태로 되어 있는지, 그리고 이를 효과적으로 분석하기 위해서는 어떤 과정을 거쳐야 하는지 살펴본다. 또한 이러한 데이터 분석의 기본이 되는 테이블에 대해 알아 보고 데이터 분석을 위한 기술들과 도구들을 어떻게 활용해야 최적의 분석 환경을 구축할 수 있는지 설명한다.

1.1 데이터 분석

'데이터'란 단어만큼 요즘 들어 주목을 받는 단어도 없는 것 같다. 미디어에서는 연일 데이터의 미래 가치와 활용에 대해서 이야기하고 기업들은 앞다투어 데이터를 활용한 상품을 개발한다고 발표한다. 또한 많은 개인은 빅데이터 분석을 위한 코딩 과정에 열을 올린다. 이러한 현상을 볼 때 확실히 '데이터'가 사회 전반에서 '핫' 한 단어인 것은 분명한 것 같다.

하지만 막상 "데이터로 어떻게 가치를 창출하나요?"라는 질문에 자신 있게 대답하는 사람은 많지 않다. 더 나아가 "데이터가 무엇인가요?"라는 질문도 마찬가지다. 데이터가 중요하다고 생각은 하지만 아직까지 데이터가 정확하게 무엇이며 어떻게 가치를 창출할 수 있는지를 제대로 인식하는 사람은 드물다.

그런데 사실 우리 모두는 알게 모르게 매일 많은 양의 데이터를 취급하고 또한 분석하면서 살아가고 있다. 인터넷 뉴스를 검색하고, '할 일 목록'을 작성하며, SNS에 댓글을 달고, 아이의 몸무게를 기록하는 일 등은 알고 보면 모두 데이터를 다루는 일들이다. 결국 복잡한 현대 사회에서 더 나은 의사결정을 위해 고민하는 모든 개인의 일상은 데이터와 떼려야 뗄 수 없다.

하지만 그렇다고 모든 개인이 데이터 분석가가 되어야 한다는 것은 아니다. 다만 일상생활에서나 업무에서 주어진 데이터를 제대로 인식하고 이를 어떻게 취급하고 정리해야 하는지 그리고 더 나아가 데이터에서 필요한 정보를 어떻게 유추해내는지 아는 것은 필요하다. 그래야 매일 쏟아지는 데이터 속에서 다른 이들보다 한걸음 앞서 현상을 이해하고 더 나은 의사결정을 내릴 수 있기 때문이다.

1.1.1 데이터란 무엇인가?

데이터는 넓은 의미로 보면 '기록된 모든 정보'다. 기록의 대상은 사물이나 사람이 될 수도 있고 또는 어떤 현상이 될 수도 있다. 그리고 이러한 데이터를 기록하는 방법 역시 글이나 사진, 숫자 또는 미디어 등 다양한 방법이 사용될 수 있다. 따라서 엑셀의 행과 열로 잘 정리된 기록이 아닌 연습장에 적은 개인 메모나 신문 기사 스크랩 등도 모두 데이터라고 할 수 있다.

하지만 가치를 창출할 수 있는 데이터, 곧 이 책에서 이야기하고자 하는 데이터는 일반적으로 이야기하는 것과는 조금 다른 형태의 기록이다.

예를 들어 SNS에 오늘 올라온 하나의 댓글이 있다고 하자. 이것을 데이터라고 이야기할 수 있을까? 여기에 대한 답은 상황에 따라 달라진다. 넓은 의미로는 분명 데이터지만 이를 온전히 데이터라고 인식하기에는 조금 부족해 보이는 것도 사실이다. 그런데 이러한 댓글이 같은 형식으로 매일 축적되어 한 달 이상 모인다면 어떨까? 이렇게 모아진 데이터는 분명 어떤 현상에 대한 사람들의 반응을 확인해 볼 수 있고 추가 분석으로 사건 동향도 알아 볼 수 있다. 따라서 이는 온전한 데이터라고 볼 수 있을 것이다.

이러한 관점에서 본다면 일반적으로 데이터라고 부를 수 있는 것은 지속적으로 수집되고 저장되어 활용 가치가 있는 자료라고 할 수 있다. 즉, 여러 기록 중에서도 같은 형식으로 반복되어 측정되거나 기록되어 어떤 현상이나 결과를 알 수 있는 자료를 데이터라고 말할 수 있다.

그런데 한 가지 더! 댓글에 올라온 글을 추출하거나 변환할 수 없다면 어떻게 될까? 자료를 통해 어떤 현상이나 결과를 알기 위해서는 분명 그 자료를 해석 가능한 형태로 바꿀 수 있어야 한다. 기술상의 문제로 댓글을 다른 형태로 변환할 수 없고 이용이 제한된다면 더 이상 데이터라고 부를 수 없다. 데이터란 결국 자유롭게 변환되고 활용되어 어떤 현상이나 결과를 유추할 수 있는 지속적이고 반복적으로 수집된(일정한 형태로) 기록 또는 자료라고 할 수 있다.

1.1.2 데이터 분석의 실체

보통 데이터 분석이라고 하면 매우 과학적이고 객관적이며 수학과 같이 답이 딱 정해져 있는 방법론이라고 생각하는 경향이 있다. 하지만 사실은 이와 정반대이다. 데이터 분석은 사람의 주관이 많은 부분 반영되며 추측에 의해 결론이 만들어지는 것이 일반적이다. 물론 데이터 분석을 단순히 엑셀로 자료를 요약하거나 집계하는 활동을 가리킨다면 답이 정해져 있다고 할 수도 있다. 그렇지만 일반적인 데이터 분석은 요약과 집계 뿐만 아니라 이를 바탕으로 한 해석과 주관적인 판단을 포함하는 활동이기에 덧셈의 결과처럼 정확한 답이 정해져 있지는 않다.

하지만 데이터 분석이 비과학적이라는 말은 아니다. 단지 데이터 분석을 통해 의사결정을 내리는 것이 절대적이지 않다는 것과 어떤 현상이나 결과를 유추하는 것은 사회 과학적인 활동이기에 여러 가지 비(非)정량적인(또는 이해하기 어려운) 변수의 개입이 있을 수 있다는 의미이다.

[그림 1–1] 그림에서 동일한 주가 데이터를 보고도 한 사람은 주가가 오를 것으로 예측하고, 한 사람은 내릴 것으로 예측하고 있는데, 이는 같은 주가 데이터를 자신이 처한 환경과 가지고 있는 지식에 따라 서로 다르게 분석할 수 있기 때문이다.

1.1.3 데이터 분석 방법

데이터 분석을 하는 사람들은 보통 데이터를 바라볼 때 통계적 방법을 사용한다. 그럴 수밖에 없는 것이 데이터 분석이라는 것 자체가 어떤 현상이나 기록의 단면을 가지고 결과나 전체를 유추해내야 하는 작업이기 때문이다. 어떤 현상에 대한 해석을 위해 모든 데이터를 모으는 것은 비용 대비 효과적이지도 않고 현실적으로 가능 하지도 않다. 때문에 확보된 데이터만으로 결과를 만들어 내기 위해서 모집단과 표본과 같은 통계적 기법에 의지할 수밖에 없다.

예를 들어 매출액을 분석한다고 해 보자. 이때 제일 먼저 해야 할 일은 매출액 추이에 대한 데이터를 모으는 것이다. 그리고 이러한 변화가 발생한 원인을 하나씩 생각해 보고 이를 뒷받침할 수 있는 자료들을 찾아야 한다. 그리고 최종적으로는 원인 변수 중 통제할 수 있는 몇 가지 변수를 중심으로 매출액을 늘리기 위한 방안을 만들면 분석이 완성된다.

이 과정에서 매출액을 제외한 나머지 데이터들을 가설에 맞게 찾아야 한다. 소득 수준이 매출액에 영향을 미친다고 가설을 세웠다면 소득 수준에 대한 데이터를 찾아야 하고, 물가 수준이 영향을 미친다고 가정을 세웠다면 물가 수준에 대한 데이터를 찾아야 한다. 그런데 매출액 변화의 원인이 되는 모든 데이터를 찾을 수는 없다. 매출액에 영향을 미치는 변수를 모두 단정지을 수 없기 때문이다. 결국 통계적 모델을 만들고 몇 개의 변수를 대상으로 모델의 유용성을 증명해야 한다. 그리고 그렇게 증명된 변수를 통해 현황을 이해하고 개선할 수 있는 최선의 방법을 찾는 것이 데이터 분석이다.

물론 데이터 분석과 통계학이 정확히 일치한다고는 말할 수 없다. 그 범위가 조금 다르기 때문이다. 데이터 분석의 많은 부분이 통계적 기법을 사용하지만 통계학과는 다르게 의사결정(의견 또는 권고)이 결과물에 포함된다. 또한 어느 정도 정성적인 데이터가 반영되기도 한다.

그래서 통계학은 수학이지만 데이터 분석은 수학이 아니다. 정해진 답이 없다. 데이터 분석에서는 몇 개의 변수를 사용할지, 어떤 수준에서 데이터를 모을지, 그리고 어떤 의견을 제시할지가 모두 상황에 따라서(또는 사람에 따라서) 달라진다. 결국 데이터 분석은 통계학적 해석을 지극히 인간적인(휴리스틱) 방법으로 실현하는 것 이라고도 말할 수 있다.

1.1.4 데이터 분석 목적

데이터 분석의 목적은 데이터가 말하고 있는 현황을 이해하고 이를 개선할 수 있는 방법을 찾는 것이다. 용돈 기입장을 생각해 보자. 용돈 기입장을 만들어 입출금 내역을 분석하는 목적은 개인의 소비를 이해하고, 이를 통해 비용을 통제해 주머니 사정을 개선하기 위함이다. 복잡한 분석도 이와 마찬가지다. 기업이 거래를 분석하는 것이나 고객을 분석하는 것 모두 거래와 고객을 이해하고 이를 통해 더 나은 수익을 창출하는 것이 그 목적이다. 즉, 현황을 이해하고 개선 방법을 찾는 것이 데이터를 분석하는 주요 목적이다.

그런데 요즘은 여기서 한 걸음 더 나아가 데이터 분석을 통해 미래를 예측하는 것을 목적으로 하는 분석도 많이 행해진다. 머신러닝(machine learning)으로 대표되는 여러 데이터 분석 기법들이 여기에 해당된다. 사실 머신러닝은 데이터 과학의 영역이다. 물론 요즘에는 데이터 분석과 데이터 과학의 영역이 명확하게 구분되지는 않고 많은 경우 동일한 의미로 사용된다. (데이터 분석이나 과학이 모두 데이터로부터 의미 있는 결과를 도출하고 이를 통해 문제를 해결하는 데 사용된다는 점에서 두 용어 의미에 큰 차이는 없다.) 다만 데이터 분석의 초점은 데이터가 말하고 있는 현황의 이해와 이를 통한 개선에 초점을 맞추고 있는 반면 데이터 과학은 데이터를 통해 얻을 수 있는 모든 정보와 패턴을 통해 스스로 질문을 만들고 이를 해결할 수 있는 모델을 제시하는 단계까지 나아간다는 차이점이 있다.

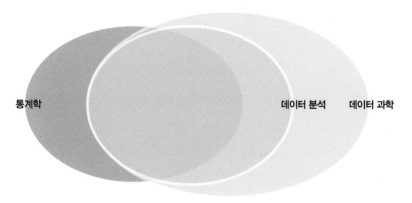

[그림 1-2] 통계학, 데이터 분석, 데이터 과학의 영역

1.1.5 데이터 분석 단계

데이터 분석은 보통 다음과 같이 네 단계를 거친다.

[그림 1-3] 데이터 분석 단계

(1) 문제 정의

모든 분석이 그러하듯 데이터 분석도 해결하려는 문제가 분명하지 않은 경우 핵심이 없는 보고서를 만들게 된다. 따라서 탐색적 데이터 분석[1] 이외에는 데이터 분석 작업을 시작하기에 앞서 분석의 목적과 해결하려는 문제를 분명히 정의하는 작업은 반드시 필요하다.

목적이 분명하지 않다면 당연히 어떤 데이터를 모으고 또한 어떤 변수를 찾아 정리해야 하는지 알 수 없다. 매출액 분석이 단순히 월별 매출액 변화를 통한 성과 달성여부를 분석하고자 하는지, 아니면 매출액 변화의 계절적 요인을 분석하려고 하는지, 아니면 어떤 마케팅 이벤트가 매출액에 영향을 미쳤는지를 분석하려고 하는지에 따라 필요한 자료와 형태가 달라지기 때문이다.

많은 데이터 분석 작업이 실패로 끝나는 원인 중 하나가 문제를 정의하지 않고 시작하기 때문이다. 방향성 없는 분석은 결론이 없는, 그러면서도 때로는 아이러니하게도 결론이 너무 많은, 비효율적인 결과를 만들어 낸다. 따라서 성공적인 데이터 분석을 위해서는 초기에 적극적으로 시간과 자원을 투입해서 해결하려는 문제를 명확히 하는 과정을 반드시 거쳐야 한다.

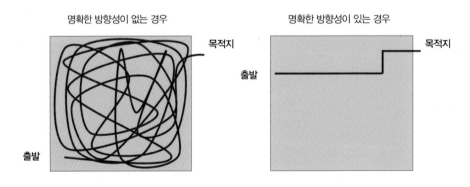

[그림 1-4] 데이터 분석 과정에서 문제 정의의 중요성

---

1 탐색적 데이터 분석(exploratory analysis)은 데이터 분석의 목적과 방향을 정하기 전에 데이터가 어떤 특징을 가지고 있는지에 대해 파악하는 것을 목적으로 하는 데이터 분석 기법이다. 주로 시각화나 기술적 통계 방법을 많이 사용하며 특정 패턴이나 관계 등을 파악하기 위해 다양한 변수들의 조합을 만들어 시행착오 방법을 통해 분석을 실행한다.

데이터 분석을 통해 개선하려는 문제를 정의했다면 다음 단계로는 이를 세분화해야 한다. 보통 데이터를 통해 해결하려는 문제는 '매출액 개선'이나 '예산 증대'와 같이 뜬구름 잡는 식의 이슈가 대부분이다. 이러한 목표로부터 구체적인 문제해결 방법을 도출해내기 위해서는 해당 문제나 이슈를 잘게 쪼개어 볼 수 있어야 한다. 따라서 데이터와 문제를 모두 세분화하는 작업이 필요하다.

예를 들어 데이터 분석 목표가 매출액 개선이라면 먼저 매출액을 구성하는 모든 변수들(정량적, 정성적 모두)을 세분화해서 나열해 보아야 한다. 그리고 이것들 중 통제가 가능[2]하면서 구체적으로(숫자) 표현할 수 있는 변수와 마찬가지로 통제 불가능하면서 매출액에 직접 영향을 미치는 변수들을 찾아야 한다. 그래야 이 후로 어떻게 데이터를 확보하고 분석할지 구체적으로 정할 수 있다.

(2) 데이터 수집과 정리

데이터 분석 작업에 있어서 가장 중요한 단계는 문제 정의도 아니고 분석모델 구축 단계도 아니다. 조금 의아하게 들릴 수도 있지만 가장 핵심적인 단계는 바로 데이터 수집 및 정리 단계이다. 물론 잘 정리된 데이터가 있다고 해서 무조건 훌륭한 분석이 되는 것은 아니다. 하지만 음식을 만들 때 기본적으로 그 재료의 좋고 나쁨이 요리의 맛을 좌우하는 가장 큰 요소이듯 데이터 분석에 있어서도 잘 정리된 양질의 데이터는 좋은 분석 결과를 만들어 내는 핵심 요인이다.

그럼 양질의 데이터란 무엇이고 어떻게 확보할 수 있을까? 이에 대해서는 명확하게 정해진 답이 있는 것은 아니다. 하지만 기본적으로 양질의 데이터는 객관적으로 측정되고 수집되어 꾸준히 저장된 자료를 말한다. 데이터가 수집되는 과정 중에 수집자의 주관이 개입되거나 수집 또는 저장 형태가 매번 달라진다면 이는 좋은 데이터라고 할 수 없다. 또한 데이터의 크기 역시 양질의 데이터를 판별하는 데 중요한 요소 중 하나이다. 꼭 빅데이터(big data)라고 불

---

2 통제 가능한 변수란 데이터 수집 과정에서 데이터 수집자가 특정한 목적을 가지고 임의로 설정할 수 있는 변수 값으로 사건(event)을 분석하거나 특정 원인을 파악하기 위해서 주로 사용된다. 통제 불가능한 변수는 이와는 다르게 임으로 설정하거나 통제할 수 없고 관찰에 의해서만 얻을 수 있는 변수 값을 의미한다.

리는 수준의 데이터가 좋은 데이터라고 할 수는 없지만 데이터를 통한 추론을 하기 위해서는 최소 일정 규모 이상 되는 데이터가 필요하기에 크기가 클수록 좋은 데이터라고 말할 수 있다. 참고로 컴퓨터 기술이 발전하기 이전에는 대량 데이터(large data)는 좋은 데이터가 아니었다. 오히려 크다는 것이 데이터 분석에 있어서 하나의 제약사항 이었다. 하지만 컴퓨터의 저장 및 연산 능력이 비약적으로 발전한 지금은 큰 데이터가 곧 양질의 데이터를 의미하는 하나의 척도가 되었다.

[그림 1-5] 양질의 데이터와 관련된 어휘를 나타낸 워드 클라우드 보고서. 양질의 데이터란 객관적으로 꾸준히 측정된 데이터라는 것을 설명해 준다.

그런데 사실 일반적으로 데이터의 질을 개인이 통제하기는 쉽지 않다. 따라서 주어진 자료를 적절하게 정리하고 필요한 데이터를 뽑아 내는 능력이 데이터 확보 단계에서는 더 중요하다. 결국 비정형 데이터(unstructured data)나 여러 곳에 흩어져 있는 데이터를 모아서 하나의 테이블(표) 형태로 잘 정리할 수 있어야 하고 데이터 소스에서 원하는 데이터만 추출해낼 수 있어야 좋은 데이터를 확보할 수 있다.

특히 요즘은 데이터가 없어서 분석할 수 없는 경우는 거의 없다. 조금만 주의를 기울이면 웹을 통해서 분석에 필요한 거의 모든 데이터를 찾을 수 있다. 오히려 문제는 데이터가 너무 많아서 어떤 데이터를 활용해야 하는지 알기 어려운 데 있다. 따라서 평소 분석적 시각으로 현상이나 문제를 바라보고 문제를 해결하기 위해서 어떤 데이터가 필요할지 그리고 해당 데이터를 어떻게 추출하고 정리할지 고민해 보는 습관을 들여야 한다. 그래야 문제가 주어졌을 때 어떤 데이터가 필요한지 정확하게 판단하고 양질의 데이터를 확보할 수 있다.

(3) 분석모델 구축

분석모델 구축 작업은 확보된 데이터를 바탕으로 본격적인 분석이 이루어지는 단계다. 보통 모델링 작업은 분석 목적에 따라서 그 형태가 달라진다. 예를 들어 데이터 분석 목적이 현상에 대한 파악과 더 나은 이해에 있다면 피벗 테이블 등을 이용한 기본적인 요약 및 집계 방법(모델)을 사용할 수 있다. 그리고 여기에 더해 변수 간의 관계를 더 직관적으로 이해할 수 있도록 해 주는 적절한 시각화도 사용할 수 있다.

[그림 1-6] 피벗 테이블을 통한 데이터 요약 및 시각화

데이터를 시각화하면 요약 및 집계뿐만 아니라 데이터의 비교와 구성 등에 대한 정보를 알기 쉽게 전달할 수 있으며, 표 형태로 된 데이터에서는 파악할 수 없는 패턴 및 관계를 찾을 수도 있다.

그런데 데이터 분석의 목적이 데이터에 대한 이해를 바탕으로 미래를 예측하거나 더 깊은 추론을 해야 한다면 조금 더 복잡한 모델을 사용해야 한다. 변수 간의 관계를 통해 앞으로의 데이터 값을 유추할 수 있는 회귀분석이나 새로운 조건에 따라 사건이나 현상의 확률 값을 계산할 수 있는 베이즈 모델 등이 이에 해당한다. 그리고 여기서 한 걸음 더 나아가 데이터를 통해 현상이나 문제의 해결책을 찾고 이를 지속해서 개선하기 원한다면 여러 추가적인 머신러닝 모델을 분석에 사용할 수도 있다.

그림 1-7은 강수량과 농업 생산량의 관계를 회귀분석 모델로 분석한 것인데, 이를 통해 강수량이 어느 정도로 농업 생산량에 영향을 미치는지를 예측할 수 있다.

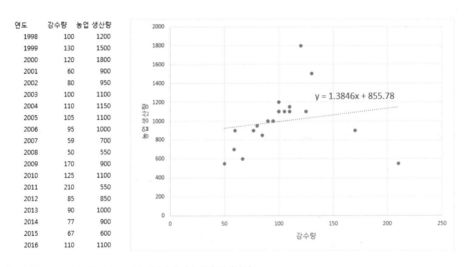

[그림 1-7] 엑셀을 이용해 만든 농업 생산량과 강수량의 회귀분석

이처럼 데이터 분석에 사용할 수 있는 모델은 무수히 많다. 여러 통계적 기법을 사용할 수도 있고 단순히 데이터 값을 분류하거나 요약해 적절히 시각화하는 기법을 적용할 수도 있다. 그리고 더 나아가 아직 밝혀지지 않은 새로운 이론이나 모델을 사용해 데이터를 분석할 수도 있다. (데이터 과학이 아직 한참 발전하는 단계에 있기 때문에 앞으로 더 좋은 모델이 등장할 가능성이 크다.)

따라서 좋은 분석을 위해서는 여러 모델 중에서 어떤 모델을 어떠한 상황에 사용해야 하는지 아는 것이 중요하다. 이를 알지 못하면 자칫 데이터 분석이 데이터 요약만으로 끝날 수도 있다. 물론 데이터 요약이 부족하다는 의미는 아니다. 하지만 데이터 분석이라고 하면 일반적으로 데이터를 적절하게 보여 주는 것을 넘어 어떤 가능성이나 해결책을 찾는 것이 목적이다. 따라서 적절한 분석 모델을 적용해서 요약 수준 이상의 분석자료를 만들어 내는 것이 필요하고 이를 위해서는 여러 분석 모델에 대해 아는 것이 필요하다.

(4) 평가 및 결론

데이터 분석의 마지막 단계는 최종 평가 및 결론을 만드는 단계이다. 이 단계에서는 보통 분석가의 주관이 일정 부분 결론에 반영된다. 때문에 효과적인 결론을 만들기 위해서는 다양한 시각으로 결과를 검토해 보아야 한다. 결과물을 전문가와 공유하고 의견을 나누거나 이전의 유사한 모델로부터 얻은 결론과 비교해 보며 결론을 만들어 가면 조금 더 균형 잡힌 결론을 만들 수 있다. 이러한 과정을 통해 완성된 결과에 오류가 있다는 것이 밝혀지거나 추가적인 분석이 필요하다고 판단될 경우는 처음 단계로 다시 돌아가, 세분화 및 데이터 수집 단계부터 다시 실행해 더 나은 결과를 만드는 과정을 거쳐야 한다.

아래 그림은 이러한 데이터 분석 과정을 잘 보여주는 것으로, 문제 정의 → 데이터 수집 및 정리 → 분석 모델 구축 → 평가 및 결론이라는 과정을 거쳐 데이터 분석을 한 차례 진행하고 그 결과를 보고서나 의견으로 제시하는 과정과, 이 과정이 다시 반복될 수 있음을 원형 화살표로 보여준다.

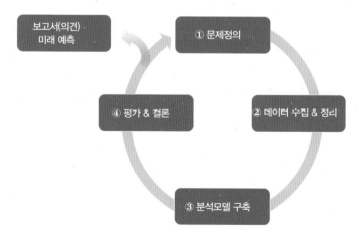

[그림 1-8] 데이터 분석 단계의 순환

1.1.6 데이터 분석의 한계와 분석 실패 이유

빅데이터 열풍의 영향으로 요즘 들어 데이터 분석을 시작하는 조직이 점차 늘어나고 있다. 많은 조직들이 앞서 데이터 분석을 실행하고 이를 의사결정에 반영해 성공했던 기업들에 영감을 받아 같은 결과를 기대하며 예산과 자원을 투입해 데이터 분석을 시작한다. 그런데 안타깝게도 이 기업들 중 많은 곳이 원하는 결과를 얻지 못한다. 그리고 이렇게 한번 실패한 기업들은 데이터 분석에 회의를 갖기 시작한다. 데이터 분석이 자원을 낭비한다는 생각을 하게 되고 점점 더 데이터를 활용하지 않게 된다.

그런데 분명한 사실은 데이터 분석은 거짓말을 하지 않는다는 것이다. 물론 통계분석이 여러 가지 가정을 바탕으로 결론을 도출해내는 작업이기에 해석에 따라 다른 결론에 이를 수는 있다. 그리고 데이터를 바라볼 때 여러 인간적인 관점이 섞여 있을 수 있기에 어느 정도 이를 고려해 데이터 분석 결과를 해석해야 한다. 하지만 데이터 자체가 잘못 수집되지 않는 이상 이를 통한 해석은 대부분 현재를 반영한 정확한 결과이다. 그리고 이를 반영한 의사결정은 많은 경우 올바른 의사결정일 확률이 높다.

그럼에도 불구하고 데이터 분석은 처음에 설정한 목표를 달성하지 못하는 경우가 생각보다 많은 것도 사실이다. 그 이유는 여러 가지가 있는데, 대표적인 것이 복잡한 인과관계다(사실이는 모든 사회과학이 가지고 있는 문제이기도 하다).

예를 들어 '오래 살기'를 목표로 개인 데이터를 분석한다고 해 보자. 이를 위해 여러 데이터를 모으고 조사한 결과, 오래 살기 위해서는 건강해야 하고 건강하기 위해서는 몸무게를 줄이고 술 담배를 끊고 운동을 해야 한다는 결론을 얻었다고 하자. 그래서 운동을 열심히 하고 술 담배를 끊는다는 결심을 한다. 그런데 정말 운동을 하고 술 담배를 끊으면 오래 살 수 있을까? 오래 살 수 있는 가능성은 높아진다. 하지만 꼭 오래 산다고 이야기할 수는 없다. 열심히 운동했지만 다음날 불의의 교통사고로 죽을 수도 있고 술 담배는 끊었지만 갑자기 심장마비로 죽을 수도 있다. 반대의 경우도 가능하다. 술 담배를 계속 즐겼지만 오래오래 살 수도 있고 운동 한 번 한 적 없는데도 건강할 수도 있는 것이다. 이렇듯 목표와 실행 사이에 복잡한 인과관계가 있는 경우 단편적인 접근으로는 문제를 해결하기 어렵다.

데이터 분석도 마찬가지다. 매출액 증대를 목표로 데이터를 분석해 여러 의사결정(상품 디자인을 변경하거나 가격을 조정하는 등)을 내리지만 이러한 노력이 매출액 증대로 이어지지 않을 수도 있다. 상품이 출시되자마자 매력적인 경쟁사 제품이 출시된다거나, 아예 소비 자체가 위축되면 아무리 데이터를 바탕으로 좋은 의사결정을 내리더라도 매출은 떨어지게 된다. 한마디로 데이터 분석은 정확하지만 이를 통한 의사결정이 꼭 목적을 달성하게 해 주지는 않는다는 것이다. 그렇다고 해서 데이터 분석이 유용하지 않다는 것은 아니다. 비록 매출액 증대로 이어지지는 않았지만 데이터 분석을 통해 디자인을 바꾸지 않았다면 더 큰 폭의 매출액 감소가 있었을 수도 있기 때문이다(그나마 가격을 조정하고 디자인을 변경해 어느 정도 목표를 달성할 수 있었던 것이다).

결론적으로, 데이터 분석은 대체로 올바른 방향을 제시해 준다. 하지만 이를 바탕으로 의사결정을 내릴 때는 인과관계의 복잡성이라는 한계점을 분명히 알아야 한다. 그래야 분석 결과를 더 유연하게 활용할 수 있으면서 한쪽으로 치우치지 않은 좋은 의사결정을 내릴 수 있다.

1.1.7 데이터 분석과 통계학의 관계

데이터 분석을 하기 위해서 통계학을 알아야 할까? 정답부터 이야기하자면 제대로 된 데이터 분석을 위해서는 반드시 통계학을 알아야 한다. 많은 데이터 분석 방법론이 통계학을 그 바탕에 두고 있기에 통계학을 모르고 데이터를 분석한다는 것은 마치 모래 위에 집을 짓는 것과 같은 행위이다. (사실 통계학에 대한 이해는 데이터 분석에 있어서 가장 중요한 부분이라고 할 수 있다.) 그런데 한 가지 알아 두어야 하는 것은 통계학과 데이터 분석이 다른 분야라는 사실이다. 통계학을 잘 안다고 해서 무조건 훌륭한 데이터 분석가라고 할 수는 없다. 데이터 분석은 통계학과는 달리 과학적인 분석 능력뿐만 아니라 소프트웨어 활용 능력 역시 필요한 분야이기 때문이다.[3] 따라서 훌륭한 데이터 분석가가 되기 위해서는 통계학에 대한 이해뿐만 아니라 기본적으로 여러 컴퓨터 도구(데이터 분석 소프트웨어 또는 R 등의 분석 언어)에 대한 지식도 있어야 한다. 물론 그렇다고 전문적으로 프로그래머가 되어야 한다는 말

---

3 "데이터 과학자": 어떠한 소프트웨어 공학자 보다 통계학을 잘 알고 어떠한 통계학자보다 소프트웨어 공학을 잘 아는 사람 – 조시 윌스 (Slack의 데이터 엔지니어 소장)

은 아니다. 소프트웨어 또는 웹 등의 컴퓨터 환경에서 생성되는 비정형 데이터[4](전체 데이터의 90% 이상을 차지)에 대해서 잘 이해하고 이를 여러 도구들을 활용해 기본 분석을 수행할 수 있을 정도의 지식만 있으면 된다. 그런데 이것이 말로는 쉽지만 현실에서는 쉽지 않다.

통계학과 데이터 분석(또는 과학)의 차이는 또한 데이터를 해석하는 모델에서도 확인할 수 있다. 데이터 분석을 위한 알고리즘(기계학습 등의 알고리즘을 지칭)이나 통계적 모델은 모두 주어진 현상 또는 대상에 대한 이해와 예측을 위해 만들어진 것이다. 그런데 두 가지 모델이 현상을 바라보는 방법은 조금 다르다. 둘 모두 데이터를 통해 특정 값을 예측한다는 점은 동일하지만 통계적 모델은 현상을 최대한 잘 이해하는 것이 주 목적이기에 여러 가지 오류에 대해서도 관심을 기울인다. 예를 들어 회귀분석의 경우에 회귀분석 식으로 설명될 수 있는 예측 값 뿐만 아니라 오류에 대해서도 어떠한 방식으로든 설명하려고 한다. 이에 반해 데이터 분석 관점에서의 알고리즘은 오류 값에 대해서는 크게 관심이 없고 항상 최선의 예측을 하는 데 집중한다. 그래서 일련의 공식으로 여러 가정을 고려해 설계되는 통계학 모델에 비해 알고리즘은 공식이나 가정은 둘째로 하고 우선 정답을 맞추려고 집중하는 특성을 갖는다.

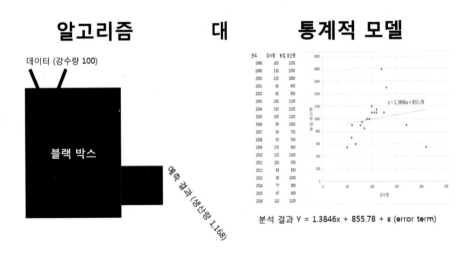

[그림 1-9] 강수량에 따른 생산량 예측을 위한 알고리즘 대 통계적 모델

4 　 데이터의 기록 형태가 일반적인 테이블(엑셀의 표에 해당) 형태로 되어 있지 않은 모든 데이터. 페이스북, 트위터 등 소셜 네트워크 서비스(SNS, 누리소통망 서비스) 또는 웹에서 추출한 데이터는 대부분 비정형 데이터로서, 이를 분석에 활용하기 위해서는 정형 데이터, 즉 잘 정리된 테이블 형태로 만들어야 한다.

하지만 이러한 차이에도 불구하고 결국 알고리즘의 '블랙박스'는 통계적 모델을 기반으로 만들어진다. 따라서 통계학과 데이터 분석은 떼려야 뗄 수 없는 관계이다. 결국 좋은 데이터 분석가가 되기 위해서는 통계학자 수준의 통계지식은 아니어도 어느 정도 데이터를 이해하고 현상을 해석할 수 있는 능력을 갖춰야 한다. 그래야 여러 상황에서 데이터를 유연하게 해석하면서도 견고한 이론적 원리를 바탕으로 올바른 결과물(의견) 등을 만들어 낼 수 있다.

1.2 데이터 분석 도구

"인간의 위대함은 도구로 설명될 수 있다"란 말이 있듯이 도구는 인간과 떼려야 뗄 수 없는 관계다. 이는 데이터 분석에서도 마찬가지다. 맨손으로 데이터를 분석할 수 있는 사람은 없다. 아무리 작은 크기의 데이터라도 평균과 분산 등을 알기 위해서는 최소한 계산기 수준의 도구가 있어야 한다. 물론 산수에 뛰어난 사람들은 종이와 펜만으로도 계산은 할 수 있겠지만 '분석'이라는 개념을 사용할 정도로 데이터를 살펴보기 원한다면 컴퓨터를 기반으로 하는 소프트웨어 기술은 필수다.

사실 데이터 분석의 발전은 곧 컴퓨터 기술의 발전이라고 이야기할 수 있을 정도로 컴퓨터 기술에 많은 영향을 받았다. 빅데이터가 관심을 갖게 된 것은 빅데이터를 처리할 수 있는 컴퓨터 기술이 도입되고 나서부터다. 빅데이터라고 불리는 크기의 데이터는 그 이전에도 존재했지만 이를 처리할 수 있는 하드웨어와 소프트웨어가 태어나기 전까지는 가치가 크지 않았다. 그러던 것이 컴퓨터 메모리의 능력이 비약적으로 증대되고 하둡(Hadoop) 등의 분산형 분석이 가능한 소프트웨어가 나타나면서 그 가치를 인정받기 시작했다.

다행히 요즘은 하드웨어와 소프트웨어 기술의 비약적인 발전으로 도구가 부족해서 처리하지 못하는 데이터는 없게 됐다. 하지만 복잡한 기능을 갖춘 여러 소프트웨어가 등장하면서 어느 경우에 어떤 도구를 선택해서 분석을 진행하는 것이 효과적인지를 알기가 점점 어려워지고 있다.

사실 데이터 분석을 위한 절대적인 소프트웨어는 아직 없다. ("R 언어가 조금 더 진화한다면 아마도 데이터 분석을 위한 절대적인 소프트웨어가 될 수도 있지 않을까?"라는 생각은 들지만 아직은 아니다.) 데이터를 다루기 위해 태어난 소프트웨어들은 각기 강점이 있는 쓰임새가 있고 한계점이 있다. 중요한 것은 각자에 맞는(여기서 각자는 사람보다는 데이터의 분석 목적에 맞는) 소프트웨어를 사용하는 것이다. 물론 모든 소프트웨어를 능수능란하게 다룬다면 굳이 하나의 도구를 선택하는 대신 그때그때 필요한 소프트웨어를 사용하면 된다. 하지만 소프트웨어 하나의 사용법을 익히는 데도 만만치 않은 시간이 소요된다는 점을 고려한다면, 내가 원하는 분석 수준을 생각해 보고 이에 맞는 소프트웨어를 선택하는 것도 좋은 방법이다. 그리고 여기에 각 도구들이 가지고 있는 핵심 기술만 이용할 수 있는 기술을 갖춘다면 도구 때문에 데이터 분석이 어려워지는 일은 없을 것이다.

1.2.1 데이터 분석 도구별 특징

현재 데이터 분석에 가장 보편적으로 사용되는 도구는 R과 파이썬 그리고 엑셀이다. 물론 이외에도 여러 비즈니스 인텔리전스(business intelligence, BI) 소프트웨어와 통계 패키지 그리고 SQL과 하둡(Hadoop) 등의 언어가 있지만, 이러한 소프트웨어 또는 언어들은 대부분 특정한 분야 또는 조건에서 데이터를 효율적으로 다루기 위해 만든 도구들이기 때문에 일반적인 데이터 분석에는 적합하지 않다.

그림 1-10은 데이터 과학자들이 사용하는 도구들에 대한 설문조사 결과인데, R과 파이썬 그리고 엑셀이 가장 많이 사용하는 도구라는 것을 보여 준다. 참고로 파이썬 다음으로 많이 사용되는 도구인 SQL은 일반적인 데이터 분석 소프트웨어라기보다는 정형 데이터를 생성하는 시스템에서 주로 사용되는 데이터 관리 언어이다. 따라서 데이터 분석에 직접적으로 사용되기보다는 주로 데이터를 생성 또는 추가하거나 쿼리를 작성하는 데 사용된다.

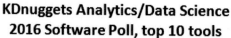

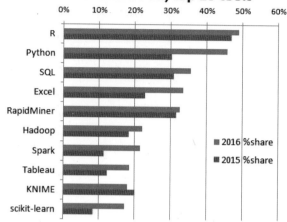

[그림 1–10] 데이터 분석가들이 많이 사용하는 데이터 분석 툴(출처: KDnuggets)

(1) R

데이터 분석가들이 가장 많이 사용하는 소프트웨어는 R이다. R은 기본적으로 오픈소스이기 때문에 누구나 무료로 다운로드를 해서 사용할 수 있다. 공식 홈페이지(www.r-project. org)에서는 R의 기본 기능은 물론 응용사례 그리고 여러 패키지나 추가적인 소스 등에 대한 정보를 얻을 수 있다.

R은 소프트웨어라기보다는 프로그램 언어에 가깝다. 그런데 일반적인 프로그래밍 언어에 비해 상대적으로 배우기가 쉽다. (물론 이는 사용자가 데이터의 기본 형태에 대해 어느 정도 이해하고 있을 때 쉽다는 이야기 이지 무턱대고 쉽다는 이야기는 아니다. 사용자들 중에는 R이 일반 프로그래밍 언어보다 더 어렵다고 하는 사람들도 있다.) 또한 오픈 소스로 모든 소스를 무료로 사용할 수 있어 기존의 상용 개발 언어나 소프트웨어와 비교해 비용 효과적인 면에서도 매우 우수한 도구이다.

R을 사용하면 머신러닝 알고리즘과 같은 고급 데이터 분석 기능들도 손쉽게 추가해 사용할 수 있다. 패키지(package)라고 불리는 이러한 추가 기능들은 언제라도 필요할 때 내려받아

사용할 수 있다. 패키지는 오픈 소스의 장점을 극대화한 것으로 여러 사용자들의 노력으로 지속적으로 추가되고 업데이트되고 있어 R의 기능을 확장하는 역할을 하고 있다. R을 사용하려는 사람은 그저 이러한 패키지를 내려받아 사용법을 읽어보고 이를 실행하기만 하면 되기 때문에 편리하다. 참고로 현재까지 대략 10만 개가 넘는 패키지(기능)가 개발되어 있다.

R은 데이터 전처리와 분석 기능뿐만 아니라 데이터 시각화에도 강점이 있다. 그림 1-11은 단 한 줄의 R 코드를 활용해 도시별 아파트 분양 가격 데이터를 시각화한 그래프이다. R의 시각화는 엑셀이나 기타 BI 소프트웨어와 비교해 사용법이 간단하면서도 다양한 형태의 조건들로 그래프를 그려볼 수 있어 데이터의 패턴이나 트랜드를 더 쉽게 파악할 수 있다.

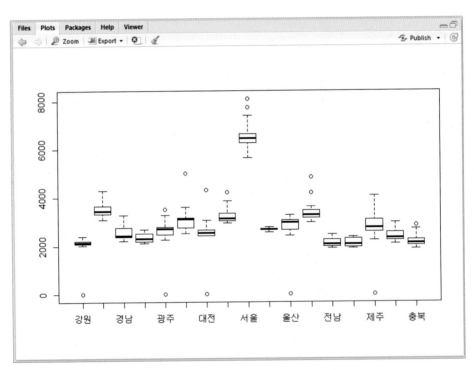

[그림 1-11] R에서 구현한 상자 수염 그림

사실 R의 가장 큰 장점 중 하나가 데이터 시각화 기능이라고 할 수 있다. R은 엑셀이나 다른 응용 프로그램의 한정된 차트들에 비해 생키 다이어그램(Sankey diagram)과 워드 클라우드(word cloud) 등 알려진 거의 모든 형태의 시각화 차트를 손쉽게 구현할 수 있으며, 이것들을 다양한 보고서 형태로 만들 수 있다. 따라서 꼭 고급 데이터 분석이 목적이 아닌 탐색적 데이터 분석을 목적으로 하는 변수들의 시각화도 R을 사용하면 효과적이다.

하지만 R은 어디까지나 데이터의 통계분석을 주 목적으로 만들어진 언어다. 한마디로 통계를 바탕으로 하는 데이터 분석에는 이보다 더 강력한 도구는 없지만 데이터 분석의 범위가 통계분석을 넘어서기 시작하면 이야기가 달라진다. 예를 들어 데이터를 통해 새로운 애플리케이션을 만들고자 하거나 분석 결과를 공유하고 피드백을 받는 등 데이터를 통해 새로운 가치를 창출하는 게 목적이라면 R은 그다지 좋은 선택이 아니다. 또한 R-Studio[5]의 기능이 사용자 친화적이고 그 문법이 아무리 쉽다고 해도 R 역시 프로그래밍 언어의 한 종류이기 때문에 코딩에 익숙하지 않은 사용자들이 R을 효과적으로 사용하는 데는 상당한 시간이 걸린다. 따라서 기초적인 데이터 분석을 위해 R을 사용하는 것은 비효율적이다.

결론적으로 순수하게 통계학을 바탕으로 이미 수집된 대량의 데이터를 깊이 있게 분석하는 것이 목적인 경우에는 R을 선택하는 것이 최선이다. 그러나 전체 테이블을 바탕으로(편집하면서) 단순히 요약 보고서를 만드는 것이 목적이거나 적은 양의 데이터를 가지고 일반적인 시각화 보고서를 작성하고 공유하는 것이 목적이라면 엑셀과 같이 테이블 편집을 기반으로 하는 스프레드시트 프로그램을 선택하는 것이 더 나은 선택이다. 또한 최근 들어 오픈 소스 데이터를 기반으로 해 서비스를 만드는 많은 애플리케이션들이 등장하고 있는데, 프로그래밍을 통해 데이터와 다양한 서비스를 연결해 새로운 가치를 제공하고자 할 때는 파이썬이나 C# 등을 이용하는 것이 R을 사용하는 것보다 확실히 더 효율적이다.

(2) 엑셀

마이크로소프트 엑셀(Microsoft Excel)은 여러 데이터 분석 소프트웨어 중 R과 파이썬 다음으로 가장 널리 사용되는 소프트웨어다. 비록 상용 소프트웨어로 이를 사용하기 위해서는 일정한 비용이 발생하지만 데이터 분석 이외에 여러 계산과 기초 데이터 및 간단한 보고서 작성도 가능해 데이터 과학자들뿐만 아니라 일반인들 사이에서도 유용하게 사용되고 있다.

---

5 R-Studio는 사용자들이 R을 손쉽게 사용할 수 있도록 지원하는 소프트웨어로 R의 단순한 명령어 입력 창 대신 여러 지원 기능을 통해 손쉽게 함수를 배치하고 실행해 볼 수 있는 사용자 입력 창을 제공하는 역할을 한다.

엑셀은 기본적으로 R이나 파이썬과 다른, 테이블 중심의 스프레드시트 프로그램으로[6] 입력된 데이터 값을 하나하나 직접 확인하면서 관리 또는 편집할 수 있다. 따라서 코딩 중심의 다른 데이터 분석도구에 비해 매우 유연한 데이터 편집 기능을 제공한다.

엑셀의 가장 큰 장점은 무엇보다도 사용하기가 쉽다는 것이다. 엑셀은 모든 기능들이 리본 메뉴 형태로 구현되어 있어 스프레드시트 소프트웨어에 익숙하지 않은 사람들도 쉽게 그 기능을 이해하고 사용할 수 있다.

또한 엑셀은 (엑셀 2010 버전부터) 여러 애드인 프로그램을 활용하면 이전에는 가능하지 않았던 대용량 데이터의 편집이나 고급 분석도 어느 정도 가능하기 때문에 사용의 편의성뿐만 아니라 기능적으로도 다른 도구들에 뒤지지 않는다. 특히 파워쿼리(Power Query)와 파워피벗(Power Pivot)은 복잡한 데이터를 편집하고 구조화하는 데 필요한 다양하고도 강력한 기능을 제공한다. 다음 장에서 다룰 언피벗(Unpivot) 및 API를 통한 데이터 연결 등 기존에 엑셀에서는 사용할 수 없었던 고급 데이터 관리 기능들이 대표적인 예다. 이러한 애드인 프로그램을 잘 활용하면 엑셀에서도 R이나 파이썬과 크게 다르지 않은 수준으로 데이터를 구조화하거나 분석할 수 있다.

엑셀의 또 하나의 장점은 분석의 결과물을 누구나 이해할 수 있는 형태로 쉽게 공유할 수 있다는 것이다. 데이터 분석의 최종 단계인 평가 및 결론은 기본적으로 분석결과를 공유하고 다양한 피드백을 받아서 완성되는데, 엑셀을 사용하면 그 분석 결과를 쉽게 공유할 수 있어 평가 및 결론 단계에서 특히 효과적이다.

하지만 이러한 장점들을 고려한다고 해도 엑셀은 데이터 분석에 최적화된 프로그램은 아니다. 대용량 데이터를 다룰 수는 있지만 속도나 효율성 면에서 R이나 파이썬을 따라갈 수가 없고 여러 기능이 추가되었다고 해도 빠르게 변하는 데이터 분석 분야의 모든 알고리즘과 필요한 기능들이 실시간으로 추가되는 데 한계가 있기 때문이다.

---

6   테이블 중심의 엑셀은 셀 값 하나가 독립된 데이터로써의 기능을 하기 때문에 셀 단위로 데이터를 편집하거나 다룰 수 있어 데이터 개별 값의 수정이나 레코드 작성이 상대적으로 쉽다.

결론적으로 엑셀은 아직 그 기능면에서 R이나 파이썬에는 미치지 못하지만 여러 애드인 프로그램을 통해 강력한 통계 및 빅데이터 분석 기능을 추가할 수 있어 비전문가들뿐만 아니라 전문가들도 유용하게 사용할 수 있는 효과적인 분석 도구이다. 따라서 데이터 분석을 막 시작하려고 하는 경우 또는 다루고자 하는 데이터가 상대적으로 작은 경우 효율적으로 사용될 수 있다. 게다가 요즘은 컴퓨터 하드웨어가 발달하면서 속도 및 메모리 사용의 한계점은 점차로 극복되고 있는 반면 손쉽게 사용할 수 있는 데이터 분석 프로그램에 대한 수요는 계속 늘고 있어 앞으로 데이터 분석에 있어 엑셀 사용이 점차 확대될 것으로 예상된다.

엑셀의 진화, 파워비아이

엑셀과 함께 데이터 분석에 사용할 수 있는 엑셀의 확장버전 프로그램(애드인 프로그램은 아니지만 엑셀의 데이터 분석 및 시각화 기능을 확장하기 위해서 개발된 프로그램)인 파워비아이(Power BI)는 R과 같이 데이터 시각화에 강점을 가지고 있는 프로그램으로 여러 데이터 소스로부터 데이터를 불러와 이를 손쉽게 시각화해 주는 기능을 제공한다. 파워비아이를 사용하면 거의 모든 형태의 데이터를 구조화해 다양한 방법으로 시각화하고 손쉽게 이를 공유할 수 있어 편리하게 데이터를 분석할 수 있다. 파워비아이는 타블로(Tablue)와 마찬가지로 처음부터 비즈니스 인텔리전스(business intelligence[7])를 위해 태어난 프로그램으로 데이터 분석 영역에서 엑셀의 한계를 극복하고자 만들어졌다. 파워비아이 역시 파워쿼리나 파워피벗과 마찬가지로 무료로 사용할 수 있다. (유료 버전을 이용하면 데이터 공유 및 구조화 등에서 더 다양한 기능을 사용할 수 있지만 개인은 무료 버전으로도 충분하다.)

그림 1-12는 파워비아이를 활용해 데이터 시각화를 한 보고서이다. 파워비아이의 시각화 툴은 비록 R의 시각화에는 미치지 못하지만 엑셀과는 비교할 수 없을 정도로 정교하고 효율적이다. 또한 쿼리 및 데이터 연결 등의 여러 분석 기능들도 가지고 있어 엑셀과 함께 데이터 분석 전반에 유용하게 사용될 수 있다.

---

7 기업에서 데이터를 효과적으로 수집하고 분석하여 의사결정에 활용할 수 있도록 가공해 주는 시스템 및 애플리케이션을 말한다. 기업의 정보 시스템으로 대표되는 일반적인 데이터 축적에서 한 걸음 더 나아가 축적된 정보를 효율적으로 공유하고 분석하여 데이터로부터 경영활동에 도움을 줄 수 있는 결론을 만들어 내는 모든 기능 및 도구를 포함한다.

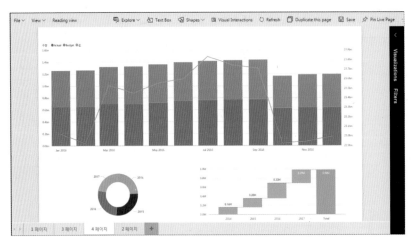

[그림 1-12] 파워비아이를 활용한 데이터 시각화 보고서

파워비아이를 활용한 데이터 시각화 및 분석은 2부에서 자세하게 다루도록 하겠다.

파이썬

파이썬(Python)은 사실 데이터 분석도구(소프트웨어)라기보다는 프로그래밍 언어이다. 기본적으로 다양한 플랫폼에서 쓰일 수 있고 R의 패키지와 같은 라이브러리(모듈)를 통해 손쉽게 기능을 확장할 수 있다.

파이썬은 데이터 분석뿐만 아니라 웹 프로그래밍 및 소프트웨어 엔지니어링에서도 사용될 수 있는 스크립트 언어로서, C 언어 및 자바 언어와 마찬가지로 다양한 영역에서 사용되고 있다. 참고로 카카오톡 역시 파이썬을 기반으로 작성된 소프트웨어다. 그림 1-13에서 알 수 있듯이 파이썬은 현재 프로그래밍 영역에서 가장 많이 사용되고 있는 언어이다.

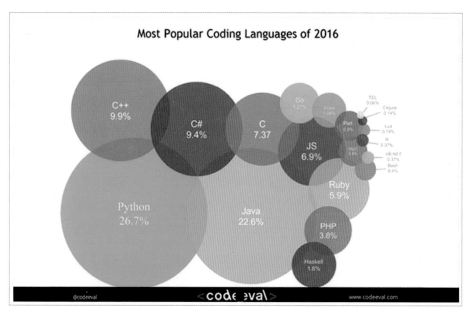

[그림 1-13] 2016년 기준으로 가장 많이 사용되는 프로그래밍 언어(출처: http://blog.codeeval.com/)

파이썬의 데이터 분석 라이브러리는 데이터 수집에서부터 정리, 시각화 및 통계 분석에 이르기까지 다양한 기능을 지원한다. 파이썬 역시 R과 마찬가지로 오픈소스여서 무료로 다운로드 받을 수 있으며 여러 라이브러리 역시 무료이다. 공식 웹사이트의 다운로드 페이지인 https://www.python.org/downloads/에서 내려받을 수 있다.

파이썬의 데이터 분석 기능은 매우 강력하지만 프로그래밍 실력이 분석의 질을 크게 좌우하기 때문에 초보자가 선뜻 선택할 수 있는 도구는 아니다. 순수하게 데이터 분석만을 목적으로 삼는다면 파이썬보다는 엑셀이나 R을 선택하는 것이 좋다. 파이썬은 통계분석이나 시각화에 있어서는 R보다 그 활용도가 떨어지고(물론 라이브러리가 빠르게 업그레이드되고 있어 R과 비슷한 정도의 분석을 지원할 날이 멀지는 않은 것 같다) 엑셀에 비해서는 배우기가 매우 어렵다는 단점이 있다. 또한 데이터 분석 결과물을 다른 이들과 공유하는 것도 불가능하지는 않지만 엑셀이나 R에 비해 유연하지 않다.

이러한 단점에도 불구하고 순수한 프로그래밍 언어인 파이썬은 여러 강력한 데이터 분석 라이브러리와 시각화 모듈로 인해 데이터 분석가들에게 매우 인기 있는 언어이다. 특히 데이터 분석의 50% 이상을 차지하는 데이터 수집 및 정리에 강점이 있으며 웹에 저장되어 있는 정보를 불러오는 데(웹 파싱)도 효과적이다.

따라서 프로그래밍에 익숙하고 데이터를 통해서 새로운 애플리케이션(응용프로그램)을 만들어야 하는 경우에는 파이썬을 사용하는 것이 좋다. 또한 프로그래밍 실력을 갖추고 있는 사용자가 데이터 분석으로 그 영역을 확대하고자 하는 경우에도 파이썬은 매우 좋은 선택이다. 하지만 순수한 데이터 분석이 목적인 경우에는 프로그래밍을 배워야 한다는 점을 고려할 때 그다지 권장할 만하지 않다. 아무리 쉽다고 해도 프로그래밍은 또 새로운 영역이기 때문이다. 물론 충분한 시간이 있고 열정이 있다면 프로그래밍과 데이터 분석 두 마리 토끼를 모두 잡을 수 있는 파이썬은 분명 매력적인 도구이다.

1.2.2 목적에 맞는 도구 선택

	엑셀	R	파이썬
장점	배우기 쉽고 사용이 용이함	다양한 통계 분석 패키지와 훌륭한 시각화 기능을 가지고 있음	데이터 분석뿐만 아닌 데이터 기반 애플리케이션 작성이 용이함
단점	비용이 발생하고 애드-인 없이는 고급 데이터 분석이 불가능함	통계지식 없이는 활용하기 어려움	고급 프로그래밍 언어로 배우고 활용하기 어려움

[그림 1-14] 분석 도구별 장단점

데이터 분석 도구는 앞서 언급한 R과 엑셀, 파이썬 외에도 종류가 매우 많고 각기 장점과 특징을 나름대로 가지고 있다. 그렇다면 데이터 분석을 위해서는 어떤 도구를 선택해야 할까? 이에 대한 명확한 답은 사실 없다. 분석 도구들이 워낙 고유한 특징을 가지고 있기에 하나만 꼭 집어서 정답이라고 할 수가 없기 때문이다. 하지만 일반적으로 데이터 분석을 위해 도구를 선택할 때는 다음 두 가지 사항을 고려해야 한다.

첫째, 목적에 맞게 도구를 선택하라는 것이다. 아무리 돈이 많다고 해도 옆 동네에 가는 데 비행기를 타고 갈 필요가 없듯이(걸어가거나 자전거를 타고 가는 게 더 효율적일 것이다) 분석의 목적이 그저 탐색적 데이터 분석이라면 사용하기 쉽고 보편적인 엑셀과 같은 스프레드시트 프로그램을 사용하는 것이 좋다. 그래야 데이터를 테이블 형태로 직접 살펴보면서 전체 적으로 이해할 수 있기 때문이다. 이와 달리 데이터 분석을 통한 기계학습 알고리즘 구축이나, 고급 3차원 차트를 활용한 보고서 작성이 목적이라면 이에 맞는(해당 기능에 특화된) 도구를 선택해야 한다. 대체로 복잡한 시각화 및 데이터의 통계 분석이 목적인 경우에는 R을 선택하고 기계학습의 알고리즘을 만드는 등, 데이터 분석결과를 가지고 다른 애플리케이션과 연동하거나 서비스를 만들어야 한다면 파이썬을 사용하는 것이 좋다.

두 번째는 쉬운 도구를 선택하라는 것이다(개인적으로는 첫 번째보다 두 번째 고려사항이 더 중요하다고 생각한다). 아무리 구슬이 좋아도 제대로 꿰어야 보배가 되듯이 사용하기 어려운 도구는 없는 것만 못할 때가 많다. 특히나 프로그래밍 분석 도구들은 강력하지만 제대로 다루기가 쉽지 않다. 이 때문에 초보자가 바로 결과를 만들어 내기는 무척이나 어렵다. 게다가 이런 도구들은 보통 배우기도 쉽지 않다. (제대로 배우면 좋은 도구이지만 당장 분석을 해야 하는데, 프로그램 기초부터 배우기에는 너무 많은 시간이 소요된다.) 따라서 데이터에 대한 일정 수준의 이해 없이 성능만 보고 도구들을 사용한다면 데이터 분석이 너무 어려운 작업이 될 수 있다.

그렇다고 해서 무조건 엑셀이나 구글 스프레드시트만 사용하라는 의미는 아니다. 필요한 경우 (사실 많은 경우) R도 사용해야 하고 파이썬도 활용해야 한다. 다만 이러한 도구들의 사용법을 알기 위해서는 먼저 데이터 기본 구조나 테이블, 벡터 등의 개념을 이해하는 것이 필요하다. 그래서 우선 쉬운 도구로 많은 데이터 형식태들을 먼저 접해 보고 분석해 보는 것이 좋다. 여러 형태의 자료를 접하다 보면 데이터의 기본 형태가 점차 익숙해지는데, 이때 R 등의 사용법을 배우면 더 쉽게 접근할 수 있다.

그리고 요즘은 빅데이터를 다루는 것에서부터 다양한 시각화까지, 기존에는 고급 도구를 이용했어야 하는 기능들도 쉽게 엑셀로 구현할 수 있다. (애드인 프로그램이나 오피스 확장 프로그램을 사용해야 한다.) 그러니 우선 가장 친숙한 엑셀 등의 스프레드시트 프로그램으로 데이터 분석을 시작하고 점차 데이터 분석이 익숙해지면 추가적인 분석을 위해 R이나 파이썬 등으로 옮겨 가면 된다.

1.3 데이터 구조화

모든 기록은 데이터지만 그렇다고 모든 기록을 분석할 수 있는 것은 아니다. 특정 기록을 분석하기 위해서는 해당 기록이 일정한 형태로 정리되어 있어야 한다. 그 일정한 형태의 대표가 바로 테이블(table)[8]이다. 테이블은 일반적으로 스프레드시트의 '표'라고 생각하면 되지만 데이터들이 논리적인 구조로 연결되어 구조화되어 있다는 점에서 '표'와는 차이가 있다.[9] 이렇게 논리적으로 데이터를 정리해 표(테이블) 형태의 데이터로 만드는 것을 데이터 구조화 또는 정형화라고 한다. 그리고 구조화를 통해 만들어진 테이블 형태의 데이터를 구조화된 데이터(structured data)라고 한다.

구조화된 데이터는 쉽게 입력되고, 저장되며 분류할 수 있다. 이에 반에 비(非)정형 데이터(unstructured data)는 일정한 형태도 없고 구조나 관계도 존재하지 않는 데이터를 의미하는데, 형태나 구조가 없기에 정형 데이터와는 다르게 원하는 형식으로 입력하거나 분류하는 것이 불가능하기 때문에 분석할 수 없다. 요즘 들어 주목받고 있는 소셜 미디어의 데이터가 이러한 비정형 데이터의 예이다. 결국 제대로 된 분석을 위해서는 많은 부분을 차지하는 비정형 데이터를 정형 데이터로 변형할 수 있어야 한다.

이번 장에서는 테이블의 논리적인 구조를 이루는 변수와 레코드를 중심으로 정형화된 테이블에 대해서 살펴보고 복잡한 정보를 쉽게 구조화할 수 있는 테이블 연결 및 관계형 데이터베이스 개념에 대해서도 다뤄보도록 하겠다.

1.3.1 데이터는 곧 테이블이다

어떤 운동이든 기본기가 중요하다. 기본기가 제대로 갖춰지지 않으면 어느 수준까지는 비슷하게 흉내 낼 수 있지만 어느 시점부터는 더 발전하지 못한다. 그래서 전문적으로 운동을 배

---

8   일반적으로는 표 형태로 된 데이터 집합은 모두 테이블이라고 부를 수 있지만 데이터 분석 관점에서의 테이블은 구조화된 데이터라는 점에서 보통의 테이블의 정의와는 조금 다르다. 즉, 여러 테이블 중에서도 구조화되어 분석할 수 있는 형태의 테이블을 '구조화된 데이터 또는 테이블'이라고 한다. 앞으로 언급되는 테이블은 모두 구조화된 데이터(structured data)를 의미한다.

9   논리적인 구조는 스키마(schema)라고도 하는데, 데이터들의 관계와 형태 등을 정의해 주는 기준으로 보통 제약조건으로 표현된다. 스키마가 없는 표 데이터는 전문 용어로 반(伴)정형(semi-structured) 데이터라고 한다.

우는 사람들은 기본기를 다지는 데 많은 시간과 공을 들인다. 비록 이 단계가 지루하고 힘들어도 나중을 위해서는 꼭 필요한 과정이라는 것을 알기 때문이다.

데이터 분석에서의 기본은 테이블(table)이다. 테이블에 대한 이해 역시 운동에서 기본기를 배우는 것과 같이 지루하고 시간이 많이 걸리는 작업이다. 하지만 이를 빼놓고는 데이터 분석 자체를 이야기할 수 없다. 테이블을 아느냐 모르느냐에 따라 데이터 분석을 하는지 아니면 분석을 가장한 계산만 하는지로 나눌 수 있다. 그러므로 적어도 데이터 분석을 전문적으로 하기 위해서는 테이블에 대해서 먼저 정확히 아는 것이 필요하다.

테이블이라고 하면 식탁 테이블을 떠올리는 사람들도 있겠지만 데이터 과학에서 테이블은 이와는 전혀 상관없는 데이터의 저장 형태이다. 테이블을 조금 쉽게 표현하자면 엑셀의 '표'라고 이야기할 수 있다. 물론 형태가 표와 같다는 이야기이지 엑셀 표가 곧 테이블이라는 뜻은 아니다. 그럼에도 데이터 분석에서 이야기하는 테이블이 되기 위해서는 기본적으로 엑셀 표와 같은 형태로 데이터가 정리돼야 한다.

예를 들어 연락처 데이터가 그림 1-15와 같이 메모 형태로 저장되어 있다고 가정해 보자. 아래 데이터에서 모든 직장동료들의 연락처를 찾아내야 한다면 어떤 방법이 있을까? 메모를 하나씩 검토해 가면서 찾을 수도 있겠지만 아래 메모를 엑셀의 표 형태로 정리한다면 조금 더 쉽게 원하는 데이터를 찾을 수 있을 것이다.

[그림 1-15] 테이블로 구성하지 않은 데이터

번호	관계	연락처	생년월일	이름	나이	E Mail
1	직장	010-1311-2522	1980-03-04	홍길동	38	hong@yahoo.com
2	가족	010-1424-2532	1985-02-25	김지혜	33	kim@yahoo.com
3	가족	010-3938-3241	2015-02-14	김예준	3	Peter@gmail.com
4	직장	010-1111-2223	1981-05-27	전지헌	36	jun@naver.com
5	가족	010-5838-1112	1977-03-20	김지경	40	ji@daum.net
6	가족	010-6838-9112	1953-10-30	이생림	64	lee@hotmail.com
7	친구	010-7838-1112	1977-10-07	강후동	40	kang@naver.com
8	직장	010-8838-1012	1975-11-02	유지석	42	Yu@naver.com
9	직장	010-9838-1112	1979-10-02	장동건	38	jang@gmail.com
10	친구	010-1088-1712	1980-01-03	이동국	38	leejuj@hanmail.net

[그림 1-16] 엑셀 표로 정리한 데이터

그림 1-16은 위 메모 데이터를 엑셀의 표로 정리한 것이다. 위와 같은 데이터 형태에서는 특정 정보를 불러오기 위해 데이터를 하나씩 검토하지 않더라도 손쉽게 원하는 데이터를 확인하고 가져올 수 있다. 아래 그림 1-17은 정리된 데이터로부터 필터링 기능을 활용해 직장 동료의 모든 연락처를 가져온 것이다. 하나하나 검토할 필요가 없어 빠르게 원하는 정보를 가져올 수 있다.

번호	관계	연락처	생년월일	이름	나이	E Mail
1	직장	010-1311-2522	1980-03-04	홍길동	38	hong@yahoo.com
4	직장	010-1111-2223	1981-05-27	전지헌	36	jun@naver.com
8	직장	010-8838-1012	1975-11-02	유지석	42	Yu@naver.com
9	직장	010-9838-1112	1979-10-02	장동건	38	jang@gmail.com

[그림 1-17] 엑셀 표의 필터링 기능을 통해 모든 직장 동료의 연락처를 추출한 데이터[10]

이와 같이 여러 개의 데이터 집합(메모)에서 동질적인 데이터 값들을 '열'별로 정리하고 하나의 데이터 집합(하나의 메모)을 '행'으로 정리한 데이터의 집합을 '테이블'이라고 한다. 이때 하나의 열을 데이터 과학 관점에서 '변수'라고 부르고 행을 '관측값' 또는 '레코드'라고 한다.

---

10 데이터를 테이블로 정리하면 데이터의 필터링뿐만 아니라 각 변수 값들의 분포나 형태에 따라 추가 분석도 할 수 있게 된다.

1.3.2 테이블의 구성 요소

번호	관계	연락처	생년월일	이름	나이	E Mail
1	직장	010-1311-2522	1980-03-04	홍길동	38	hong@yahoo.com
2	가족	010-1424-2532	1985-02-25	김지혜	33	kim@yahoo.com
3	가족	010-3938-3241	2015-02-14	김예준	3	Peter@gmail.com
4	직장	010-1111-2223	1981-05-27	전지현	36	jun@naver.com
5	가족	010-5838-1112	1977-03-20	김지경	40	ji@daum.net
6	가족	010-6838-9112	1953-10-30	이생림	64	lee@hotmail.com
7	친구	010-7838-1112	1977-10-07	강후동	40	kang@naver.com
8	직장	010-8838-1012	1975-11-02	유지석	42	Yu@naver.com
9	직장	010-9838-1112	1979-10-02	장동건	38	jang@gmail.com
10	친구	010-1088-1712	1980-01-03	이동국	38	leejuj@hanmail.net

헤더

관측값

변수1 　변수2 　변수3 　……

[그림 1-18] 테이블의 구성 요소

그림 1-18은 테이블의 기본 구성 요소를 나타낸 것이다. 그림에서 확인할 수 있듯이 테이블
은 ①변수와 ②관측값 그리고 변수의 이름을 나타내는 첫 행의 집합인 ③헤더[11]로 구성된다.
표 형태로 구성된 데이터의 집합이 테이블이 되기 위해서는 기본적으로 변수, 즉 열 값이 다
음과 같은 조건을 만족해야 한다.

1. 변수(열)의 모든 관측값은 하나의 범주(보통 헤더)로 묶일 수 있어야 한다.
2. 변수(열)의 모든 관측값은 같은 데이터 형식(data type, 자료형)의 값이어야 한다.

색(헤더)

변수 값 모두가 '색'이라는 범주에 속해 있음

회사명(헤더)

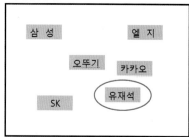

변수 값 중 일부가 '회사명'이라는 범주에 속해 있지 않음

[그림 1-19] 하나의 범주(category)에 포함되는 경우와 그렇지 못한 경우

---

11 헤더는 각 변수들의 설명을 나타내는 첫 행의 집합으로 관측 값이 어떤 내용에 대한 값인지 설명해 주는 동시에 관측 값들의 범위를
제한하는 역할도 한다.

그림 1-19의 오른쪽과 같이 변수의 관측값 일부가 헤더 값의 범주에 포함되지 않는 경우에
는 전체 열이 변수가 되지 못하고[12] 따라서 전체가 구조화된 데이터 즉 테이블이 되지 못한
다. 이를 다른 관점에서 이야기 하면 변수의 헤더 값은 관측값을 모두 포함하는 범주 개념의
값이 와야 한다고도 말할 수 있다. 그림 1-20을 보면 이러한 개념을 더 쉽게 이해할 수 있
다. '이름'이라는 헤더 값이 관측값 모두를 포함하는 값이라는 것을 확인할 수 있다.

이에 반해 그림 1-21을 보면 관측값이 모두 금액 또는 숫자인데, 헤더가 '1분기'라는 날짜
개념의 값이기 때문에 이를 변수라고 해석할 수 없다. 이 경우 해당 열이 변수가 되기 위해서
는 헤더가 '판매 개수' 또는 '매출액'과 같이 숫자 값을 포함할 수 있는 값이 되어야 한다. 참고
로 '1분기'라는 값이 변수의 헤더가 되기 위해서는 관측값이 아래와 같은 숫자가 아니라 '1월
1일' 또는 '1월 2일'과 같이 날짜 값이 와야 한다.

[그림 1-20] 변수의 첫 행과 관측값의 관계

[그림 1-21] 변수가 아닌 데이터 열의 첫 행과 관측값의 관계

둘째, 하나의 변수에는 같은 데이터 형식의 관측값들이 와야 한다. 그림 1-22과 같이 관측
값들 중 하나가 다른 데이터 형식의 값인 경우에는 전체가 변수가 되지 못하고 따라서 구조
화된 데이터, 즉 테이블이 되지 못한다.

---

12 경우에 따라서 '유재석'이 실제 회사명인 경우 위 데이터 집합은 구조화된 데이터가 될 수 있다.

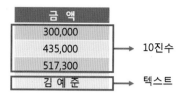

(X) 변수가 성립되지 않음

[그림 1-22] 서로 다른 데이터 형식의 값이 하나의 변수(열)에 존재하는 경우

변수는 관측값에 따라 다양한 형태를 취하는데, 그 형식(type)은 일반적으로 그림 1-23과 같이 크게 네 가지로 구분할 수 있다. 그리고 세부적으로는 이에 속하는 여러 유형의 값들로 다시 구분할 수 있다. [13]

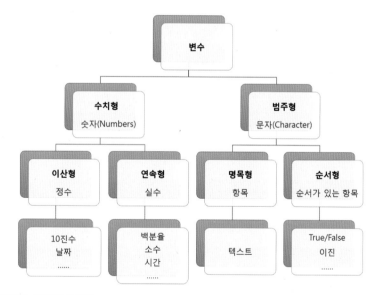

[그림 1-23] 변수의 분류

관측값은 말 그대로 현상이나 사물이 데이터로 표현되어 변수에 맞게 수집 또는 저장되는 모든 값이며 테이블에서는 행으로 표현된다. 데이터는 보통 관측값을 의미한다. 또한 관측값에

---

[13] 변수의 형식(type)은 데이터의 시각화나 분석 작업에서 어떠한 차트나 알고리즘을 사용할지 결정하는 기준이 되므로 데이터 분석에 있어 중요한 부분이다.

서 하나의 행은 레코드라고 하며 하나의 레코드는 다른 레코드와는 구분되는 독립된 값을 갖는다. 참고로 요즘 들어 주목받고 있는 빅데이터도 결국 관측값이 무수히 많은 테이블에 불과하다. 그림 1-24는 앞서 살펴본 변수와 헤더 그리고 관측값(레코드)을 테이블에서 구분해 본 것이다.

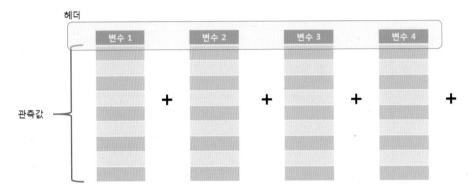

[그림1-24] 테이블의 구성 요소인 헤더, 관측값, 변수

그런데 왜 데이터를 테이블로 만들어야 할까? 이유는 여러 가지가 있지만 테이블 형태로 데이터를 저장하는 것이 데이터를 이해하는 가장 효율적인 방법이기 때문이다. 정보가 저장되고 사용되기 위해서는 사람과 기계(컴퓨터)가 모두 이해할 수 있는 형태로 정보가 저장되어야 하는데, 각 변수별로 관측값을 구분해주는 테이블은 사람과 기계 모두가 다양한 데이터들을 이해하기 쉽게 저장할 수 있는 최적의 구조이기 때문이다.

1.3.4 데이터와 쿼리

테이블에서 변수와 변수사이의 관계는 독립적이다. 여기서 독립적이라는 말은 서로 관계가 없다는 의미가 아니라 따로 존재가 가능하다는 의미이다. 따라서 분석 목적으로 전체 데이터가 아닌 특정 변수의 값만 필요한 경우, 원 테이블에서 이를 따로 떼어내 새로운 테이블을 만들 수 있다. 또한 특정한 조건을 만족하는 데이터만 추출해 새로운 테이블을 만들어 줄 수도 있다. 이러한 작업을 보통 실무에서는 "쿼리(query)를 한다"라고 말한다.

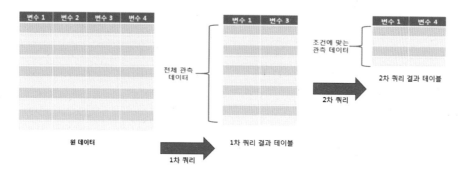

[그림 1-25] 데이터 쿼리

쿼리는 '질문' 또는 '질의'라는 뜻인데, 앞에서 간략하게 설명한 것과 같이 데이터 원본으로부터 원하는 조건의 데이터만을 추출해 새로운 테이블을 만들어 주는 것을 말한다.[14]

우리가 알고 있는 가장 쉬운 쿼리의 예는 엑셀 표에서의 고급 필터링 기능이다. 고급 필터링 기능이 엄밀하게 말해 쿼리 기능은 아니지만 (동일한 시트 내에서만 그 기능을 사용할 수 있는 등의 제약 때문에) 이를 사용하면 쿼리를 통해 데이터를 불러오는 것과 마찬가지로 원하는 변수(열)와 특정 항목(행 값)만 추출해 다시 테이블을 만들 수 있다.

효과적인 데이터 분석을 위해서는 다양한 조건으로 주어진 데이터를 분류하고 세분화할 수 있어야 한다. 따라서 쿼리 작업은 데이터 분석에 있어 매우 필수적인 작업이다. 특히 대용량 데이터를 가지고 작업을 하는 경우 쿼리를 통해 필요한 부분만 추출해낼 수 있어야 메모리 낭비를 줄이고 데이터 처리 시간을 줄일 수 있다.

그림 1-26은 원본 데이터로부터 쿼리를 통해 필요한 데이터만 불러온 것으로 이를 통해 조금 더 쉽게 목적에 맞는 분석이 가능하다.

---

14 '쿼리'를 조금 더 풀어서 설명하자면 원하는 데이터를 추출하기 위해 원본 소스에 적용하는 '필터링 조건'이라고 할 수 있다. 하지만 결국 이를 통해 얻는 것이 원하는 데이터를 담고 있는 테이블이므로 넓은 의미로 추출 절차 자체를 가리킨다.

번호	관계	연락처	생년월일	이름	나이	E Mail
1	직장	010-1311-2522	1980-03-04	홍길동	38	hong@yahoo.com
2	가족	010-1424-2532	1985-02-25	김지혜	33	kim@yahoo.com
3	가족	010-3938-3241	2015-02-14	김예준	3	Peter@gmail.com
4	직장	010-1111-2223	1981-05-27	전지헌	36	jun@naver.com
5	가족	010-5838-1112	1977-03-20	김지경	40	ji@daum.net
6	가족	010-6838-9112	1953-10-30	이생림	64	lee@hotmail.com
7	친구	010-7838-1112	1977-10-07	강후동	40	kang@naver.com
8	직장	010-8838-1012	1975-11-02	유지석	42	Yu@naver.com
9	직장	010-9838-1112	1979-10-02	장동건	38	jang@gmail.com
10	친구	010-1088-1712	1980-01-03	이동국	38	leejuj@hanmail.net

원 데이터

이름	나이
홍길동	38
김지혜	33
김예준	3
전지헌	36
김지경	40
이생림	64
강후동	40
유지석	42
장동건	38
이동국	38

쿼리 1

관계	연락처	생년월일	이름
직장	010-1311-2522	1980-03-04	홍길동
직장	010-1111-2223	1981-05-27	전지헌
직장	010-8838-1012	1975-11-02	유지석
직장	010-9838-1112	1979-10-02	장동건

쿼리2

[그림 1-26] 쿼리를 통해 만든 새로운 테이블

참고로 엑셀에서 SQL[15]의 "Select ~ Where ~" 구문과 같은 전형적인 쿼리 작업은 파워쿼리 기능을 사용하면 가능하다. 파워쿼리는 그 이름에서 알 수 있듯이 여러 데이터 소스에서 원하는 데이터를 불러와서 테이블을 만들 수 있게 해 주는 소프트웨어다. 파워쿼리의 쿼리 편집 기능을 사용하면 한번 작성된 쿼리를 반복적으로 사용할 수 있어 데이터 편집 시간을 줄일 수 있다. 파워쿼리를 통한 데이터 쿼리는 다음 장인 '데이터 수집'에서 더 자세하게 다루도록 하겠다.

쿼리를 잘 활용하면 데이터의 원본을 손상시키지 않으면서도 데이터의 여러 변환, 통합 그리고 수정 등의 데이터 작업이 가능해 필요 데이터를 쉽게 확보할 수 있어 유용하다.

1.3.5 관계형 데이터베이스

복수 테이블을 통한 효율적인 데이터 관리

테이블은 데이터를 효과적으로 분류하고 저장할 수 있는 최적의 도구이지만 몇 가지 단점이 있다. 그 중 하나가 3차원 이상의 데이터를 효과적으로 표현할 수 없다는 것이다. 테이블 자

15 SQL(structured query language)은 데이터베이스를 효율적으로 관리 및 제어하기 위해 만든 언어다. 보통 데이터베이스 관리 시스템인 DBMS(database management system)에서 테이블을 만들거나 필요한 정보를 연결하거나 불러오기(쿼리 작업) 위해 사용된다.

체가 기본적으로 행과 열을 중심으로 2차원으로 데이터를 표현하기위해 만들어졌기 때문에 3차원 이상으로 구성된 데이터 값은 표현하지 못한다.

물론 방법이 없는 것은 아니다. 하나의 관측값을 복수의 행에 기록하는 방법으로 이를 해결할 수는 있다. 하지만 이렇게 하면 동일한 항목(관측값)이 여러 번 반복되어 변수 값의 개수를 세거나 평균을 구할 때 또 다른 문제를 야기한다.

NGO의 후원금과 사업을 관리하는 다음과 같은 테이블을 예로 들어보자. 그림 1-27은 각 프로젝트를 지원하는 후원자와 후원금 집행에 대한 정보를 담고 있는 테이블이다. 이를 보면 어떤 후원자의 후원금이 어떤 사업으로 집행되었는지 그리고 후원 받은 후원금 중 실제로 얼마가 언제 집행되었는지에 대해서도 알 수 있어 언뜻 데이터가 잘 관리되고 있는 것처럼 보인다.

Project No	사업명	1Q 집행액	2Q 집행액	3Q 집행액	4Q 집행액	후원자	후원자 연락처	입금액
1	Dpt Zongo(Equateur) School Feeding Project	50,000		10,000		Peter	023-231-1141	70,000
2	Rutshuru Arp Education Enhancement Project		35,000			Paul(A)	932-324-2523	40,000
3	Integrated School Feeding And Nutrition Project				9,000	Elmo	034-243-2598	10,000
4	Congo Katanga School Feeding Project			10,000		Esther	033-243-9857	12,000
5	Mvca Nsanje		5,000	15,000		Lion	044-353-2643	25,000
6	Mvac Mwanza	3,000	3,000		6,000	Smith	493-873-4930	15,000
7	Food Insecurity Response In Mulanje District	50,000				Jordan	495-436-4532	60,000
8	Mozambique Emergency Response 2015				35,000	Jack	309-354-3624	40,000
9	Wfp Health And Nutrition (H & N)		1,500	25,000		Paul(B)	354-364-3263	1,000
10	Sampwe Nutrition Project	35,000	1,100		11,000	Kim	345-980-8754	3,000

[그림 1-27] NGO의 사업관리 테이블

그런데 이렇게 하나의 테이블에 많은 정보를 저장하는 형태의 데이터 관리는 여러 정보가 추가될 때 이를 효율적으로 반영하지 못한다.

예를 들어 사업이 점차 커져서 지금까지는 하나의 사업에 한 명의 후원자만 있었던 것과는 달리 두 명 또는 세 명의 후원자가 하나의 사업을 후원한다고 가정해 보자. 위 형태의 테이블에서는 이러한 데이터의 변화를 바로 반영하지는 못한다.

그렇다면 이를 반영할 수 있는 방법은 무엇이 있을까? 우선 다음과 같이 하나의 사업을 후원
자 수에 따라 두 개 또는 세 개의 행으로 만들어 이를 반영하는 방법이 있을 수 있다.

Project No	사업명 데이터 중복	1Q 집행액	2Q 집행액	3Q 집행액	4Q 집행액	후원자	후원자 연락처	입금액
1	Dpt Zongo(Equateur) School Feeding Project	50,000		10,000	추가된 후원자	Peter	023-231-1141	70,000
1	Dpt Zongo(Equateur) School Feeding Project				90,000	James	087-536-7643	100,000
2	Rutshuru Arp Education Enhancement Project		35,000			Paul(A)	932-324-2523	40,000
3	Integrated School Feeding And Nutrition Project				9,000	Elmo	034-243-2598	10,000
4	Congo Katanga School Feeding Project			10,000		Esther	033-243-9857	12,000

[그림 1-28] 비효율적인 데이터 추가

하지만 이렇게 하나의 데이터를 두개 또는 세개의 행으로 입력하게 되면 사업 개수를 구하
거나 사업과 관련한 집행액을 기록할 때 혼란을 야기한다. 당장 기존 테이블과는 다르게
'Project No' 열을 가지고 사업 개수를 셀 수 없게 된다.

그래도 일단 크게 데이터가 잘못되지는 않으니 이런 식으로 후원자를 추가해 나갈 수는 있
다. 그런데 이번에는 새로 후원을 시작한 James 씨의 휴대폰 번호가 추가되어 이를 연락처
에 반영해야 한다고 가정해 보자. 이를 반영하기 위해 다시 행을 추가해 그림 1-29과 같이
세 개의 열을 만들 수 있다. 하지만 이는 보기에도 비효율적이며 연속적으로 추가되는 데이
터를 위해 동일한 방법을 계속 사용한다면 하나의 관측값에 대해 무수히 많은 행(레코드)이
추가되는 비효율적인 상황이 발생할 수 있다.

Project No 중복	사업명	1Q 집행액	2Q 집행액	3Q 집행액	4Q 집행액	후원자	후원자 연락처	입금액
1	Dpt Zongo(Equateur) School Feeding Project	50,000		10,000		Peter	023-231-1141	70,000
1	Dpt Zongo(Equateur) School Feeding Project				90,000	James	087-536-7643	100,000
1	Dpt Zongo(Equateur) School Feeding Project	낭비되는 셀				James	010-8765-9886	
2	Rutshuru Arp Education Enhancement Project		35,000			Paul(A)	932-324-2523	40,000
3	Integrated School Feeding And Nutrition Project				9,000	Elmo	034-243-2598	10,000
4	Congo Katanga School Feeding Project			10,000		Esther	033-243-9857	12,000

[그림 1-29] 비효율적으로 추가되는 데이터로 인해 만들어 지는 낭비되는 셀

이렇게 하나의 관측값이 여러 개의 행(레코드)으로 기록되면 해당 테이블에 대해서는 일반
적인 분석 방법을 적용할 수 없게 된다. 평균 및 분산 등의 분석은 변수의 개수에 절대적으로
영향을 받는데, 이러한 데이터 형태에서 계산된 지표들은 여러 개의 행으로 인해 잘못된 값

을 가질 수밖에 없기 때문이다. 게다가 추가된 행에는 연락처 외에 기록되는 정보가 없으므로 '후원자 연락처' 이외의 변수 값은 Null(아무런 값도 갖지 않는) 값을 갖게 되는데, 이렇게 존재는 하지만 값을 가지고 있지 않은 셀로 인해 메모리를 낭비하게 하는 비효율을 초래하게 된다.

그렇다면 이렇게 추가되는 정보를 효율적으로 반영하기 위해서는 테이블을 어떻게 만들어야 할까?

정답부터 말하자면 데이터를 통해 관리되어야 하는 정보를 성격별로 분류해 테이블을 따로 만들어 주면 된다. 위 예에서는 사업 정보와 구분해 후원자 및 연락처 정보를 따로 관리할 수 있는 테이블을 만들면 이러한 문제를 해결할 수 있다. 이러한 방법으로 정보의 성격에 따라 여러 개의 테이블을 만들면 새로운 정보가 추가될 때 해당 정보를 관리하는 테이블만 수정되기 때문에 다른 변수 값들이 불필요하게 반복되는 것을 피할 수 있고 따라서 낭비되는 메모리도 줄일 수 있다.[16]

복수의 테이블을 만들기 위해 정보를 성격별로 분류할 때는 해당 정보가 단독으로 특정 대상의 고유한 특성을 나타내는 정보인지 아니면 다른 변수의 관측값에 종속되어 이를 설명하는 정보인지 구분해야 한다.

해당 정보가 다른 변수의 관측값에 종속되어 이를 설명하는 정보를 담고 있다면 해당 정보와 관련된 테이블을 구분해 따로 만들어 주어야 한다.

예를 들어 위 예에서 '후원자 정보'는 '사업명'이라는 변수에 종속되어 하나의 사업을 지원하는 여러 명의 후원자들에 대한 정보를 담고 있으므로 그림 1-30과 같이 테이블을 따로 만들어 주어야 한다.

---

16 이렇게 효율적으로 데이터가 추가되고 저장될 수 있게 테이블의 구조를 만드는 것을 전문용어로는 정규화(normalization)라고 한다. 정규화는 사실 데이터베이스 이론 중 하나의 큰 주제로 자세히 설명하자면 더 많은 지면과 시간이 필요하다. 본서는 데이터베이스를 다루는 책이 아니므로 이에 대해 최대한 간단하게 설명하고 넘어가도록 하겠다.

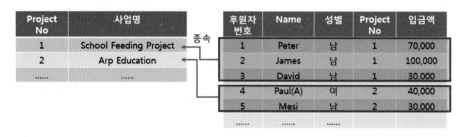

Project No	사업명
1	School Feeding Project
2	Arp Education
......	......

1. 사업 테이블

후원자 번호	Name	성별	Project No	입금액
1	Peter	남	1	70,000
2	James	남	1	100,000
3	David	남	1	30,000
4	Paul(A)	여	2	40,000
5	Mesi	남	2	30,000
......	......	......		

2. 후원자 테이블

[그림 1-30] 정보의 종속 관계 1

마찬가지로 후원자 연락처 정보도 후원자 한 명에 종속되어 여러 개가 추가될 수 있으므로 따로 만들어야 불필요한 메모리 낭비를 줄이고 복잡한 데이터를 효율적으로 다룰 수 있는 테이블을 만들 수 있다.

후원자 번호	Name	성별	Project No	입금액
1	Peter	남	1	70,000
2	James	남	1	100,000
3	David	남	1	30,000
4	Paul(A)	여	2	40,000
5	Mesi	남	2	30,000
......	......	......	......	......

2. 후원자 테이블

Contact No.	Contact No.	후원자 번호	종류
1	010-222-2222	1	핸드폰
2	02-112-1111	1	사무실
3	031-221-2222	1	집전화
4	010-222-3333	2	핸드폰
5	02-113-1112	2	사무실
......	......	......	

3. 후원자 연락처 테이블

[그림 1-31] 정보의 종속 관계 2

테이블 연결

그런데 이렇게 테이블을 따로 관리하게 되면 각 테이블에 존재하는 정보를 동시에 불러올 필요가 있을 때 어려움이 발생한다. 모든 정보가 하나의 테이블에 저장되어 있을 때는 관련 변수 값을 필터링을 하기만 하면 원하는 값을 손쉽게 불러올 수 있지만 테이블이 나뉘어져 있는 경우는 이러한 방법으로 원하는 데이터를 찾을 수 없기 때문이다.

엑셀에서는 이러한 문제를 Vlookup 함수를 활용해 해결할 수 있다. Vlookup 함수는 그림 1-32와 같이 두개의 테이블에 존재하는 동일한 변수 값(예에서는 후원자 번호)을 기준으로 두 테이블을 연결해 주는 기능을 하는 함수이다.

따라서 후원자 연락처 테이블에서 각 연락처들의 후원자를 알고 싶은 경우, 다음과 같이 두 테이블을 연결할 수 있는 키 인덱스(여기서는 후원자 번호)를 참조해 Vlookup 함수를 사용하면 해당 연락처의 후원자명을 불러올 수 있다.

두 테이블을 연결해 주는 키 인덱스

후원자 번호	Name	성별
1	Peter	남
2	James	남
3	David	남
4	Biya	여
5	Mesi	남
......	......	......

2.후원자 테이블

Contact No.	Contact No.	후원자 번호	종류	후원자
1	010-222-2222	1	핸드폰	=vlookup(C2,후원자테이블,2,0)
2	02-112-1111	1	사무실	=vlookup(C3,후원자테이블,2,0)
3	031-221-2222	1	집전화	=vlookup(C4,후원자테이블,2,0)
4	010-222-3333	2	핸드폰	=vlookup(C5,후원자테이블,2,0)
5	02-113-1112	2	사무실	=vlookup(C6,후원자테이블,2,0)
......	......	......		

3. 후원자 연락처 테이블

[그림 1-32] 엑셀의 Vlookup 함수

Vlookup 함수

Vlookup 함수는 엑셀에서 데이터를 다루는 대표적인 함수다. Vlookup 함수를 잘 활용하면 다른 테이블에 있는 데이터를 원하는 대로 불러올 수 있어 두 테이블에서 손쉽게 데이터를 비교하거나 확인할 수 있다.

사용법은 그림 1-33과 같이 참조 값이 되는 셀을 Lookup_value로 지정하고 찾고자 하는 값이 들어 있는 테이블을 Table_array에 범위로 설정해 준다. 그리고 찾고자 하는 값이 들어 있는 열이 참조 값으로 부터 몇 번째 열에 있는지를 Col_index_num에 입력하면 원하는 값을 찾아 준다.

아래 예는 물품열의 값을 참조 값으로 가격 테이블로부터 각 물품에 대한 가격을 가져오는 함수의 인수를 입력한 예이다.

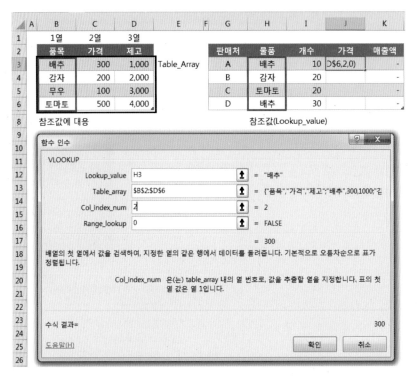

[그림 1-33] 엑셀의 Vlookup 함수

이처럼 두 개 이상의 서로 다른 테이블에서 동일하게 가지고 있는 인덱스 값을 가지고 Vlookup 함수 등을 활용해 원하는 정보를 효율적으로 찾아 올 수 있게 구조를 만드는 것을 '테이블 연결'이라고 한다. 테이블 사이에 연결을 만들면 테이블별로 흩어져 있는 정보도 한 번의 검색으로 손쉽게 찾아올 수 있다.

연결된 테이블은 연결에 사용된 인덱스 값(변수)의 형태에 따라 1:1 연결, 1:다 연결(1:N), 다:다 연결(N:N)로 나눌 수 있고 관계가 있지 않은 데이터(같은 변수 값을 가지고 있지 않은 레코드들)를 어떻게 남겨두는지에 따라 내부 연결과 외부 연결로 구분할 수 있다.

학과장	학과ID
이수현	1
김우성	2
김빈	3
전지헌	4
김철수	5
서재인	6
김유리	7

학과ID	학과명
1	법학과
2	수학과
3	국문과
4	영문과
5	경영학과
6	체육학과
7	미술학과

학과	학생#	이름
법학과	1	이수호
법학과	2	이수창
법학과	3	임민용
수학과	4	이대영
수학과	5	이현곤
국문과	6	김민수
국문과	7	서영빈

과목명	과목ID
영어1	1
영어2	2
수학1	3
수학2	4
미술	5
음악	6
컴퓨터	7

1:1 연결   1:다(N) 연결   다(N):다(N) 연결

[그림 1-34] 테이블 연결 형태

이렇게 복수의 테이블들이 특정 변수 값을 기준으로 연결되어 있는 데이터의 형태를 관계형 데이터베이스라고 한다. 보통 '관계형 데이터베이스'라고 하면 오라클이나 MySQL 등을 떠올리기 때문에 어렵고 복잡한 개념으로 생각하는 경향이 있는데, 쉽게 이야기해 관계형 데이터베이스는 테이블들이 관계로 연결된 데이터의 집합이라고 할 수 있다.

그런데 앞에서 테이블 연결을 설명하기 위해 예로 든 엑셀의 Vlookup 함수는 엄밀히 말해 테이블 연결을 만드는 함수는 아니다. 물론 Vlookup을 사용하면 테이블이 연결되었을 때와 마찬가지로 복수의 테이블에서 원하는 데이터를 불러올 수 있다. 하지만 실제 테이블이 연결되는 것과는 달리 특정한 조건을 만족하는 제한된 형태의 정보만 가져올 수 있고 1대 다로 연결된 데이터는 불러오지 못한다. 또한 Vlookup을 사용하기 위해서는 기준이 되는 키(key) 값이 항상 테이블에서 제일 왼쪽 편에 와야 한다는 기술적인 불편함도 존재한다. 엑셀에서 이러한 문제점들을 해결하고 좀더 효율적으로 테이블을 연결하기 위해서는 파워피벗 기능을 활용해야 한다. 파워피벗과 테이블 연결에 대해서는 다음 장에서 자세히 더 자세히 다룬다.

RDBMS(관계형 데이터베이스 관리 시스템)

관계형 데이터베이스는 오늘날 대부분의 자원관리 소프트웨어에서 사용되는 데이터베이스 형태다. 특별히 관계형 데이터베이스는 테이블 연결을 통해 복잡한 정보를 오류 없이 손쉽게 추출하고 입력할 수 있어 정확한 정보의 전달과 관리가 필요한 분야에서 많이 사용된다. 이러한 관계형 데이터베이스를 관리하기 위해 사용하는 도구를 RDBMS(Relational Database Management System)라고 부

르는데, 우리가 흔히 알고 있는 오라클, MySQL, MS SQL Server는 모두 이러한 RDBMS다. 참고로 RDMBS는 정보의 정확성과 무결성을 유지하는 것이 최우선 고려사항이어서 엑셀과 같이 유연하게 데이터를 다룰 수 있는 구조를 가지고 있지는 않다. 그러므로 RDBMS만을 가지고는 데이터 분석을 하는 것은 쉽지 않다(물론 테이블들을 잘 디자인 하고 여러 쿼리를 잘 사용하면 원하는 형태의 분석이 가능하기는 하다). 이 때문에 RDBMS는 데이터의 관리 및 수집을 위해 사용하고 추가적인 분석은 R 이나 파이썬 또는 엑셀을 사용하는 것이 더 효과적이다.

[그림 1-35] 여러가지 RDBMS

1.4 정리

이번 장에서 살펴본 변수, 테이블, 쿼리, 연결 등의 개념을 한번에 모두 이해하기는 쉽지 않다. 하지만 해당 개념들은 데이터 분석의 기초가 되는 중요한 개념이기에 당장은 어렵더라도 잘 이해해 두어야 한다. 또한 과정 중에 사용한 여러 도구들에 대해서도 익숙해지는 것 역시 필요한데, 이는 데이터의 기초 개념을 실제 분석 과정에 적용하기 위해서는 도구들의 활용이 뒷받침되어야 하기 때문이다. 여기서 소개한 마이크로소프트 엑셀 기반 도구들이 아니더라도(R이나 기타 데이터 분석 도구들도 마이크로소프트 오피스와 마찬가지로 테이블을 가공하고 변수를 요약하는 등의 기본 기능은 동일하다) 자신에게 잘 맞는 프로그램을 선택해서 꾸준히 연습하다 보면 데이터를 바라보는 시각이 변하는 것을 느낄 수 있을 것이다.

02장

데이터 분석 첫걸음:
데이터 수집

당연한 이야기이지만 좋은 분석을 위해서는 좋은 데이터가 필요하다. 그런데 좋은 데이터를 확보하는 일은 생각만큼 쉽지 않다. 사내 고객 관계 관리(CRM) 프로그램이나 재무시스템에서 생성된 데이터로 분석을 하는 경우에는 그나마 쉽게 구조화된 데이터를 얻을 수 있지만 이를 제외하면 대부분의 경우 원하는 형태의 데이터를 확보하는 일에는 많은 노력이 필요하다. 게다가 요즘에는 분석에 필요한 많은 데이터들이 비정형 데이터로 웹 등에 흩어져 있기 때문에 이러한 데이터를 적절히 수집하는 방법을 알지 못하면 원하는 데이터를 제대로 확보할 수 없다.

하지만 아무리 어렵다고 해도 좋은 데이터 분석을 위해서는 분석에 필요한 여러 데이터를 필요에 맞게 수집하고 구조화할 수 있어야 한다. 파일 형태로 저장되어 있는 여러 데이터는 물론 웹상에 흩어져 있는 데이터를 추출하고 구조화할 수 있어야 하고 이렇게 확보한 데이터를 적절히 연결하고 통합하여 필요에 맞게 구조화할 수 있어야 양질의 데이터를 확보할 수 있다.

이번 장에서는 데이터 분석의 기초 공사에 해당하는 이러한 데이터 수집과, 수집된 데이터를 정형화해 분석을 위한 기본 테이블을 만드는 방법에 대해서 배워보도록 하겠다. 이를 위해 먼저 데이터 수집과 구조화 작업을 효과적으로 지원해 주는 엑셀 파워쿼리에 대해서 알아보고 이를 활용해 흩어져 있는 로컬 데이터(파일 데이터)를 하나로 통합하고 구조화하는 방법을 배워보도록 하겠다. 또한 테이블들을 연결하고 통합하여 분석에 필요한 자료 구조를 만드는 방법과 SNS로 대표되는 웹상의 여러 비정형 데이터를 파워쿼리의 웹 쿼리 기능과 RSS 피드 및 오픈 API를 활용하여 필요에 맞게 수집하고 구조화하는 방법에 대해서 학습하도록 하겠다.

2.1 엑셀과 파워쿼리를 활용한 데이터 전처리

2.1.1 파워쿼리 소개

마이크로소프트 파워쿼리는 다양한 데이터 원본으로부터 데이터를 불러와 원하는 형태로 구조화하고 편집(쿼리 작업)하여 이를 테이블로 내보내 주는 기능을 가진 엑셀 애드인 소프트웨어다. 파워쿼리를 활용하면 CSV 및 엑셀 파일뿐만 아니라 대용량 데이터부터 웹 페이지 데이터까지 다양한 형태의 데이터를 원하는 구조로 편집하고 구조화할 수 있다. 특히 파워쿼리는 데이터 통합 및 분리 그리고 계산 열 삽입 등의 고급 쿼리 작업도 지원하기 때문에, 기존의 엑셀과 비교해 좀 더 효율적으로 원하는 형태의 데이터를 만들 수 있다. 그리고 이렇게 만들어진 쿼리는 엑셀 파일뿐만 아니라 독립된 파일 형태로도 저장이 가능해 다른 데이터관리 소프트웨어에서도 쉽게 재사용이 가능하다는 장점도 가지고 있다.

파워쿼리는 마이크로소프트 공식 홈페이지(https://www.microsoft.com/ko-KR/download/details.aspx?id=39379)를 통해 무료로 내려받을 수 있다. 엑셀 2010 Professional Plus 버전부터 설치할 수 있고 2016 버전의 경우 기본 기능에 포함되었기 때문에 따로 설치하지 않아도 된다.

파워쿼리를 내려받을 때는 사용하고 있는 오피스(MS Office)가 64비트와 32비트 중 어느 버전인지 확인하고 이에 맞는 버전을 설치해야 한다.

원하는 다운로드 선택

파일 이름	크기
PowerQuery_2.48.4792.941 (32-bit) [ko-KR].msi	16.0 MB
✔ PowerQuery_2.48.4792.941 (64-bit) [ko-KR].msi	16.1 MB
Release Notes (English-only).docx	32 KB

[그림 2-1] 마이크로소프트 파워쿼리 다운로드

엑셀 설치 버전 학인

엑셀의 설치 버전은 엑셀 2010의 경우 그림 2-2와 같이 [파일]→[도움말]을 클릭하면 확인할 수 있다.

[그림 2-2] 엑셀 2010 버전 확인

엑셀 2013과 2016은 그림 2-3과 같이 [파일]→[계정]→[Excel 정보]를 클릭하면 확인할 수 있다.

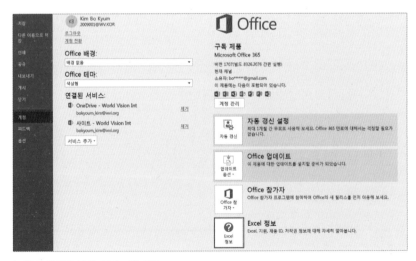

[그림 2-3] 엑셀 2013, 2016 버전 확인

파워쿼리는 크게 ① 데이터 커넥터와 ② 쿼리 편집기로 구성된다. 커넥터는 다양한 데이터 소스에 연결해 데이터를 불러오는 역할을 하고 쿼리 편집기는 불러온 데이터를 편집해 필요한 쿼리를 만들어 주는 역할을 한다. 파워쿼리의 기본적인 작업 흐름은 그림 2-4와 같이 데이터 커넥터로 원하는 데이터를 불러와 쿼리 편집기를 통해 필요한 형태로 편집하고, 이를 엑셀 또는 쿼리 파일로 내보내는 과정으로 이루어진다.

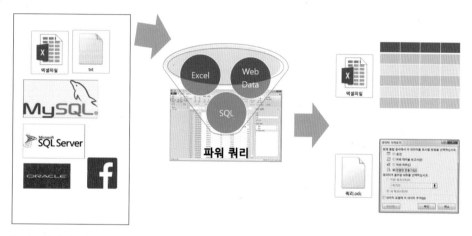

[그림 2-4] 파워쿼리 작업 흐름도

파워쿼리 데이터 커넥터는 다양한 데이터 소스에 효과적으로 연결할 수 있도록 각 데이터 소스마다 전용 커넥터를 제공한다. 엑셀 2010 또는 2013에 파워쿼리를 설치했다면 엑셀 상단 메뉴 탭에서 '파워쿼리'를 선택해 데이터 소스별 전용 커넥터를 확인할 수 있다. 엑셀 2016의 경우 [데이터] 탭의 '데이터 가져오기 및 변환' 메뉴에서 커넥터를 확인할 수 있다.

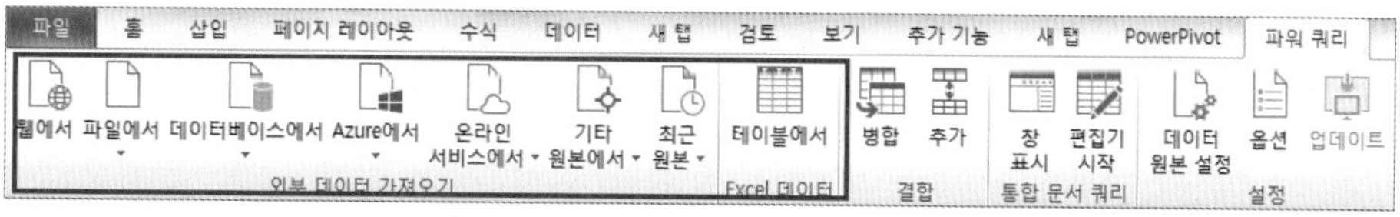

[그림 2-5] 엑셀 2010에 설치한 파워쿼리 데이터 커넥터

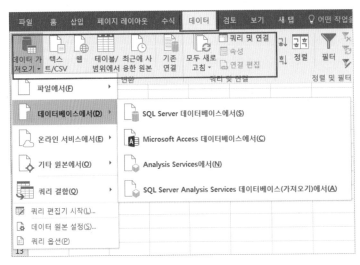

[그림 2-6] 엑셀 2016의 파워쿼리 데이터 커넥터

쿼리 편집기는 파워쿼리 커넥터를 통해 불러온 데이터를 바탕으로 원하는 형태의 쿼리를 만들 수 있게 해 준다. 데이터 전처리에 해당하는 기본적인 쿼리 작업은 물론 데이터 연결 등의 구조화 작업 등이 모두 이를 통해 가능하다. 완성된 쿼리는 엑셀 데이터 형태로 내보낼 수 있다. 참고로 엑셀로 내보내진 쿼리는 해당 데이터를 저장할 때 엑셀 통합문서에 포함되어 저장된다. 물론 이를 엑셀로 내보내지 않고 쿼리 자체를 독립된 파일 형태로 만들어 저장하거나 연결로 만들어 사용할 수도 있다. 이때 독립된 쿼리 파일은 .odc 형태(Office Database Connection)로 저장된다.

쿼리 편집기는 데이터 커넥터를 통해 원하는 데이터를 연결한 상태에서 [편집]을 선택하거나 데이터를 연결하지 않은 상태에서 [데이터 가져오기]→[쿼리 편집기 시작]을 클릭하면 실행할 수 있다. 2016 이외의 버전에서는 파워쿼리 탭의 [편집기 시작]을 클릭하면 된다. (단, 이 경우 쿼리 편집기에서 작업하고자 하는 데이터를 직접 만들거나 [새 쿼리] 메뉴에서 직접 원본을 선택해 연결해야 한다.) 쿼리 편집기를 실행하면 그림 2-7과 같이 ① 리본메뉴 ② 쿼리 창 ③ 쿼리설정 창 ④수식 입력 창 그리고 ⑤ 데이터 창으로 나뉜 독립된 창이 실행된다.

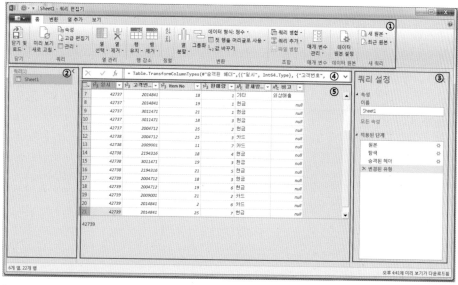

[그림 2-7] 파워쿼리 쿼리 편집기

②번 쿼리 창에는 현재 작업하고 있는 모든 쿼리가 표시된다. 데이터 커넥터를 통해 복수의 데이터를 불러왔다면 쿼리 창에 복수의 쿼리가 표시되고 작업하고자 하는 쿼리를 선택할 수 있다. 여기서 선택된 쿼리는 ⑤번 데이터 창에 테이블 형식으로 표시되는데, 엑셀과는 다르게 데이터 창의 데이터를 셀에서 수정하거나 편집할 수 없다.

쿼리 편집기에서의 모든 데이터 편집 작업(쿼리 작업)은 ①번 리본 메뉴의 아이콘 또는 ④번 수식 입력을 통해서 열(변수)별로만 가능하다. 그리고 실행된 작업은 오른쪽 ③번 쿼리 설정 창에 단계별로 표시되기 때문에 언제라도 기존의 작업을 따로 수정하거나 취소할 수 있다. 단 쿼리 편집 중간 단계의 작업을 취소하면 이후 단계의 작업에 오류가 생길 수 있어 주의해야 한다.

파워쿼리의 리본 메뉴는 다음과 같이 총 네 개의 탭으로 구성되어 있다. 각기 데이터를 변환하거나 구조화하고 새로운 계산을 하는 등의 기능을 담고 있다.

[그림 2-8] 파워쿼리 변환 탭

[그림 2-9] 파워쿼리 열 추가 탭

[그림 2-10] 파워쿼리 보기 탭

2.1.2 파워쿼리 기본 활용

테이블 형태의 데이터를 만드는 데 가장 보편적으로 사용되는 도구는 엑셀이다. 엑셀을 사용하면 간단한 테이블 형태의 데이터뿐만 아니라 복잡한 형태의 데이터도 손쉽게 편집하고 저장할 수 있다. 하지만, 엑셀은 편리성이라는 장점 때문에 다른 DBMS(Database Management System)와 비교해 데이터 품질과 저장에 대한 안정성이 떨어진다. 누구나 손쉽게 편집과 저장이 가능하다는 것 자체가 데이터가 의도하지 않게 손상될 수 있는 가능성이 높아지는 것을 의미하기 때문이다.

따라서 엑셀 파일을 가지고 데이터 분석 작업을 하는 경우에는 데이터를 손상시키지 않도록 주의해야 한다. 특히 원본 파일 자체를 가지고 편집하는 것을 피해야 한다. 자칫 잘못해서 원본 파일이 손상되면 데이터를 되돌릴 수 없게 될 수도 있기 때문이다.

파워쿼리는 엑셀에서의 이러한 데이터 안정성 문제를 해결할 수 있도록 엑셀 데이터에 연결해 원본 데이터의 손실 없이 데이터를 편집하고 분석할 수 있게 해 준다. 이는 원본 데이터가 업데이트되더라도 동일한 형태의 편집 과정이 지속적으로 적용될 수 있도록 쿼리 파일을 만들어 주는 방식이기에 언제라도 재사용할 수 있다는 장점도 갖는다.

또한 파워쿼리를 사용하면 여러 파일에 흩어져 저장되어 있는 파일 데이터를 통합해 하나로 불러오거나 테이블을 원하는 조건으로 필터링해 데이터를 불러오는 등의 고급 쿼리 작업도 가능하다. 사실 이러한 필터링 및 편집 작업을 위해서는 관계형 데이터베이스와 ODBC(Open Database Connectivity) 등에 대한 지식이 필요한데, 엑셀 파워쿼리는 이러한 지식이 없어도 고급 데이터 작업을 가능하게 해 준다.

엑셀 데이터로 쿼리 작성하기

먼저 엑셀 파일을 파워쿼리로 불러와 보자. 파워쿼리는 기본적으로 모든 데이터 형태에 대한 연결을 지원한다. 파워쿼리에서 엑셀 데이터에 연결해 쿼리를 만들기 위해서는 그림 2-11과 같이 [파워쿼리]→[파일에서]→[엑셀에서]를 클릭하면 된다(엑셀 2016의 경우 [데이터]→[데이터 가져오기]→[파일에서]→[엑셀 통합문서에서]를 선택).

[그림 2-11] 파워쿼리에서 엑셀 데이터 불러오기

파일 선택 창에서 예제파일(판매 데이터.xlsx)을 선택하면 그림 2-12와 같이 파워쿼리 탐색 창을 통해 불러온 데이터를 확인할 수 있다.

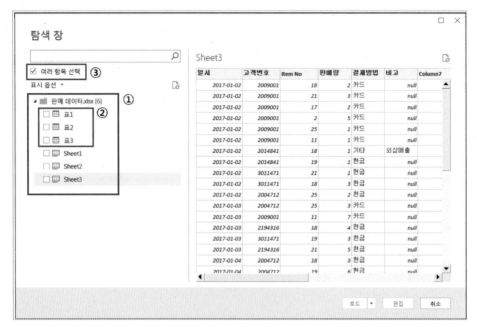

[그림 2-12] 파워쿼리 탐색 창

파워쿼리는 기본적으로 선택된 엑셀 통합문서 파일이 가지고 있는 모든 시트와 테이블 데이터를 탐색 창에 보여준다(①). 또한 원본 데이터에 이름이 정의된 테이블(또는 영역)이 있는 경우 해당 데이터도 함께 표시해 준다(②). 이때 여러 항목 선택 체크박스를 선택하면 복수의 테이블을 한번에 불러올 수 있다(③).

파워쿼리 탐색 창에서 원하는 테이블 또는 시트를 선택해 [편집]을 클릭하면 그림 2-13과 같이 쿼리 편집 모드에서 데이터를 편집할 수 있다.

파워쿼리를 통해 데이터를 불러올 때는 쿼리 편집기에서 데이터를 원하는 형태로 편집한 후 내보내는 것이 일반적이다. 물론 연결한 데이터를 편집 과정 없이 바로 [로드]를 선택해 데이터를 내보내는 것도 가능하다.

[그림 2-13] 파워쿼리 쿼리 편집기

파워쿼리를 활용한 데이터 전처리

데이터 전처리(data preprocessing)는 수집한 비정형 또는 반정형 데이터를 테이블화하고 오류 값을 정리해 구조화(정형화)하는 작업이다. 대부분의 경우 수집된 데이터는 테이블이 아닌 형태의 비정형 자료로 되어 있을 가능성이 높고, 중복 및 Null(값이 없는)값 등의 오류 값을 포함하고 있기 때문에, 분석을 위해서는 이를 구조화하는 작업을 반드시 거쳐야 한다.

쿼리 편집기로 불러온 데이터가 테이블 형태로 되어 있다면 다음으로 각 변수들의 데이터 형식이 올바르게 설정되었는지 확인해야 한다. 데이터 형식이 제대로 설정되지 않은 경우 데이터 분석을 위한 기본적인 계산 단계에서부터 오류가 날 수 있어 주의해야 한다. 쿼리 편집기에서 데이터 형식은 헤더의 앞에 나타나 있는 아이콘을 클릭해 보면 확인할 수 있다. 일반적으로 파워쿼리는 변수 형태에 맞는 데이터 형식을 자동으로 설정하는데, 제대로 설정되지 않는 경우 이를 올바르게 설정해야 한다. 변수의 데이터 형식은 [변환]→[데이터 형식]을 선택해 설정하거나 헤더의 아이콘을 직접 클릭해서 지정할 수도 있다.

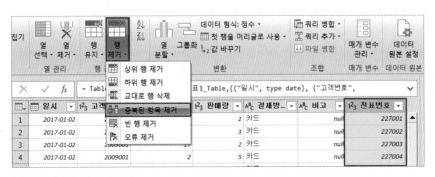

[그림 2-14] 변수별 자료형 설정

또한 데이터의 입력 값을 통제할 수 있는 시스템을 통해 수집된 데이터가 아닌 경우 대부분
의 자료에는 오류 값이나 널(null) 값이 있다. 이러한 값들은 분석의 결과를 왜곡시킬 가능성
이 높기 때문에 전처리 단계에서 수정하거나 변환해야 한다. 중복 값을 정리할 데이터 열을
선택한 다음 그림 2-15와 같이 [홈]→[행 제거]→[중복제거]를 클릭하면 손쉽게 중복 값을
정리할 수 있다.

[그림 2-15] 데이터 중복 값 제거

널 값의 경우도 삭제해 주거나 [변환]→[값 바꾸기] 기능을 이용해 '0' 또는 ' ' 값으로 바꿔줘야 한다. 그림 2–16과 같이 '값 바꾸기'를 클릭하고 '찾을 값'에 null을, 바꿀 항목에 '0' 또는 공백(blank), 즉 ' '을 입력하면 된다.

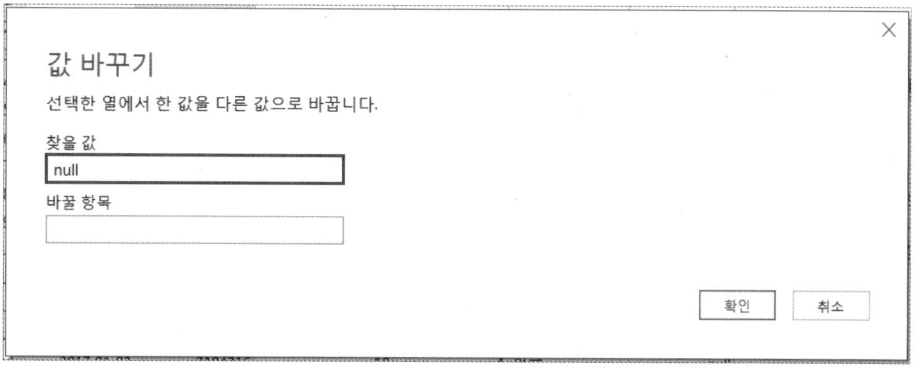

[그림 2–16] null 데이터 값 바꾸기

쿼리 편집기에서의 데이터 편집 과정은 각 단계별로 모두 저장되며 이는 ①번으로 구분된 '적용된 단계' 창에서 확인할 수 있다. 또한 각 단계별 편집과정은 독립적으로 수정이 가능하다. 적용된 단계의 오른쪽 ②번으로 표시된 부분의 아이콘을 클릭하면 해당 단계의 구체적인 과정이 나타나고 이를 따로 수정할 수 있다.

쿼리 설정 창에서는 쿼리의 이름을 지정하거나 수정할 수 있다. 보통 복수의 연결된 데이터로 작업을 하다 보면 여러 데이터가 섞여 혼란스러울 수 있으므로 가급적 이름을 지정해 주는 것이 좋다.

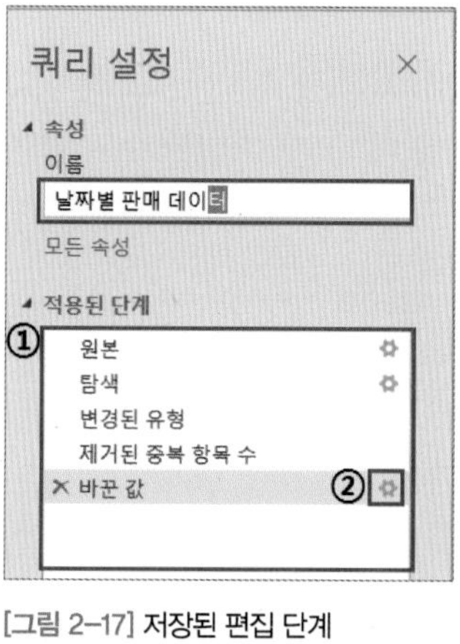

[그림 2–17] 저장된 편집 단계

기본적인 데이터 편집을 마쳤다면 해당 쿼리를 실행해 데이터를 원하는 형태로 로드할 수 있다. [홈]→[닫기 및 로드]를 선택하면 해당 쿼리를 엑셀로 바로 내보내거나 쿼리파일만 따로 저장할 수 있다(연결만 만들기).

[그림 2-18] 엑셀 통합문서로 데이터 로드

파워쿼리를 통한 데이터 편집은 데이터를 직접 수정하는 것이 아니라 원본 데이터에 연결해 해당 데이터를 전처리하는 쿼리를 만드는 작업이다. 따라서 원본 데이터 없이는 동작하지 않는다. 완성된 쿼리 파일을 실행하면, 즉 [닫기 및 로드]를 클릭하면 해당 쿼리는 먼저 지정한 원본에 다시 연결해 데이터를 불러오고 적용된 단계의 편집 과정을 실행해 완성된 데이터를 반환해 준다. 이때 반환되는 데이터는 엑셀로 받아 엑셀 통합문서로 로드할 수도 있고 기타 다른 데이터 관리 소프트웨어로도 불러올 수도 있다.

참고로 쿼리파일은 원본 데이터가 수정되더라도 동일한 단계의 편집 과정을 거쳐 데이터를 반환해 준다는 장점이 있다. 따라서 한번 쿼리 파일을 만들어 놓으면 원본 데이터가 변하더라도 별도의 추가 작업 없이 동일한 단계의 데이터 전처리를 과정을 거친 데이터를 얻을 수 있다.

그림 2-19는 완성된 쿼리를 실행해 엑셀 통합문서로 데이터를 불러온 모습이다. 데이터가 엑셀로 로드되고 나면 그림 2-19와 같이 오른쪽 '쿼리 및 연결' 창에 해당 쿼리가 나타나는데, 해당 쿼리 위에 마우스를 위치시키면 로드된 데이터의 메타 데이터를 확인할 수도 있고 [편집]을 클릭해 데이터 편집 과정을 다시 수정할 수도 있다.

일시	고객번호	Item No	판매량	결재방법	비고	전표번호
2017-01-02	2009001	18	2	카드		227001
2017-01-02	2009001	21	3	카드		227002
2017-01-02	2009001	17	2	카드		227003
2017-01-02	2009001	2	5	카드		227004
2017-01-02	2009001	25	1	카드		227005
2017-01-02	2009001	11	1	카드		227006
2017-01-02	2014841	18	1	기타	외상매출	227007
2017-01-02	2014841	19	1	현금		227008
2017-01-02	3011471	21	1	현금		227009
2017-01-02	3011471	18	3	현금		227010
2017-01-02	2004712	25	2	현금		227011
2017-01-03	2004712	25	3	카드		227012
2017-01-03	2009001	11	7	카드		227013
2017-01-03	2194316	18	4	현금		227014
2017-01-03	3011471	19	3	현금		227015
2017-01-03	2194316	21	5	현금		227016
2017-01-04	2004712	18	3	현금		227017
2017-01-04	2004712	19	6	현금		227018
2017-01-04	2009001	21	2	카드		227019
2017-01-04	2014841	2	6	카드		227020
2017-01-04	2014841	25	7	현금		227021

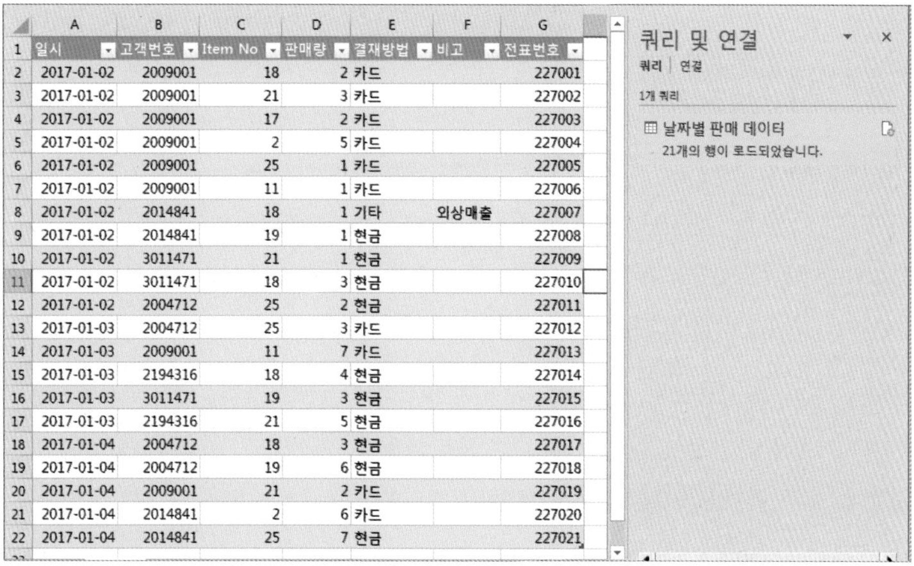

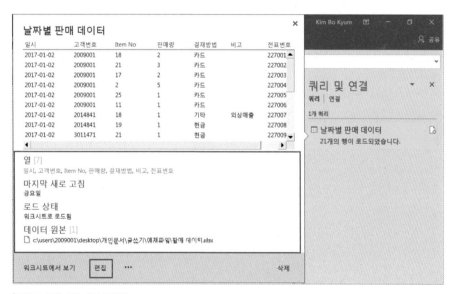

[그림 2-19] 엑셀 통합문서로 로드된 데이터

일시	고객번호	Item No	판매량	결재방법	비고	전표번호
2017-01-02	2009001	18	2	카드		227001
2017-01-02	2009001	21	3	카드		227002
2017-01-02	2009001	17	2	카드		227003
2017-01-02	2009001	2	5	카드		227004
2017-01-02	2009001	25	1	카드		227005
2017-01-02	2009001	11	1	카드		227006
2017-01-02	2014841	18	1	기타	외상매출	227007
2017-01-02	2014841	19	1	현금		227008
2017-01-02	3011471	21	1	현금		227009

[그림 2-20] 메타 데이터 확인

참고로 메타 데이터는 '데이터에 대한 데이터'로 데이터의 여러 속성에 대해서 알려주는 역할을 한다. 보통 메타 데이터를 통해 데이터가 어떻게 수집되거나 편집되었는지 그리고 어떤

변수와 특징을 가지고 있는지 파악하기 때문에, 데이터의 신뢰성을 확보하기 위해서는 이것을 잘 확인하고 태그를 해 두어야 한다.

테이블 통합

파워쿼리로 연결한 데이터는 또한 손쉽게 통합하거나 그룹화할 수 있다. 보통 엑셀에서도 Vlookup 함수를 활용해 테이블 간 데이터를 병합할 수 있지만 이를 쿼리로 만들면 추가되는 데이터나 파일도 손쉽게 통합해 테이블을 만들 수 있어 편리하다.

동일한 방법으로 예제 파일1의 표2와 3에 저장되어 있는 '고객데이터'와 '물품단가' 테이블을 쿼리로 만들어 준다. 일단 쿼리로 만든 테이블은 파워쿼리의 병합 기능을 사용해 손쉽게 통합할 수 있다. 테이블을 병합할 때는 데이터를 필터링하기 원하는 방향대로 병합을 해야 한다. 보통 '팩트 테이블[17]'을 '디멘션 테이블[18]'로 필터링하는 것이 일반적이므로 먼저 디멘션 테이블인 '고객 데이터' 또는 '물품' 테이블을 선택하고 [홈] 탭→[쿼리 병합]을 클릭해 팩트 테이블인 '판매 데이터'를 병합하면 된다. 하지만 이는 업무 과정(business process)이나 분석 방향에 따라서 달라질 수 있기 때문에 상황에 맞게 키 값[19]을 기준으로 테이블을 병합하면 된다.

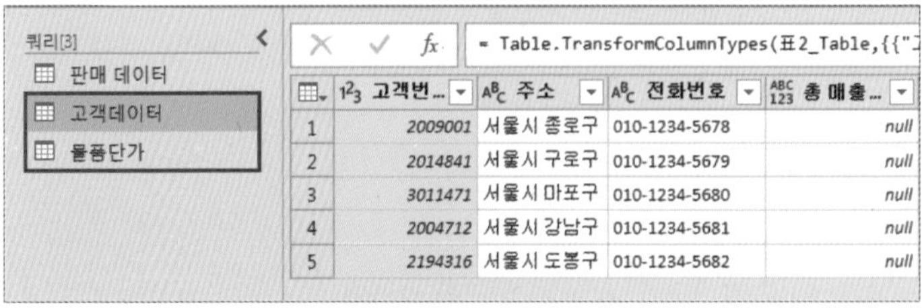

[그림 2-21] 쿼리로 만든 고객 데이터와 물품단가 테이블

---

17 팩트 테이블(fact table)은 보통 매일 매일 일어나는 거래나 수시로 추가되는 데이터를 테이블로 만든 것으로 반복되는 행위나 거래에 의해서 수시로 업데이트되는 데이터 테이블을 말한다.

18 디멘션 테이블(dimension table)은 일반적으로 거래 주체나 대상의 상태 또는 정보 데이터를 테이블로 만든 것으로 거래처가 추가되거나 변경되는 것과 같이 거래의 상태가 변경되면 업데이트된다.

19 테이블의 키 값은 테이블 연결의 기준이 되는 변수 값으로 엑셀 vlookup 함수를 사용할 때의 기준값(reference cell)과 같다고 생각하면 된다. 참고로 파워쿼리에서는 엑셀과 다르게 별도의 편집 작업 없이 두개의 열을 통합한 키 값으로도 테이블을 통합할 수 있다.

[그림 2-22] 쿼리 병합

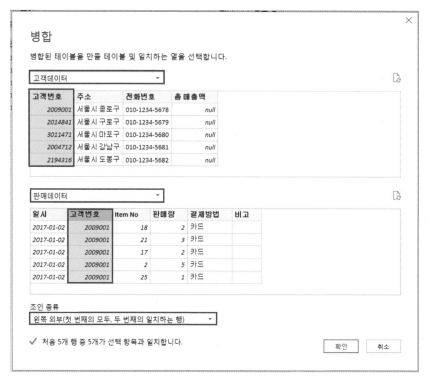

[그림 2-23] 병합조건 설정

위 예는 '고객 데이터'를 중심으로 판매 데이터를 병합한 것이다. '고객번호'를 키 값으로 설정하였으며 '왼쪽 외부' 조인을 선택해 '고객 데이터'의 모든 행을 포함했다('판매 데이터'는 키 값이 일치하는 행만 포함).

[확인]을 클릭하면 그림 2-24와 같이 '고객번호'가 일치하는 데이터가 테이블 형태로 [고객 데이터에] 삽입된다.

	고객번...	주소	전화번호	총 매출...	NewColumn
1	2009001	서울시 종로구	010-1234-5678	null	Table
2	2014841	서울시 구로구	010-1234-5679	null	Table
3	3011471	서울시 마포구	010-1234-5680	null	Table
4	2004712	서울시 강남구	010-1234-5681	null	Table
5	2194316	서울시 도봉구	010-1234-5682	null	Table

[그림 2-24] 병합된 테이블

새로운 변수인 'NewColumn'을 클릭해 보면 해당 테이블이 담고 있는 정보를 확인할 수 있다. ('Table'을 직접 클릭하면 테이블이 자동으로 확장되므로, 해당 셀의 빈 칸을 클릭해야 한다.)

	고객번...	주소	전화번호	총 매출...	NewColumn
1	2009001	서울시 종로구	010-1234-5678	null	Table
2	2014841	서울시 구로구	010-1234-5679	null	Table
3	3011471	서울시 마포구	010-1234-5680	null	Table
4	2004712	서울시 강남구	010-1234-5681	null	Table
5	2194316	서울시 도봉구	010-1234-5682	null	Table

일시	고객번호	Item No	판매량	결제방법	비고	NewColumn
2017-01-02	2009001	18	2	카드		Table
2017-01-02	2009001	21	3	카드		Table
2017-01-02	2009001	17	2	카드		Table
2017-01-02	2009001	2	5	카드		Table
2017-01-02	2009001	25	1	카드		Table
2017-01-02	2009001	11	1	카드		Table
2017-01-03	2009001	11	7	카드		Table
2017-01-04	2009001	21	2	카드		Table

[그림 2-25] 병합된 테이블 데이터 확인

이렇게 병합된 데이터는 데이터 확장 단추를 클릭해 하나의 큰 테이블을 작성해도 되고 현재의 테이블 형태를 바꾸지 않고 원하는 집계 또는 값만 추출해낼 수도 있다. 확장 단추 을 클릭하면 해당 테이블이 가지고 있는 모든 변수들을 포함하는 새 테이블이 만들어진다.

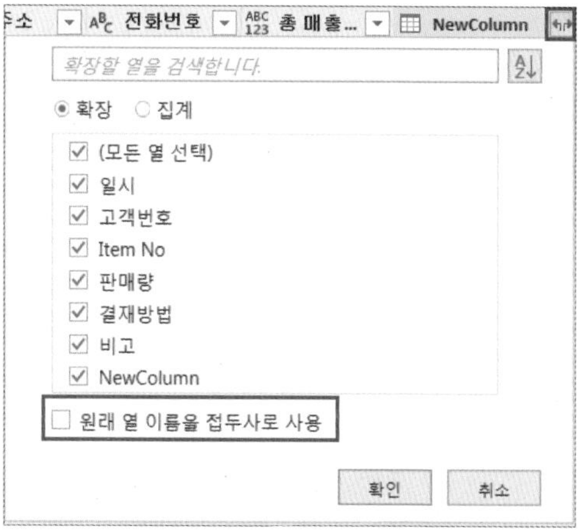

[그림 2-26] 병합된 테이블 확장하기

만약 테이블이 커지는 것을 바라지 않고 고객별 판매량만 확인하는 것이 목적이라면 [집계]를 선택하고 '합계 판매량개'의 합계를 선택하면 된다. 그림 2-28은 이렇게 선택했을 때의 최종 결과를 나타내는 테이블이다.

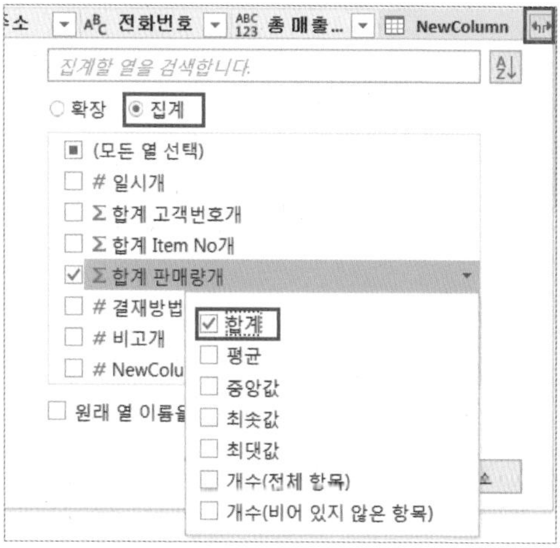

[그림 2-27] 데이터 집계

⊞▾	1²₃ 고객번... ▾	A♭C 주소 ▾	A♭C 전화번호 ▾	ABC₁₂₃ 총 매출... ▾	ABC₁₂₃ 합계 판... ▾
1	2009001	서울시 종로구	010-1234-5678	null	23
2	2014841	서울시 구로구	010-1234-5679	null	15
3	3011471	서울시 마포구	010-1234-5680	null	7
4	2004712	서울시 강남구	010-1234-5681	null	14
5	2194316	서울시 도봉구	010-1234-5682	null	9

[그림 2-28] 고객별 판매량 확인

2.1.3 데이터 그룹화와 계산열 만들기

키 값 추가해 테이블 연결하기

이번에는 '물품 단가' 쿼리를 위 데이터와 병합해 고객별 매출액을 계산해 보자. 이를 위해서는 [물품 단가 테이블]의 '단가' 데이터를 활용해야 한다. 그런데 [물품 단가 테이블]과 위에서 만든 테이블은 일치하는 키 값이 없다. 따라서 두 데이터를 병합하기 위해서는 우선 판매 데이터의 '물품번호'를 위 데이터에 추가해 키 값을 만들어 주어야 한다.

그림 2-29와 같이 '고객 데이터'와 '판매 데이터'가 병합된 상태에서 '확장'을 클릭해 'Item No'와 '판매량' 변수를 포함하는 확장된 테이블을 만든다.

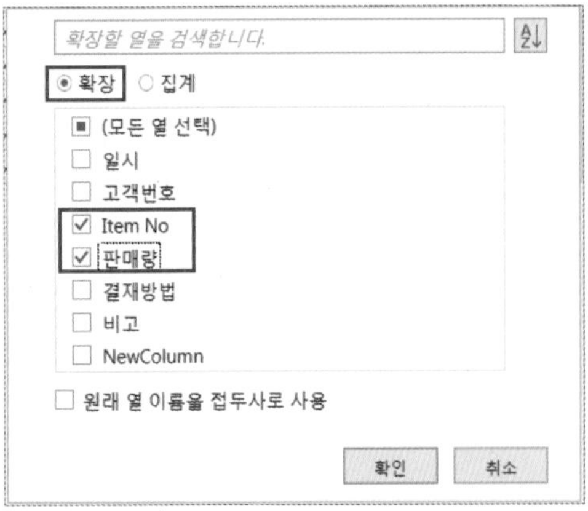

[그림 2-29] 'Item No'와 '판매량 변수'만 확장

	1²₃ 고객번... ▼	ᴬᴮ𝒸 주소 ▼	ᴬᴮ𝒸 전화번호 ▼	ᴬᴮᶜ₁₂₃ 총 매출... ▼	1²₃ Item No ▼	1²₃ 판매량 ▼
1	2009001	서울시 종로구	010-1234-5678	null	18	2
2	2009001	서울시 종로구	010-1234-5678	null	21	3
3	2009001	서울시 종로구	010-1234-5678	null	17	2
4	2009001	서울시 종로구	010-1234-5678	null	2	5
5	2009001	서울시 종로구	010-1234-5678	null	25	1
6	2009001	서울시 종로구	010-1234-5678	null	11	1
7	2014841	서울시 구로구	010-1234-5679	null	18	1
8	2014841	서울시 구로구	010-1234-5679	null	19	1
9	3011471	서울시 마포구	010-1234-5680	null	21	1
10	3011471	서울시 마포구	010-1234-5680	null	18	3
11	2004712	서울시 강남구	010-1234-5681	null	25	2
12	2004712	서울시 강남구	010-1234-5681	null	25	3
13	2009001	서울시 종로구	010-1234-5678	null	11	7
14	2194316	서울시 도봉구	010-1234-5682	null	18	4
15	3011471	서울시 마포구	010-1234-5680	null	19	3
16	2194316	서울시 도봉구	010-1234-5682	null	21	5
17	2004712	서울시 강남구	010-1234-5681	null	18	3
18	2004712	서울시 강남구	010-1234-5681	null	19	6
19	2009001	서울시 종로구	010-1234-5678	null	21	2
20	2014841	서울시 구로구	010-1234-5679	null	2	6
21	2014841	서울시 구로구	010-1234-5679	null	25	7
22	2014841	서울시 구로구	010-1234-5679	null	19	0

[그림 2-30] 'Item No'와 '판매량 변수'가 추가되어 확장된 데이터

그리고 이것을(Merge1 쿼리) Item No를 키 값으로 '물품 단가' 쿼리와 병합해 새 쿼리를 만든다.

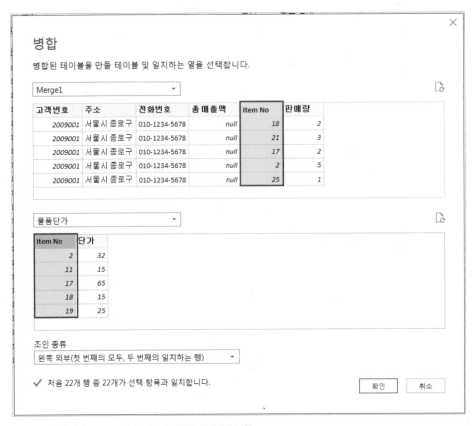

[그림 2-31] 추가된 Item No 변수 값으로 물품단가 쿼리와 병합

병합된 쿼리에서 필요한 데이터는 단가 데이터이므로 확장을 클릭해 각 Item별 단가가 포함된 테이블을 만들면 전체 데이터는 완성된다.

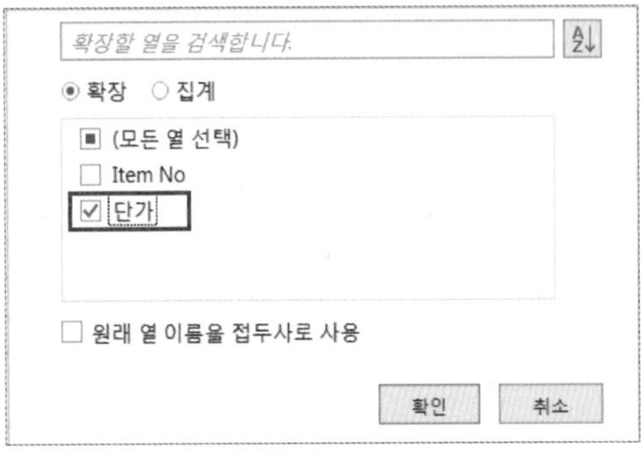

[그림 2-32] 단가 변수 확장

계산 열 추가와 데이터 그룹화

이렇게 만들어진 데이터에서 고객별 매출액을 계산하기 위해서는 판매량과 가격을 곱한 '새 열'을 만들어 주면 된다.

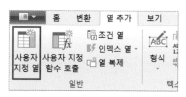

[그림 2-33] 사용자 지정 열 추가.

[사용자 지정 열]을 클릭하고 다음과 같이 매출액을 계산하는 계산식을 입력하고 확인을 클릭하면 그림 2-35와 같이 매출액을 포함하는 최종 병합된 테이블을 만들 수 있다.

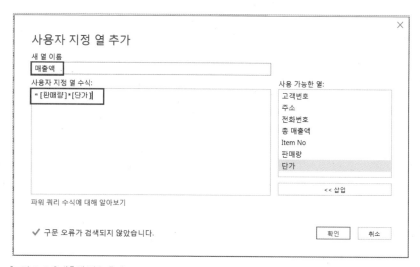

[그림 2-34] 매출액 변수 추가

	¹²₃ 고객번...	ABC 주소	ABC 전화번호	¹²₃ Item No	¹²₃ 판매량	¹²₃ 단가	ABC 123 매출액
1	2009001	서울시 종로구	010-1234-5678	18	2	15	30
2	2014841	서울시 구로구	010-1234-5679	18	1	15	15
3	3011471	서울시 마포구	010-1234-5680	18	3	15	45
4	2009001	서울시 종로구	010-1234-5678	2	5	32	160
5	2009001	서울시 종로구	010-1234-5678	21	3	32	96
6	3011471	서울시 마포구	010-1234-5680	21	1	32	32
7	2009001	서울시 종로구	010-1234-5678	11	1	15	15

[그림 2-35] 매출액이 추가된 테이블

그런데 이렇게 완성된 테이블은 같은 고객이 여러 번 행 값으로 나오기 때문에 고객별 매출액을 나타내기 위해서는 이를 고객별로 다시 한번 그룹화해야 한다. 물론 이를 그대로 엑셀데이터로 가져와 피벗 테이블로 만들어 고객별 매출액을 계산할 수도 있다(피벗 테이블에 대해서는 다음 장에서 자세히 다룬다).

[그림 2-36] 데이터 그룹화

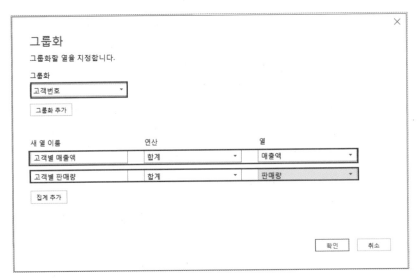

[그림 2-37] 그룹화 옵션 설정

	1²₃ 고객번호	1.2 고객별 매출액	1.2 고객별 판매량
1	2009001	625	23
2	2014841	407	15
3	2004712	320	14
4	2194316	220	9
5	3011471	152	7

[그림 2-38] 고객별 매출액 데이터

최종 완성된 데이터는 그림 2-38과 같다. 참고로 위 테이블은 매출액과 판매량을 기준으로 내림차순으로 정리한 것으로 매출액으로 먼저 정렬을 하고 판매량 데이터로 다시 한 번 더 정렬한 것으로 우선순위에 따라서 그 순서가 달라진다. 정렬 기준의 우선 순위는 그림 2-38에서 확인할 수 있듯이 헤더에 따로 표시되어 있다.

2.1.4 흩어져 있는 데이터 하나로 통합하기

시트별 데이터 하나로 통합하기

여러 개의 엑셀 시트에 나눠져 있는 데이터를 하나로 통합하고자 하는 경우에도 파워쿼리를 사용하면 Ctrl+C, Ctrl+V의 무한 반복이나 VBA 등의 프로그래밍 도움 없이도 손쉽게 자료를 통합할 수 있다.

예제 파일(도시별 판매 데이터.xlsx)은 다섯 개 도시의 판매 데이터를 각 시트로 분리해 저장하고 있다. 이를 하나로 통합해 분석하기 위해서는 각 시트에서 관측값에 해당하는 데이터를 불러와 하나의 테이블을 만들어 주어야 한다. 이때 복사/붙여넣기 방법을 사용할 수도 있지만 해당 파일이 계속 업데이트되는 파일이라면 그 때마다 추가되는 관측값을 다시 붙여 넣어야 하고 관측값이 수만 행 이상의 데이터라면 복사해 붙여 넣는 방법으로 데이터를 통합하는 데는 한계가 있다. 이때 파워쿼리를 활용하면 업데이트되는 데이터까지도 바로 반영할 수 있는 테이블을 만들 수 있다. 파워쿼리로 만드는 쿼리는 데이터가 추가되더라도 동일한 데이터 프로세싱을 통해 통합 테이블을 만들어 주기 때문에 아무리 많은 데이터가 추가되더라도 클릭 한번으로 통합 테이블을 만들 수 있다.

[파워쿼리]→[파일에서]→[엑셀 파일에서]를 선택해 '도시별 판매 데이터' 파일을 선택한다. 탐색 창에 선택된 파일의 시트와 테이블이 나타나면 그림 2-39와 같이 '여러 항목 선택'을 체크하고 통합하고자 하는 테이블 또는 시트를 모두 선택한다. 참고로 각 시트에 나뉘어져 있는 데이터를 통합하기 위해서는 데이터가 같은 헤더 값을 가지고 있어야 한다.[20]

---

20 각 시트의 데이터가 다른 헤더를 가지고 있을 때 이를 통합하게 되면, 같은 헤더 값의 데이터는 하나의 열로 통합이 되지만 다른 헤더값의 데이터들은 각기 독립적인 열을 이루게 되므로 대부분 null 값으로 채워지는 많은 열을 만들게 된다.

예제 파일의 각 시트별 도시별 판매 데이터는 일시, 고객번호, Item NO, 판매량 등 동일한
변수(헤더 값) 값으로 구성되어 있다.

[그림 2-39] 파워쿼리 데이터 탐색 대화상자

'편집'을 클릭해 쿼리 편집기로 해당 테이블을 불러오면 그림 2-40과 같이 선택한 시트의 데
이터와 해당 데이터의 메타 데이터가 테이블 형태로 보여진다. 데이터가 그림 2-40과 같은
테이블 형태로 보여지지 않고 시트별 테이블 데이터가 보여진다면 오른쪽 메뉴의 적용된 단
계에서 '원본'을 선택해 주면 된다. 이는 파워쿼리가 업데이트되면서 비슷한 형태의 데이터는
알아서 확장해 주기 때문인데 아직 이러한 기능이 데이터 편집에 큰 도움이 되지는 않는다.
그리고 원활한 데이터 편집을 위해 '원본' 이후의 단계는 삭제해 주는 것이 좋다.

	Name	Data	Item	Kind	Hidden
1	서울	Table	서울	Sheet	FALSE
2	부산	Table	부산	Sheet	FALSE
3	대구	Table	대구	Sheet	FALSE
4	파주	Table	파주	Sheet	FALSE
5	대전	Table	대전	Sheet	FALSE

[그림 2-40] 전체 시트 데이터

파워쿼리는 엑셀 파일을 불러올 때 사용자가 엑셀의 '1.파일 → 2.시트 → 3.테이블' 순으로 저장되어 있는 계층별 데이터를 모두 확인할 수 있도록 이를 단계적으로 테이블화해 보여준다. 그림 2-40은 각 시트를 테이블화한 데이터(각 행이 하나의 시트 자료이다)로 Data 열의 Table을 클릭해 보면 해당 시트에 담긴 데이터를 확인할 수 있다.

위 테이블에서 Data 열을 확장하면 각 시트가 가지고 있는 모든 변수가 테이블로 만들어진다. 테이블을 확장할 때는 헤더의 ◀▶ 아이콘을 클릭하면 되는데, 이때 '원래 열 이름을 접두사로 사용'을 선택 해제 해야 복잡한 이름의 헤더로 테이블이 확장되는 것을 피할 수 있다.

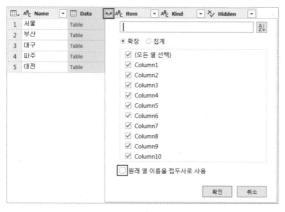

[그림 2-41] 테이블 데이터 확장하기

그런데 이렇게 바로 테이블을 확장하게 되면 데이터가 올바른 테이블 형태로 나타나지 않는다. 이는 파워쿼리가 시트에 저장되어 있는 데이터의 헤더 값을 제대로 인식하지 못하기 때문인데, 이로 인해 그림 2-42에서 확인할 수 있듯이 시트 테이블의 헤더가 전체 통합 테이블 하나의 행 값으로 나타나며 전체 테이블의 헤더 값은 기본 값인 Column# 꼴(즉, Column1 ~ Column8)로 보여지는 것을 확인할 수 있다.

	A°C Name ▼	ABC 123 Column1 ▼	ABC 123 Column2 ▼	ABC 123 Column3 ▼	ABC 123 Column4 ▼	ABC 123 Column5 ▼	ABC 123 Column6 ▼	ABC 123 Column7 ▼	ABC 123 Column8 ▼
1	서울	일시	고객번호	Item No	판매량	단가	할인율	매출액	결재방법
2	서울	2017-01-02	2009001	0018	2	32	0	64	카드
3	서울	2017-01-02	2009001	0021	3	15	0.1	40.5	카드
4	서울	2017-01-02	2009001	0017	2	65	0	130	카드
5	서울	2017-01-02	2009001	0002	5	15	0	75	카드
6	서울	2017-01-02	2009001	0025	1	25	0	25	카드
7	서울	2017-01-02	2009001	0011	1	32	0.03	31.04	카드
8	서울	2017-01-02	2014841	0018	1	32	0	32	현금
9	서울	2017-01-02	2014841	0019	1	14	0	14	현금
10	서울	2017-01-02	2014841	0021	1	15	0.1	13.5	현금
11	서울	2017-01-02	2014841	0018	3	32	0	96	현금
12	서울	2017-01-02	2014841	0025	2	25	0	50	현금
13	부산	일시	고객번호	Item No	판매량	단가	할인율	매출액	결재방법
14	부산	2017-01-02	2009003	0006	2	12	0	24	카드
15	부산	2017-01-02	2009003	0017	3	65	0	195	카드
16	부산	2017-01-02	2009003	0006	2	12	0	24	카드
17	부산	2017-01-02	2009003	0015	5	110	0	550	카드
18	부산	2017-01-02	2009003	0024	1	10	0	10	카드
19	부산	2017-01-02	2009003	0019	1	14	0	14	카드
20	부산	2017-01-02	2009003	0011	1	32	0.03	31.04	카드
21	부산	2017-01-02	2009003	0002	1	15	0	15	현금
22	부산	2017-01-02	2016025	0023	1	10	0	10	현금

[그림 2-42] 확장된 시트 데이터

시트 정보 테이블을 확장해 각 시트에 저장되어 있는 테이블을 통합해 불러오기 위해서는 우선 데이터의 첫 행을 헤더로 만들어야 한다. 이를 위해 먼저 '데이터 확장' 확장 단계의 쿼리를 취소해 준다.

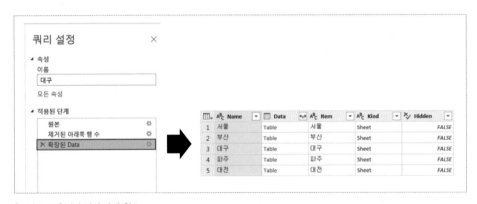

[그림 2-43] 쿼리 편집 단계 취소

파워쿼리에서 테이블의 첫 행을 헤더로 만들기는 어렵지 않다. 단순히 변환 탭의 [첫 행을 머리글로 사용]을 클릭하면 된다. 그런데 위의 예에서는 보이는 테이블의 첫 행을 헤더로 만드는 것이 아니라 테이블 Data 열의 셀 값 안에 저장되어 있는 테이블의 첫 행을 헤더로 만들어야 하기 때문에 조금 다른 방법을 사용해야 한다.

[그림 2-44] 첫 행 머리글(헤더)로 만들기

그림 2-40의 테이블에서 Data 열의 첫 행에 있는 'Table'을 클릭하면 '서울' 시트에 저장되어 있는 테이블만 확장되면서 자동으로 첫 행이 헤더 값으로 변환되는 것을 확인할 수 있다. 그런데 이는 '서울' 시트에 해당하는 데이터만 확장된 것으로 동일한 방법으로 전체 시트의 데이터를 확장하기 위해서는 이때 사용된 쿼리 함수를 전체 데이터(그림 2-40의 전체 테이블에서 'Data' 열 각 행)에 적용해야 한다.

쿼리 함수는 그림 2-45와 같이 수식 입력 줄에서 확인할 수 있다. 참고로 수식 입력줄이 보이지 않는다면 [보기] 메뉴에서 수식 입력 줄에 체크 해 주면 된다. '쿼리 설정' 창의 '적용된 단계' 창의 각 단계를 클릭하면 해당 쿼리 작업에 사용된 함수가 수식 입력 창에 표시된다. 적용된 단계 중 '승격된 헤더'를 선택해 적용된 함수 식을 확인하고 해당 함수 식을 복사한 후 적용된 단계를 취소해 원래 테이블로 돌아온다.

☐.	ABC 123 일시		ABC 123 고객변...	ABC 123 Item No	ABC 123 판매량	ABC 123 단가	ABC 123 할인율	ABC 123 매출액	ABC 123 결제방...
1	2017-01-02		2009001	0018	2	32	0	64	카드
2	2017-01-02		2009001	0021	3	15	0.1	40.5	카드
3	2017-01-02		2009001	0017	2	65	0	130	카드
4	2017-01-02		2009001	0002	5	15	0	75	카드
5	2017-01-02		2009001	0025	1	25	0	25	카드
6	2017-01-02		2009001	0011	1	32	0.03	31.04	카드
7	2017-01-02		2014841	0018	1	32	0	32	현금
8	2017-01-02		2014841	0019	1	14	0	14	현금
9	2017-01-02		2014841	0021	1	15	0.1	13.5	현금
10	2017-01-02		2014841	0018	3	32	0	96	현금
11	2017-01-02		2014841	0025	2	25	0	50	현금

fx = Table.PromoteHeaders(서울_Sheet)

쿼리 설정

▲ 속성
이름
대구
모든 속성

▲ 적용된 단계
원본 ⚙
제거된 아래쪽 행 수 ⚙
서울_Sheet
✕ 승격된 헤더 ⚙
변경된 유형

[그림 2-45] PromoteHeaders 함수 확인

복사한 'PromoteHeaders' 함수를 원 테이블에 적용시켜 주기 위해서는 [사용자 지정 열 추가] 기능을 사용해야 한다. 쿼리 편집기 창에서 [열 추가] 탭 →[사용자 지정 열]을 선택한다. 그림 2-46과 같이 사용자 지정 열 추가 대화상자가 열리면 앞에서 복사한 함수 식을 '사용자 지정 열 수식' 난에 입력한다. 여기서 주의할 점은 복사한 함수를 그대로 사용하면 안 되고 함수의 인수 부분에 '서울_Sheet' 대신 Data 열 값의 모든 데이터를 지칭하는 '[Data]'를 입

력해야 한다는 것이다. 참고로 인수 값을 직접 입력하는 대신 오른쪽 '사용 가능한 열'에서 더
블 클릭으로 'Data'를 선택해 이를 삽입할 수도 있다.

[그림 2-46] 사용자 지정 열 추가

'확인'을 클릭하면 그림 2-47과 같이 '첫 행 머리글로'란 사용자 지정열이 추가된 것을 확인
할 수 있다. 해당 열의 셀 값은 첫 행을 헤더로 만든 [Date] 열의 Table 값이다. 셀의 빈 공간
을 클릭해 보면 셀 값에 해당하는 테이블을 아래 상세 내역 창에서 볼 수 있는데, 헤더 값이
의도한 대로 첫 행으로 만들어진 것을 확인할 수 있다.

	ABC Name	Data	ABC Item	ABC Kind	Hidden	ABC 123 사용자...
1	서울	Table	서울	Sheet	FALSE	Table
2	부산	Table	부산	Sheet	FALSE	Table
3	대구	Table	대구	Sheet	FALSE	Table
4	파주	Table	파주	Sheet	FALSE	Table
5	대전	Table	대전	Sheet	FALSE	Table

```
= Table.AddColumn(#"제거된 아래쪽 행 수", "사용자 지정", each Table.PromoteHeaders([Data]))
```

일시	고객번호	Item No	판매량	단가	할인율	매출액	결제방법	비고
2017-01-02	2009001	0018	2	32	0	64	카드	null
2017-01-02	2009001	0021	3	15	0.1	40.5	카드	null
2017-01-02	2009001	0017	2	65	0	130	카드	null
2017-01-02	2009001	0002	5	15	0	75	카드	null

[그림 2-47] 첫 행을 머리글로 만든 테이블 열 추가

이제 최종 데이터를 불러오기 위해 '첫 행 머리글로'와 'Name' 열을 제외한 모든 열을 삭제해 주고 '첫 행 머리글로' 열의 ⟨⟩ 아이콘을 클릭해 통합된 데이터를 확장한다.

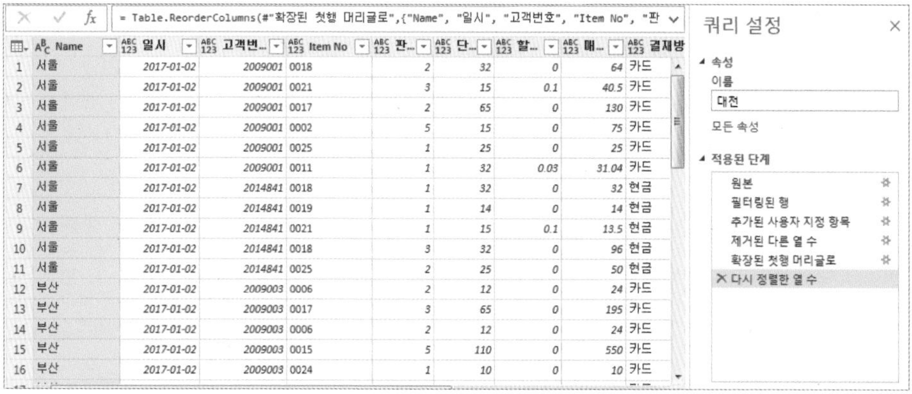

[그림 2-48] 통합된 데이터

그림 2-48은 완성된 완성된 쿼리다. 모든 시트의 데이터가 하나의 테이블로 통합된 것을 확 인할 수 있다. 이제 해당 쿼리의 이름을 설정해 주고 '닫기 및 로드'를 선택해 엑셀 통합문서 로 불러오면 된다.

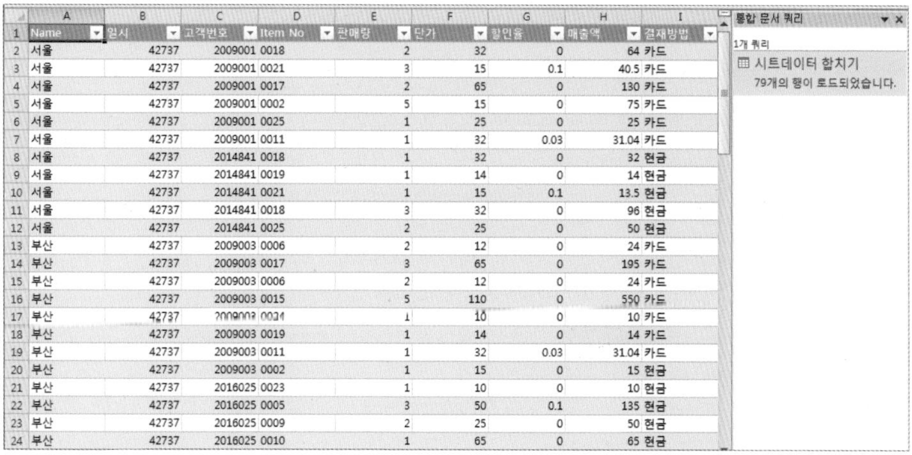

[그림 2-49] 최종 데이터

그림 2-49는 완성된 쿼리를 엑셀 통합 문서로 불러온 모습이다. 모든 시트의 데이터가 하나의 테이블로 통합되어 표 형식으로 로드된 것을 확인할 수 있다.

이와 같이 쿼리를 만들어 데이터를 통합하면 원 데이터가 업데이트될 때 이를 바로 반영할수 있어 특히 유용하다. 작성된 쿼리를 선택해 '새로 고침'을 선택하면 가장 최근까지 업데이트된 데이터를 바탕으로 위에서 작성한 쿼리 작업을 다시 실행하기 때문에 추가적인 작업 없이도 원 데이터의 변경된 사항이 바로 통합 테이블에 반영된다.

엑셀의 데이터 가져오기 및 파워쿼리 기능은 여러 형식의 데이터 소스를 테이블 형태의 잘정돈된 엑셀파일로 만들어주는 매우 유용한 기능이다. 그렇기 때문에 이러한 기능을 잘 활용하기만 한다면 파이썬이나 R 등을 이용해 데이터를 정리하는 것과 비슷한 수준으로 양질의데이터를 만들 수 있다.

여러 개의 파일 데이터를 통합해 가져오기

데이터 작업을 하다 보면 여러 파일에 흩어져 있는 데이터들을 하나로 통합해야 하는 경우가빈번하게 발생한다. ERP 시스템이 없는 본사에서 여러 지점으로부터 받은 데이터들을 통합해 보고서를 만들어야 한다든지, 여러 명의 직원들로부터 동일한 형태의 데이터를 받아서 작업을 해야 하는 등의 경우가 그것이다. 이러한 경우 보통 VBA 등의 프로그래밍 언어를 이용해 데이터를 통합하는 것이 일반적인데, 프로그래밍 없이도 엑셀의 데이터 기능과 파워쿼리를 잘 활용하면 손쉽게 데이터 통합 작업을 수행할 수 있다.

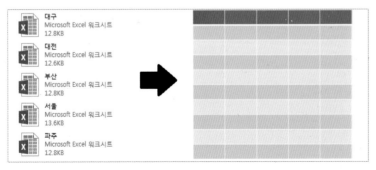

[그림 2-50] 파일 데이터 통합

파일 데이터를 통합하기 위해서는 우선 해당 파일들이 모두 하나의 폴더 안에 들어 있어야
한다. 엑셀 파워쿼리를 실행해 [파워쿼리] 탭 →[파일에서]→[폴더에서]를 선택하고 파일이
들어 있는 폴더를 선택한다

[그림 2-51] 폴더에서 데이터 가져오기

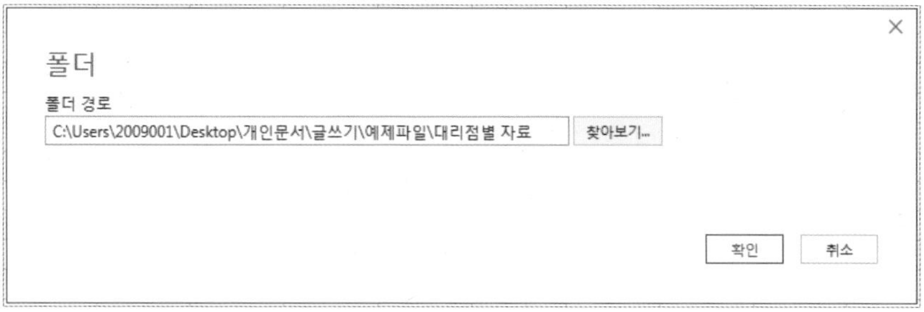

[그림 2-52] 데이터 경로 입력

폴더 경로를 입력해 주고 '확인'을 클릭하면 그림 2-53과 같이 폴더 안에 들어 있는 파일 개
수와 동일한 행 수의 테이블이 만들어진다 해당 테이블로부터 파일의 내용을 테이블로 가져
오기 위해서는 앞 장에서의 예와 마찬가지로 한 단계씩 데이터를 확장하면 된다. 먼저 열 값
들을 확인해 보면 Content 열의 값으로 각 파일들을 확인할 수 있고 나머지 열은 모두 해당
파일의 메타 데이터로 파일이 만들어진 시각, 확장자, 파일 이름 등의 값으로 되어 있는 것을
볼 수 있다.

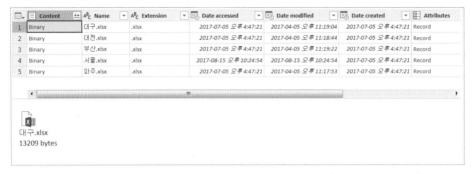

[그림 2-53] 폴더 내 파일의 메타 데이터 확인

데이터의 확장은 시트 데이터 통합과 마찬가지로 파워쿼리 함수와 사용자 열 추가 기능을 활용하면 된다. 확장을 위한 정확한 함수 식을 알기 위해서 먼저 Content 열의 첫 번째 행을 클릭해서 '대구.xlsx' 파일을 확장한다.

	A^B_C Name	Data	A^B_C Item	A^B_C Kind	x_y Hidden
= Excel.Workbook(#"C:\Users\2009001\Desktop\개인문서\글쓰기\예제파일\대리점별 자료_대구 xlsx")					
1	대구	Table	대구	Sheet	FALSE
2	Sheet1	Table	Sheet1	Sheet	FALSE
3	Sheet2	Table	Sheet2	Sheet	FALSE

[그림 2-54] 데이터 확장을 위한 함수 확인

'Content' 열의 첫 번째 셀 값인 'Binary'를 클릭하면 '대구.xlsx' 파일에 있는 시트의 개수를 행 수로 하는 테이블로 데이터가 확장된다. 그리고 이때 사용된 수식 'Excel.Workbook(#"C:\Users\2009001\Desktop\개인문서\글쓰기\예제파일\대리점별 자료_대구 xlsx")' 를 확인할 수 있다. 해당 함수 값을 클립보드로 복사하고 쿼리 설정 창에서 적용된 단계를 취소해 처음 테이블로 돌아간다.

	Content	A^B_C Name			Date accessed	Date modified
			복사			
1	Binary	대구.xlsx	열 제거		017-07-05 오후 4:47:21	2017-04-05 오후 11:
2	Binary	대전.xlsx	다른 열 제거		017-07-05 오후 4:47:21	2017-04-05 오후 11:
3	Binary	부산.xlsx	예제의 열 추가...		017-07-05 오후 4:47:21	2017-04-05 오후 11:
4	Binary	서울.xlsx	중복 제거		17-08-15 오후 10:24:54	2017-08-15 오후 10:
5	Binary	파주.xlsx	오류 제거		017-07-05 오후 4:47:21	2017-04-05 오후 11:
			채우기 ▶			

[그림 2-55] 불필요 열 삭제

이제 '사용자 지정 열 추가'를 통해 해당 함수를 모든 열의 확장에 사용하면 되는데, 이때 필요 없는 열은 먼저 제거해 주는 것이 좋다. '사용자 지정 열'까지 추가되게 되면 데이터가 복잡해지기 때문에 최대한 필요한 열만 남겨두고 삭제해야 한다. 남겨 둘 열을 선택하고 마우스 우 클릭 후 '다른 열 제거'를 선택하면 손쉽게 필요 없는 모든 열을 삭제할 수 있다.

다음으로 그림 2-56과 같이 '사용자 지정 열'을 클릭하고 수식 대화상자 사용자 지정 열 수식에 앞에서 확인한 함수를 입력해 준다. 단, 함수의 인수는 개별 파일이 아닌 파일이 들어있는 열 전체를 지정해야 한다. 오른쪽 사용 가능한 열에서 Content를 클릭해 괄호 안에 인수로 입력해 주거나 직접 Content를 입력해 준다.

[그림 2-56] 데이터 확장을 위한 사용자 지정 열 추가

'확인'을 클릭하면 Content 열에 들어있는 엑셀 파일의 시트를 데이터 값으로 하는 '사용자 지정 열'이 만들어진다. 해당 열 값을 클릭해 보면 각 파일에 들어있는 시트를 확인할 수 있다.

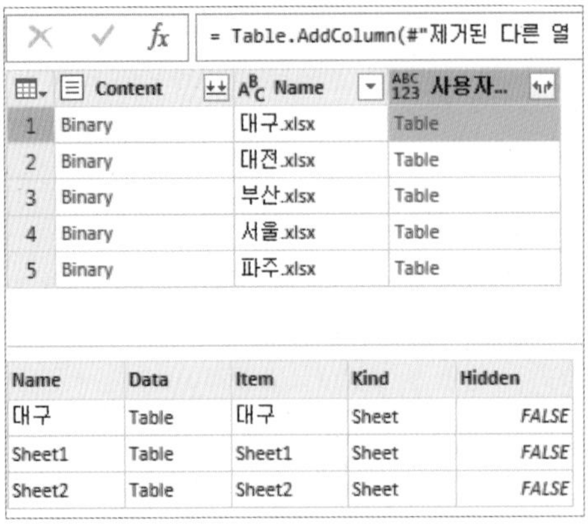

[그림 2-57] '사용자 지정' 열의 테이블 데이터 확인

추가된 '사용자 지정 열' 첫 행의 Table과 해당 테이블 내 Data 열의 Table을 클릭해 데이터를 확장하면 그림 2-58과 같이 '대구' 시트에 저장되어 있는 상세 데이터를 확인할 수 있다. 같은 방법으로 확장에 사용된 함수 값을 복사한다.

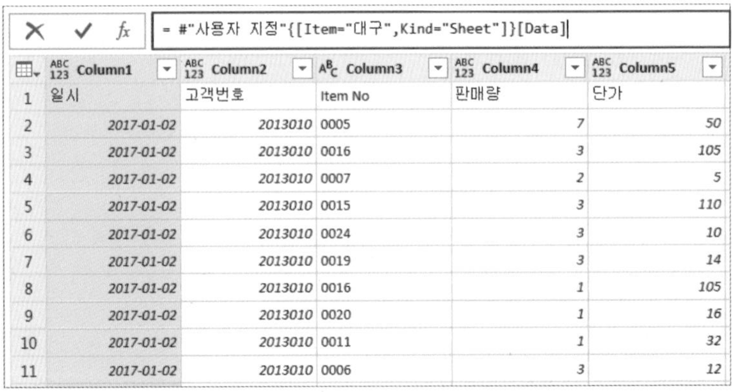

[그림 2-58] 시트 데이터 확인

그리고 다시 그림 2-57의 테이블로 돌아와서 '사용자 지정 열'을 추가하고 위 함수 값을 사용자 지정 열 수식란에 입력해 준다. 이 때 함수 앞쪽의 변환 대상이 "#사용자 지정", 즉 '사용자 지정 열에서 수식 확인을 위해 선택한 값' 대신에 확장하고자 하는 '사용자 지정 열' 전체 데이터 값이 와야하기 때문에 수식을 다음과 같이 변경해야 한다.

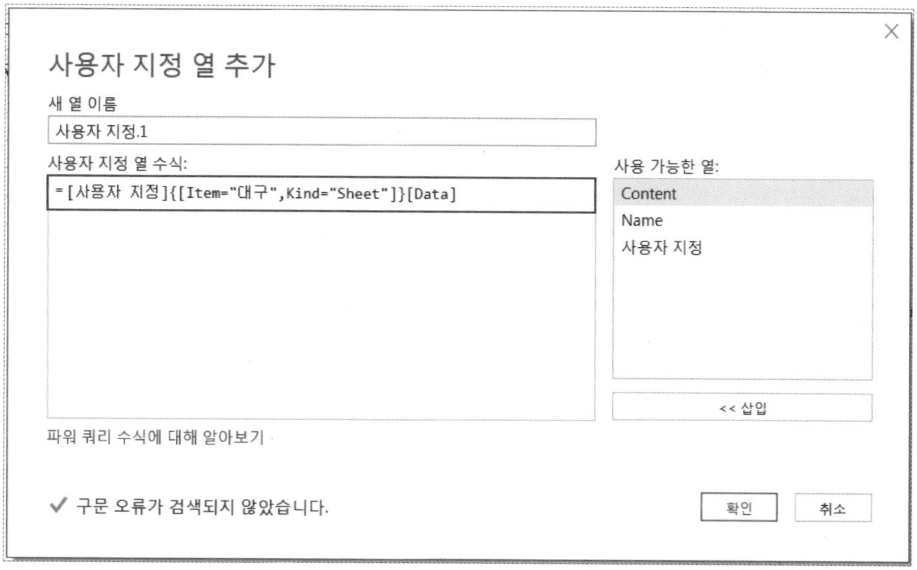

사용자 지정 열 추가

새 열 이름

사용자 지정.1

사용자 지정 열 수식:

= [사용자 지정]{[Item="대구",Kind="Sheet"]}[Data]

사용 가능한 열:

Content
Name
사용자 지정

<< 삽입

파워 쿼리 수식에 대해 알아보기

✓ 구문 오류가 검색되지 않았습니다.

확인   취소

[그림 2-59] 시트 데이터 확장

그런데 그림 2-59와 같이 식을 입력하고 '확인'을 클릭하면 그림 2-60과 같이 첫 번째 행만 Table이 생성되고 나머지 행에서는 Error 메시지가 나타나는 것을 확인할 수 있다. 이는 위의 식에 조건문인 Item='시트이름'에 '대구'를 입력했기 때문인데, '대구.xlsx' 파일에는 '대구'라는 시트가 있지만 나머지 파일에는 '대구'라는 이름의 시트가 없으므로 오류(Error) 메시지가 나타나는 것이다. 보통 파일을 통합할 때는 같은 이름의 시트를 통합하기 때문에 문제가 없지만 해당 예에서는 통합하려고 하는 시트의 이름을 각각 다르게 설정 했기 때문에 시트를 필터링하는 Item= 다음에 각 파일에서 통합하려고 하는 시트의 이름을 입력해 주어야 한다.

	Content		Name	▼	ABC 123 사용자 지정		ABC 123 사용자 지…	
1	Binary		대구.xlsx		Table		Table	
2	Binary		대전.xlsx		Table		Error	
3	Binary		부산.xlsx		Table		Error	
4	Binary		서울.xlsx		Table		Error	
5	Binary		파주.xlsx		Table		Error	

[그림 2-60] Error 데이터 확인

예제 파일을 확인해 보면 데이터가 들어 있는 시트 이름이 파일 이름과 같은 것을 확인할 수 있다. 이 경우 'Name' 열을 사용해 조건식에 확장하고자 하는 시트의 이름을 입력해 줄 수 있다.

'Name' 열의 파일 이름에서 조건식에 사용할 이름을 가져오기 위해서는 '열 분할' 기능을 활용해야 한다. 그림 2-61과 같이 'Name' 열을 선택하고, '열 분할'을 클릭해 열 분할 대화 상자가 나타나면, 분할 조건에 '사용자 지정'을 선택하고 마침표(.)를 입력해 준다.

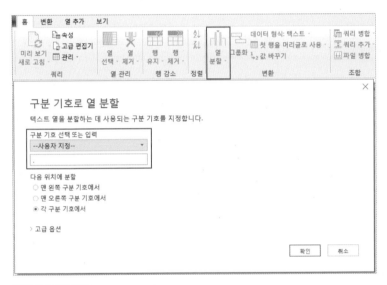

[그림 2-61] 열 분할

그리고 '확인'을 클릭하면 그림 2-62와 같이 시트 명과 동일한 값을 갖는 'Name.1' 열을 만들 수 있다.

	Content	ABC Name.1	ABC Name.2	ABC 123 사용자 지정	ABC 123 사용자 지...
1	Binary	대구	xlsx	Table	Table
2	Binary	대전	xlsx	Table	Error
3	Binary	부산	xlsx	Table	Error
4	Binary	서울	xlsx	Table	Error
5	Binary	파주	xlsx	Table	Error

[그림 2-62] 파일명 분할

이제 'Name.1' 열과 '사용자 지정 열'만 남기고 Error 메시지가 나타난 열과 기타 필요 없는 열을 삭제해 준다. 그리고 다시 [사용자 지정 열]을 클릭해 그림 2-63과 같이 각 시트의 이름을 값으로 하는 'Name.1' 열을 인수로 하는 함수를 입력하고 '확인'을 클릭한다. 그러면 그림 2-64와 같이 원하는 시트의 데이터를 셀 값으로 하는 테이블을 만들 수 있다. 셀 값을 클릭해 보면 해당 셀에 들어 있는 테이블 데이터를 아래 창에서 확인할 수 있다.

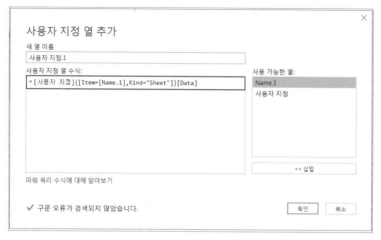

[그림 2-63] 사용자 지정 열을 통한 파일별 시트 데이터 추출

	Aᴮ_C Name.1	ᴬᴮᶜ₁₂₃ 사용자 지정	ᴬᴮᶜ₁₂₃ 사용자 지...
1	대구	Table	Table
2	대전	Table	Table
3	부산	Table	Table
4	서울	Table	Table
5	파주	Table	Table

Column1	Column2	Column3	Column4	Column5	Column6	Column7	Column8	Column9
일시	고객번호	Item No	판매량	단가	할인율	매출액	결채방법	비고
2017-01-02	2013010	0005	7	50	0.1	315	카드	null
2017-01-02	2013010	0016	3	105	0	315	카드	null
2017-01-02	2013010	0007	2	5	0	10	카드	null
2017-01-02	2013010	0015	3	110	0	330	카드	null
2017-01-02	2013010	0024	3	10	0	30	카드	null
2017-01-02	2013010	0019	3	14	0	42	카드	null
2017-01-02	2013010	0016	1	105	0	105	카드	null
2017-01-02	2013010	0020	1	16	0	16	현금	null

[그림 2-64] 테이블로 만들어진 시트별 데이터

최종 통합된 테이블 데이터를 만들기 위해서는 이전과 같이 테이블을 확장하면 된다 그런
데 그림 2-64에서 확인할 수 있듯이 데이터 테이블의 헤더 값이 제대로 지정되지 않았기 때
문에 테이블을 확장하기 전에 먼저 헤더 값을 지정해 주어야 한다. 첫 행을 헤더 값으로 지
정하기 위해서는 앞장에서 사용한 방법을 그대로 사용하면 된다. 그림 2-65와 같이 '사용자
지정 열'을 하나 더 만들어 PromoteHeaders 함수를 사용해 첫 행으로 헤더 값을 지정하고
'Name.1' 열과 '헤더 값 지정' 열을 남기고 모든 열을 삭제한다.

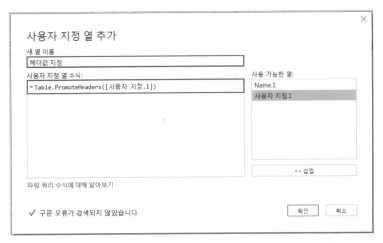

[그림 2-65] 함수를 통한 헤더 값 지정

	ABC Name.1	ABC 123 헤더값 지정
1	대구	Table
2	대전	Table
3	부산	Table
4	서울	Table
5	파주	Table

[그림 2-66] 완성된 파일별 시트 데이터 테이블

그리고 최종적으로 그림 2-66과 같이 테이블에서 확장 아이콘을 클릭해 테이블을 확장하면
여러 파일의 특정 시트에 있는 데이터를 통합한 테이블을 만들 수 있다.

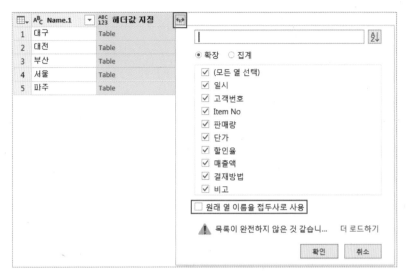

[그림 2-67] 최종 데이터 확장

그림 2-68은 완성된 테이블을 보여준다. 각 파일별로 들어 있던 모든 판매 데이터가 하나의 테이블로 통합되었다.

Name.1	일시	고객변..	Item No	판매량	단가	할인율	매출액	결재방..	비고
7 대구	2017-01-02	2013010	0016	1	105	0	105	카드	null
8 대구	2017-01-02	2013010	0020	1	16	0	16	현금	null
9 대구	2017-01-02	2013010	0011	1	32	0.03	31.04	현금	null
10 대구	2017-01-02	2013010	0006	3	12	0	36	현금	null
11 대구	2017-01-02	2013010	0008	2	33	0	66	현금	null
12 대구	2017-01-02	2016026	0010	1	65	0	65	현금	null
13 대구	2017-01-02	2016026	0001	5	10	0.05	47.5	현금	null
14 대구	2017-01-02	2016026	0002	3	15	0	45	현금	null
15 대구	2017-01-02	2016026	0025	2	25	0	50	현금	null
16 대구	2017-01-02	2016025	0003	1	21	0	21	현금	null
17 대구	2017-01-02	2016025	0024	12	10	0	120	현금	null
18 대구	2017-01-02	2016025	0005	5	50	0.1	225	현금	null
19 대전	2017-01-02	2009012	0003	3	21	0	63	현금	null
20 대전	2017-01-02	2009012	0011	7	32	0.03	217.28	현금	null
21 대전	2017-01-02	2016623	0002	1	15	0	15	카드	null
22 대전	2017-01-02	2016623	0015	8	110	0	880	카드	null
23 대전	2017-01-02	2016623	0013	9	53	0	477	카드	null
24 대전	2017-01-02	2010002	0019	2	14	0	28	카드	null
25 대전	2017-01-02	2010002	0013	1	53	0	53	카드	null
26 대전	2017-01-02	2010002	0020	5	16	0	80	현금	null

[그림 2-68] 최종 통합된 데이터

완성된 쿼리는 '닫기 및 로드'를 클릭해 앞 장에 나온 예와 같이 엑셀 통합 문서로 불러오면 된다.

마이크로소프트 쿼리를 활용한 데이터 관계 설정

여러 시트 또는 파일에 흩어져 있는 (비슷하거나 같은 현상에 대한 기록으로 같은 형태의 열 값을 가지고 있는 경우) 데이터를 통합해 하나의 테이블을 만들면 여러 통합 분석이 가능하다. 그런데 서로 다른 열 값을 가지고 있는 테이블의 경우 이를 단순히 통합한다고 해서 바로 분석 가능한 자료가 만들어지지는 않는다. 오히려 변수 값이 다른 경우 위와 같이 통합하게 되면 너무 많은 열 값을 포함하는 테이블이 만들어지기 때문에 시스템에 부담이 될 뿐만 아니라 해석하기도 어려운 데이터가 된다. 이 때는 키 값을 가지고 두 테이블 간의 관계를 만들어 원하는 데이터만 추출할 수 있는 쿼리를 만들어 주면 좀 더 효율적인 분석이 가능한 데이터를 얻을 수 있다.

관계를 만들어 데이터를 추출하는 방법은 여러 가지가 있는데, 엑셀에서는 파워쿼리를 이용하는 방법과 ODBC를 사용해 원하는 데이터베이스를 만들어 주는 방법 [21] 그리고 파워피벗을 통해서 관계형 데이터 베이스를 만들어 주는 방법이 있다. 파워피벗으로 관계를 만들어 주는 방법은 다음 장에서 자세히 다루도록 하고 이번 장에서는 파워쿼리와 ODBC를 이용하는 방법을 알아 본다.

먼저 OBDC(Open DataBase Connectivity)는 마이크로소프트가 만든, 데이터베이스에 접근하기 위한 소프트웨어의 표준 규격으로 같은 데이터베이스 매니지먼트 시스템 또는 파일이 아니더라도 이를 통해 원하는 데이터베이스에 접근할 수 있게 만든 표준화된 연결 방식이다. 엑셀에서 ODBC를 사용하면 엑셀 파일뿐만 아니라 액세스나 SQL 등의 다른 형태의 데이터베이스에 접근할 수 있는 연결을 만들 수 있다.

엑셀에서 ODBC를 통해 데이터 연결을 만들기 위해서는 그림 2-69와 같이 '[데이터] 탭'→[기타원본]→[Microsoft Query]를 클릭하면 된다(엑셀 2016버전에서는 [데이터 가져오기]→[기타원본에서]→[Microsoft Query에서]를 클릭).

---

21 사실 ODBC를 활용한 마이크로소프트 쿼리(Microsoft Query)는 파워쿼리의 이전 버전이라고 할 수 있다. 두 가지 방법 모두 외부 또는 내부 자료에 연결해 관계를 설정하고 데이터를 가져오는 데 사용할 수 있다. 다만 마이크로소프트 쿼리는 파워쿼리를 추가로 설치하지 않아도 사용할 수 있고, 드래그 앤 드롭 방식으로 데이터를 연결할 수 있으므로, 조금 더 시각적으로 데이터를 연결할 수 있다는 장점이 있다.

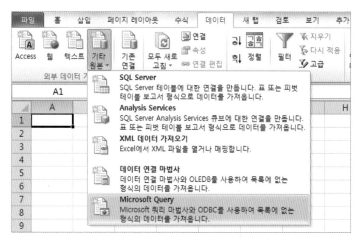

[그림 2-69] 엑셀 2010에서 Microsoft Query 만들기

ODBC를 사용한 마이크로소프트 쿼리는 여러 데이터 소스로부터 만들 수 있는데, 그림
2-70에서 확인할 수 있듯이 사실 지원되는 대부분의 데이터 소스가 이미 파워쿼리의 전용
커넥터로 연결할 수 있는 데이터이기 때문에 굳이 ODBC를 사용해 연결을 만들지 않아도
해당 데이터 소스에 손쉽게 연결할 수 있다. 하지만 ODBC를 사용하면 기존에 작성되어 있
는 데이터베이스와는 다른 형태의 관계를 드래그 앤 드롭 방식으로 손쉽게 만들 수 있어 유
용하다.

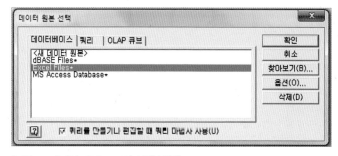

[그림 2-70] 마이크로소프트 쿼리 원본 선택

'데이터 원본 선택' 대화상자가 열리면 데이터 연결을 만들 원본 소스의 형태를 클릭하고 (여
기서는 엑셀 파일, Excel Files*) 문서 선택 대화상자에서 연결하기 원하는 데이터 파일을
찾아 선택해주면 된다.

[그림 2-71] 마이크로소프트 쿼리 원본 선택 탐색 창

원본 파일을 선택하고 나면 원본 파일에 들어있는 모든 테이블과 시트가 그림 2-72와 같이 쿼리 마법사 대화 상자에 나타난다. 테이블이 나타나지 않는 경우에는 옵션을 선택해서 '시스템 테이블'에 체크 표시를 하고 확인을 클릭하면 된다.

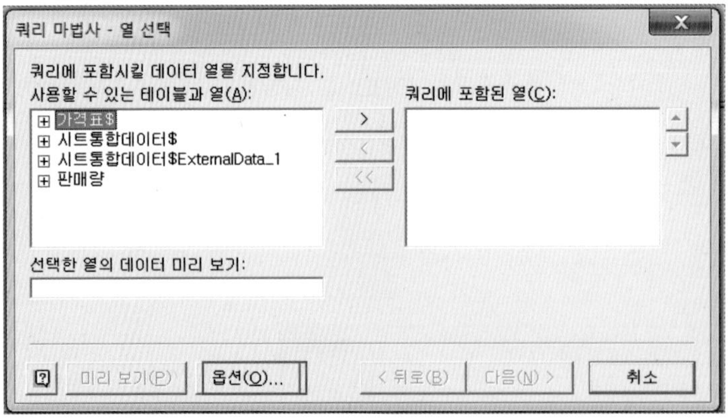

[그림 2-72] 마이크로소프트 쿼리 마법사

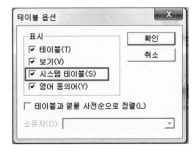

[그림 2-73] 시스템 테이블 불러오기

모든 테이블을 확인했다면 이제 그림 2-72의 왼쪽 '사용할 수 있는 테이블과 열'에서 불러오고자 하는 데이터가 들어있는 테이블 또는 시트를 선택해 '쿼리에 포함된 열'로 보내면 된다. 이때 해당 테이블 전체를 보내거나 해당 테이블에서 확장(⊞)을 클릭해 원하는 열만 선택해 쿼리로 보낼 수도 있다. (이번 예에서는 앞장에서 작업했던 시트데이터 통합 쿼리로 만든 '시트통합데이터$' 테이블과 판매 아이템의 가격 정보를 담고 있는 '가격 테이블'을 선택해 쿼리를 작성했다.)

원하는 테이블 또는 열을 선택해서 쿼리를 작성하고 확인을 클릭하면 다음과 같이 알림 창이 뜨는데, 쿼리 선택 창에서 직접 관계를 설정할 수 없다는 의미로 두 개 이상의 테이블을 선택해 쿼리 작업을 하면, 기존에 설정된 관계가 없기 때문에 나타나는 것이므로, '확인'을 클릭해준다. 그럼 그림 2-75와 같이 관계를 편집할 수 있는 마이크로소프트 쿼리 창을 열 수 있다.

[그림 2-74] 두 개 이상의 테이블을 쿼리로 불러올 때 관계 설정을 요청하는 알림 창

참고로 그림 2-75에서 확인할 수 있듯이 마이크로소프트 쿼리 창에서는 불러온 데이터를 직접 확인하면서 테이블 사이의 관계 설정이 가능하다. 그림 2-76은 예제 파일에서 불러온 두 개의 테이블 원 데이터인데, 두 테이블 모두에 있는 Item NO 열이 같은 값을 참조한다는 것을 알 수 있다. 즉, '가격 테이블'은 디멘션 테이블로 각 상품의 정보를 담고 있는 테이블이며 '시트통합데이터$'는 각 대리점에서 발생한 거래내역을 기록한 팩트 테이블이라는 것을 확인할 수 있다. 따라서 Item NO 열을 키 값으로 두 테이블 사이의 관계를 만들 수 있다.

	Item NO	Product	Price $	Discount	Name	일시	고객
▶	0001	A	10.0	0.05	서울	42737.0	2009001.0
	0002	B	15.0		서울	42737.0	2009001.0
	0003	C	21.0		서울	42737.0	2009001.0
	0004	D	35.0		서울	42737.0	2009001.0
	0005	E	50.0	0.1	서울	42737.0	2009001.0
	0006	F	12.0		서울	42737.0	2009001.0
	0007	G	5.0		서울	42737.0	2009001.0
	0008	H	33.0		서울	42737.0	2009001.0

[그림 2-75] 변수와 쿼리 확인

Name	일시	고객번호	Item No	판매량	단가	할인율	매출액	결재방법	비고	프로모션
서울	42737	2009001	0018	2	32	0	64	카드		
서울	42737	2009001	0021	3	15	0.1	40.5	카드		
서울	42737	2009001	0017	2	65	0	130	카드		
서울	42737	2009001	0002	5	15	0	75	카드		
서울	42737	2009001	0025	1	25	0	25	카드		
서울	42737	2009001	0011	1	32	0.03	31.04	카드		
서울	42737	2014841	0018	1	32	0	32	현금		
서울	42737	2014841	0019	1	14	0	14	현금		
서울	42737	2014841	0021	1	15	0.1	13.5	현금		
서울	42737	2014841	0018	3	32	0	96	현금		
서울	42737	2014841	0025	2	25	0	50	현금		
부산	42737	2009003	0006	2	12	0	24	카드		
부산	42737	2009003	0017	3	65	0	195	카드		
부산	42737	2009003	0006	2	12	0	24	카드		

Item NO	Product	Price $	Discount
0001	A	10	5%
0002	B	15	
0003	C	21	
0004	D	35	
0005	E	50	10%
0006	F	12	
0007	G	5	
0008	H	33	
0009	I	25	
0010	J	65	
0011	K	32	3%
0012	L	14	
0013	M	53	
0014	N	67	

[그림 2-76] 원본 데이터 키 값 'Item No'

마이크로소프트 쿼리 창에서의 관계 종류의 설정은 [테이블]→[조인]을 통해 가능하다.

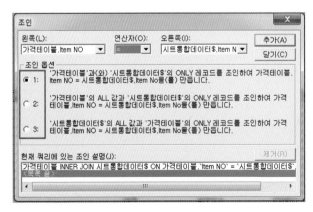

[그림 2-77] 관계 종류 선택 옵션

1번은 키 값을 중심으로 양쪽 테이블에 모두 해당하는 레코드 값만 연결하는 내부 조인이고, 2번은 왼쪽 외부, 3번은 오른쪽 외부 조인이다.

관계 설정 방법은 그림 2-78에서 확인할 수 있듯이 '드래그 앤 드롭' 방식을 지원한다. '가격 테이블'에서 Item NO을 선택한 후 이를 '시트 통합데이터$'의 Item NO 열에 끌어 놓으면 된다. 반대로 끌어 놓아도 같은 결과를 얻을 수 있다.

관계 설정 등 모든 쿼리작업이 완료되었다면 메뉴의 'Excel로 데이터 되돌리기'를 선택해 해당 데이터를 엑셀로 반환하면 된다. 마이크로소프트 쿼리에서의 데이터 반환은 기본 테이블 또는 피벗 테이블 형태를 모두 지원하며 일반적인 쿼리와 마찬가지로 연결만 설정해서 이를 향후 데이터 작업의 쿼리로 활용하는 것도 가능하다. 쿼리 파일을 저장하면 보통 *.dqy의 쿼리 파일 형태로 저장된다.

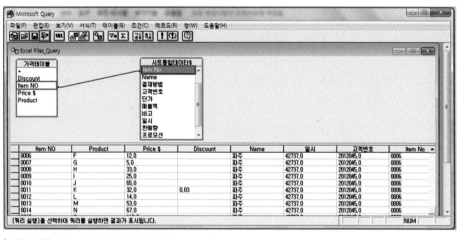

[그림 2-78] 마이크로소프트 쿼리 관계 설정

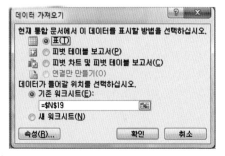

[그림 2-79] 마이크로소프트 쿼리 데이터 로드 옵션

최종 완성된 데이터(테이블)는 그림 2-80과 같다. 관계 종류는 내부 조인을 사용했다.

가격 테이블로부터 온 열				시트 데이터통합$에서 온 열									
Item No	Proc	Price $	Discoun	Name	일시	고객번호	Item No2	판매량	단가	할인율	매출액	결재방법	비고	프로모션
0001	A	10	0.05	파주	42737	2012045	0001	3	10	0.05	28.5	카드		
0001	A	10	0.05	대구	42737	2016026	0001	5	10	0.05	47.5	현금		
0001	A	10	0.05	부산	42737	2016025	0001	2	10	0.05	19	현금		
0001	A	10	0.05	파주	42737	2016010	0001	1	10	0.05	9.5	현금		
0001	A	10	0.05	부산	42737	2016025	0001	1	10	0.05	9.5	현금		
0002	B	15		서울	42737	2009001	0002	5	15	0	75	카드		
0002	B	15		대구	42737	2016026	0002	3	15	0	45	현금		
0002	B	15		파주	42737	2009003	0002	4	15	0	60	현금		
0002	B	15		부산	42737	2009003	0002	1	15	0	15	현금		
0002	B	15		부산	42737	2016025	0002	3	15	0	45	현금		
0002	B	15		대전	42737	2016623	0002	1	15	0	15	카드		
0003	C	21		대전	42737	2009012	0003	3	21	0	63	현금		
0003	C	21		대구	42737	2016025	0003	1	21	0	21	현금		
0003	C	21		파주	42737	2017031	0003	1	21	0	21	현금		
0003	C	21		부산	42737	2016025	0003	1	21	0	21	현금		
......	......	......	......	......	......	......	......	......	......	......	......	......	......	......

[그림 2-80] 마이크로소프트 쿼리를 활용한 통합 데이터

마이크로소프트 쿼리를 활용한 관계 설정과 데이터 추출은 파워쿼리를 통해서도 가능하다.

[그림 2-81] 파워쿼리 데이터 불러오기

앞서 다루었던 방법과 동일하게 파워쿼리의 병합 기능을 사용하면 위와 같은 통합 테이블을
만들 수 있다.[22]

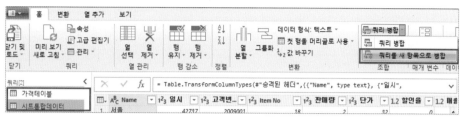

[그림 2-82] 쿼리 병합

[그림 2-83] 쿼리 병합 조인 종류 선택

---

[22] 해당 내용은 앞장에서 다룬 파워쿼리 기본 활용 테이블 통합하기와 유사한 작업이다. 다만 여러 유형의 조인이 있다는 것을 다시 한
번 설명하고 앞서 배운 내용을 복습해 보기 위해 유사한 내용을 예제로 다루었다.

파워쿼리 역시 테이블 조인 유형을 설정할 수 있다. 그림 2-83에서 확인할 수 있듯이 파워쿼리는 내 외부 그리고 왼쪽과 오른쪽 네 가지 조인 유형 모두를 지원한다. 또한 이에 더해추가로 일치하는 첫 번째 행만 연결해 주는 왼쪽 앤티와 두 번째 행만 연결해 주는 오른쪽 앤티도 지원하는 것을 확인할 수 있다(실제 앤티 연결은 잘 활용하지 않는다).

조인 유형을 설정했으면 이제 조인 열을 지정하면 된다. 조인 열 지정은 '병합' 대화상자에서조인에 사용할 열(Item No)을 클릭하기만 하면 된다. 조인 열을 클릭하면 파워쿼리는 조인결과 일치하는 행의 개수를 확인할 수 있도록 대화상자 내에서 표시해 준다. 참고로 파워쿼리에서는 복수의 열을 가지고 조인 열을 만들어 줄 수도 있다.

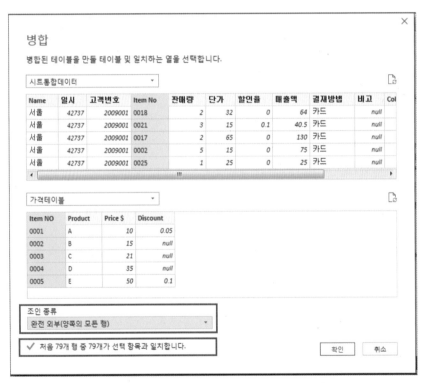

[그림 2-84] 쿼리 병합

최종 확인을 클릭하면 병합된 쿼리가 표시되는데, 테이블로 만들어진 열을 확장하고 중복된열을 삭제하면 ODBC를 통한 데이터 연결 및 불러오기와 정확히 같은 형태의 테이블을 만들 수 있다.

2.2 웹 데이터 수집

네트워크와 저장 능력의 발달로 정보가 넘쳐나는 시대가 된 요즘 데이터 분석을 위해 적절한 정보를 찾고 이를 활용할 수 있는 능력은 데이터 분석가들에게 필수적인 능력이다. 그런데 최근에는 많은 자료가 웹으로 업로드되고 있어 특별히 웹에서의 데이터 수집 방법을 아는 것이 이러한 능력의 핵심이 되고 있다. 더욱이 사물인터넷(Internet of Thing, IOT)이 보편화되고 클라우드 컴퓨팅이 발전하면서 앞으로는 웹에 거의 모든 자료가 저장될 것이기 때문에 웹에서의 데이터 수집 능력은 곧 개인 및 조직의 주요 경쟁력이 될 것으로 예상된다.

웹 크롤링(web crawling) 또는 웹 파싱(web parsing)이라 불리는 이러한 웹 데이터 추출은 보통 파이썬이나 자바 등의 프로그래밍 언어를 이용해 수집하는 것이 일반적이다(자바의 경우에는 Jsoup라는 HTML 웹 파싱 도구를 사용한다). 하지만 프로그래밍에 대한 지식 없이도 엑셀과 웹 쿼리 등의 기본적인 툴을 잘 활용하기만 해도 이와 비슷한 수준으로 데이터를 수집할 수 있다. 이번 장에서는 엑셀 파워쿼리와 약간의 HTML 언어에 대한 지식, 그리고 RSS 피드(RSS Feed)라는 웹 서비스를 이용해 다양한 형태의 웹 데이터를 수집하는 방법에 대해 배워 보도록 하겠다.

2.2.1 엑셀을 활용한 웹 데이터 수집 기초

네이버 금융 데이터 엑셀로 불러오기

엑셀[23]을 활용해서 웹 페이지의 데이터를 수집하는 방법은 크게 세가지가 있다. 그 중 첫 번째는 파워쿼리 또는 엑셀2016의 외부데이터 가져오기 기능을 통해 웹 페이지에 보이는 테이블을 직접 선택해 가져오는 방법이다. 이는 가장 손쉽고 편리한 방법이지만 웹 페이지 화면에 보이지 않는 데이터는 가져올 수 없다는 것과 테이블 형태로 나타난 자료만 가져올 수 있다는 단점이 있다.

파워쿼리를 통해 다음과 같이 네이버 금융페이지에 접속한다.

---

[23] 정확하게는 엑셀 파워쿼리를 활용한 데이터 파싱(parsing)이지만 파워쿼리가 엑셀 2016버전부터는 데이터 탭으로 통합되었기에 엑셀이라 지칭했다.

[파워쿼리] 탭 →[웹에서]를 선택해 (엑셀 2016은 [데이터]→[웹]) 다음과 같이 '네이버 금융' 주소를 입력한다.

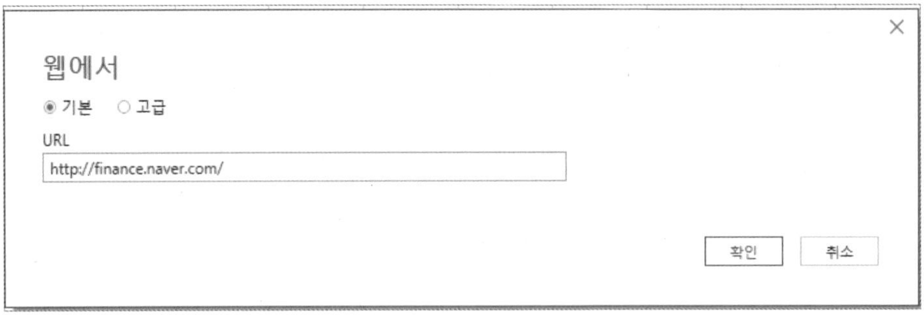

[그림 2-85] 파워쿼리 웹 데이터 로드

[확인]을 클릭하면 아래와 같이 해당 웹 페이지에서 테이블 형태로 되어 있는 모든 자료를 탐색 창에서 확인할 수 있다. 이는 보통 인터넷 브라우저로 접속했을 때 화면에서 볼 수 있는 것과 동일한 테이블 자료이다. 엑셀 2010, 2013의 '외부 데이터 가져오기' 기능을 통해서도 같은 방법으로 자료를 가져올 수 있다.

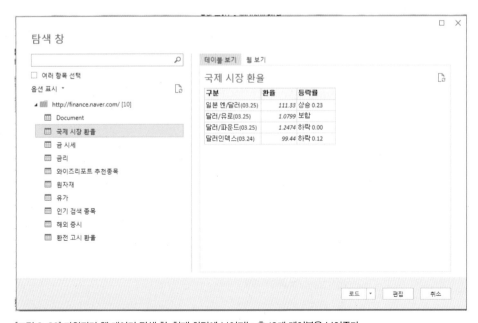

[그림 2-86] 파워쿼리 웹 데이터 탐색 창. 현재 화면에 보여지는 총 10개 테이블을 보여준다.

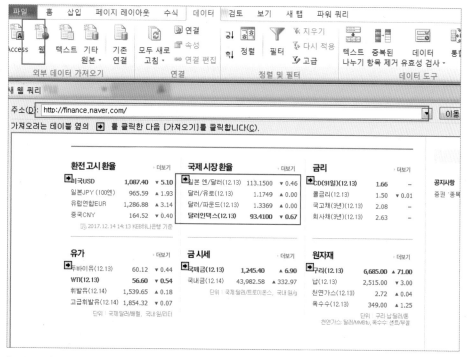

[그림 2-87] 엑셀 2010 웹 데이터 데이터 탐색 창

그림 2-87은 엑셀 2010, 2013의 [데이터]→[웹] 기능을 사용해 파워쿼리와 마찬가지로 네이버 금융페이지의 자료를 가져오는 방법을 보여준다. 기본적으로 두 가지 방법 모두 같은 형태의 자료를 불러오지만 파워쿼리를 사용하는 경우 데이터 선택과 추가적인 편집을 보다 효과적으로 할 수 있다는 장점이 있다. 또한 파워쿼리는 데이터 불러오기 및 편집 과정을 저장할 수 있어 동일한 작업을 반복해야 하거나 항상 최신의 데이터를 불러와야 하는 해당 쿼리를 재사용할 수 있어 편리하다.

파워쿼리로 웹 페이지 연결 후 '탐색 창'에서 [로드]를 선택하면 아래와 같이 해당 '쿼리'에 대한 정보와 함께 선택한 테이블을 워크시트에 불러올 수 있다. '쿼리' 정보는 불러온 데이터에 대한 소스(위치) 및 변수(열) 그리고 업데이트 날짜 등의 메타 데이터를 제공해 준다. 쿼리 탐색 창에서 해당 쿼리에 마우스를 위치시키면 메타 데이터를 확인할 수 있으며 아래 '편집'을 선택하면 파워쿼리 창을 열어 쿼리를 편집할 수 있다.

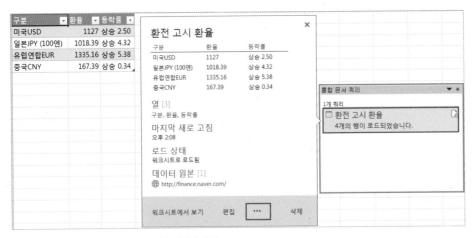

[그림 2-88] 파워쿼리 로드 데이터의 메타 데이터 확인

참고로 파워쿼리를 통해 데이터를 가져올 때는 이를 바로 엑셀 워크시트로 불러올 수도 있고 연결만 만들어 데이터를 참조할 수도 있다. 참조된 데이터는 언제라도 필요한 때에 불러오거나 쿼리 창을 통해 편집이 가능하다. 위와 같이 이미 워크시트로 불러온 데이터에서 연결을 만들기 위해서는 위 정보 창의 '⋯'를 선택해 [다음으로 로드]를 클릭하고 [연결만 만들기]를 선택하면 된다. 데이터가 연결되면 로드되었던 자료는 사라지고 통합문서 쿼리 창에 연결된 쿼리만 보여진다. 보통 여러 자료를 동시에 편집해야 하는 경우 각 자료를 연결된 쿼리로 만들어 두면 필요할 때 최신의 자료를 로드할 수 있어 효율적이다.

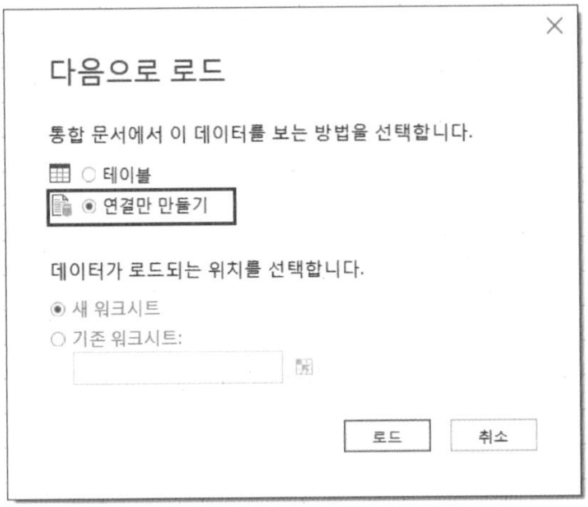

[그림 2-89] 쿼리 연결 만들기

2.3.2 RSS 피드를 통해 데이터 불러오기

RSS 피드에 대한 이해

RSS(rich site summary)는 뉴스나 블로그 등의 최신 웹 자료를 쉽게 배포하고 받아 볼 수 있게 디자인된 웹 표준의 한 형태이다. RSS 주소를 사용하면 누구나 뉴스 사업자나 블로거의 최신 자료 또는 (사용자가 설정한) 키워드로 검색된 자료를 잘 정리된 테이블 형태로 받아 볼 수 있다. 일반적으로는 RSS 리더라고 부르는 소프트웨어를 사용해 이를 구독하는 것이 보통인데, 엑셀에서도 파워쿼리 또는 외부데이터 불러오기 기능을 이용해 해당 자료를 불러올 수 있다.

RSS 주소는 사업자들이 자신들의 자료를 배포할 목적으로 공개하는 것이 일반적인데, RSS 주소가 공개되지 않은 경우에도 뉴스나 블로그 등의 구독형 웹 자료는 그 주소를 어렵지 않게 찾아낼 수 있다.

또한 사업자가 정보를 제공하려고 의도하지 않은 웹사이트 정보도 사용자가 강제로 RSS 주소를 만들어 불러오는 것이 가능하다. 이 방법을 잘 활용하면 웹 상의 거의 모든 자료를 RSS를 통해 불러올 수 있다. 단, 이를 위해서는 RSS 주소를 만들어 주는 웹 서비스를 이용해야 한다.

보통 뉴스 사업자나 블로그의 경우 메인 페이지에서 RSS 주소를 쉽게 찾을 수 있다. RSS는 특정한 검색 결과를 반영해 생성될 수 도 있고 아래와 같이 사업자가 분류한 카테고리에 따라서 주어지기도 한다.

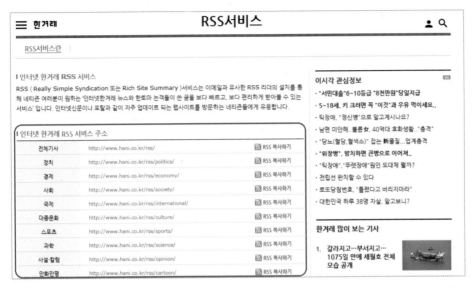

[그림 2-90] 신문사의 RSS 피드

네이버 뉴스 검색 결과를 엑셀로 불러오기

네이버 뉴스에서는 사용자가 원하는 검색 결과를 RSS로 만들어 사용자가 관심 있는 뉴스를 바로 공급받을 수 있도록 하고 있다. 검색 창에 원하는 검색어를 입력하고 '뉴스'를 선택하면 하단에서 이를 반영한 RSS 피드를 받을 수 있다.

[그림 2-91] 네이버 뉴스 검색 결과의 RSS 피드

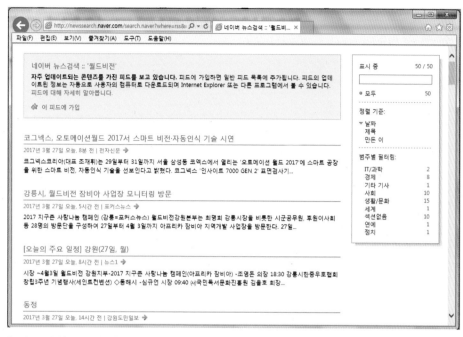

[그림 2-92] 웹 브라우저로 확인한 검색어 '월드비전'에 대한 네이버 뉴스 RSS 피드 결과

그림 2-92는 네이버에서 키워드 '월드비전'으로 뉴스를 검색한 후 그 결과를 RSS 주소로 받아 웹 브라우저를 통해 실행시켜 본 것이다. 검색 결과에 해당하는 뉴스들이 리스트 형태로 정리되어 나타나는 것을 확인할 수 있다.

원하는 뉴스 검색 결과를 RSS로 만들어 엑셀로 불러오는 작업은 웹 페이지의 데이터를 불러오는 것과 크게 다르지 않다. 다만 웹 페이지 데이터 로드는 이미 게시를 위해 만들어진 테이블을 그대로 불러오는 데 반해 RSS는 검색 결과 또는 카테고리를 반영해 새로 생성된 임의의 데이터를 불러온다는 점에서 차이가 있다.

파워쿼리로 RSS 피드 결과를 불러와 정형화해 보자. 네이버 뉴스 페이지에서 확인한 RSS 주소를 파워쿼리 창에 입력하고 [편집]을 선택한다. 그림 2-94에서 확인할 수 있듯이 파워쿼리로 불러온 RSS 피드 데이터는 기본 테이블이 또 다른 테이블을 셀 값으로 담고 있는 복합 구조로 되어 있다.

로드된 테이블의 첫 번째 열의 셀 값은 테이블이다. 해당 셀을 클릭해 보면 셀에 담겨 있는 테이블에 대한 자세한 정보를 아래 정보 창에서 확인할 수 있다. 이는 RSS 피드를 통해 불러

온 데이터가 여러 메타 데이터를 포함하고 있으며 이를 하나의 테이블에 담기 위해 여러 계
층의 테이블 형태로 자료가 구조화되어 있다는 것을 알려 준다.

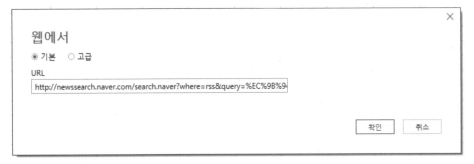

[그림 2-93] 파워쿼리를 통한 RSS 피드 데이터 로드

[그림 2-94] RSS 피드 데이터의 복합 테이블 구조

셀 값으로 되어 있는 테이블은 헤더 부분의 [확장]을 클릭해 전체 데이터 편집 창으로 불러올
수 있다. 이때 앞선 예제와 마찬가지로 '원래 이름으로 접두사 사용' 선택을 해제해서 해당 데
이터의 헤더 값이 올바르게 표시되도록 해야 나중에 편집이 용이하다.

[그림 2-95] 테이블 확장

[그림 2-96] 테이블 추가 확장

이렇게 확장된 테이블 역시 또 다른 테이블을 셀 값으로 가지고 있는데, 마찬가지로 테이블
이 들어 있는 셀을 클릭해 보면 해당 테이블이 담고 있는 상세 데이터를 아래 정보 창에서 확
인할 수 있다. [item] 열을 한번 더 확장해 최종 뉴스 데이터를 불러온다.

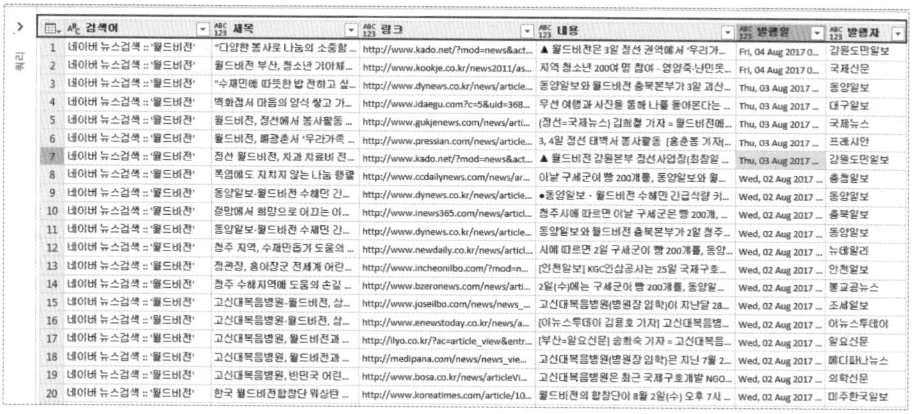

[그림 2-97] 확장된 RSS 피드 뉴스 데이터

그런데 여전히 Image 열의 데이터 값들은 테이블 형태로 되어 있는 것을 볼 수 있는데, 이는
하나의 뉴스 당 여러 개의 이미지가 포함되어 있어 해당 그림들이 하나의 셀 값 대신 테이블
로 저장되어 있기 때문이다.

최종 데이터를 확인했으면 필요한 열만 두고 나머지는 삭제해 준다. 여기서 최종 관심 있는 데이터는 검색어, 제목, 링크, 내용 그리고 발행일과 발행자 이므로 해당 열을 제외한 나머지 열은 모두 삭제해 준다. 추가로, 각 열은 알아 보기 쉽게 헤더를 변경하면 추후 데이터 분석 에서 데이터 구분을 조금 더 쉽게 이해할 수 있으므로 적절한 이름으로 헤더를 변경해 준다.

또한 발행일 데이터에 날짜 외에 GMT(그리니치천문대 기준 시간)를 나타내는 +9:00가 함 께 있어 이를 일반적인 날짜 형식으로 지정할 수 없으므로 아래와 같이 [열 분할]→[구분기호 기준]을 클릭해 시간 데이터로 사용할 수 있게 편집해 준다.

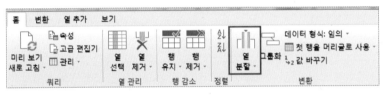

[그림 2-98] 파워쿼리 열 분할 기능

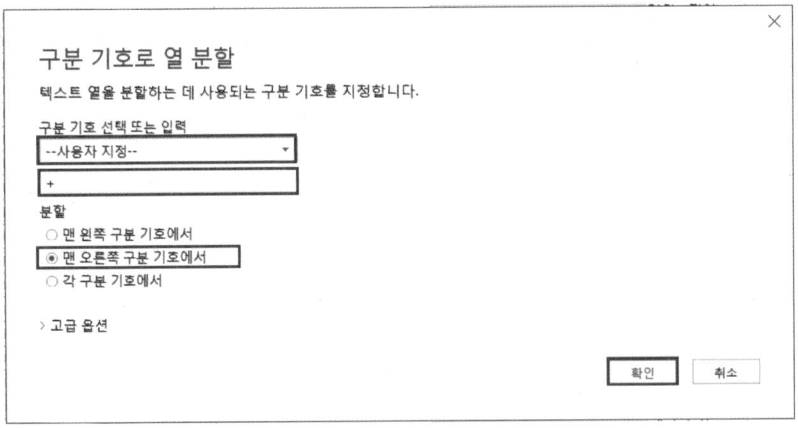

[그림 2-99] 열 분할 옵션 입력

데이터 편집이 끝났다면 [닫기 및 로드]를 선택해 이를 엑셀 워크시트로 불러오면 된다. 최종 완성된 데이터는 아래와 같다.

[그림 2-100] 네이버 뉴스 검색 데이터 추출

이렇게 쿼리 작업을 통해 불러온 데이터는 언제라도 업데이트가 가능하다. '통합문서 쿼리' 창에서 마우스 오른쪽 클릭 후 '새로고침'을 선택하면 쿼리 작업 이후에 추가된 뉴스를 업데이트할 수 있다. 이는 동일한 키워드로 뉴스나 정보를 지속적으로 모니터링해야 하는 경우 유용하다.

[그림 2-101] 추출 데이터 업데이트

2.3.3 파워쿼리 M 코드를 활용한 웹데이터 수집 자동화

M 코드를 활용해 작성된 쿼리를 재사용

한번 작성한 쿼리는 추가 업데이트를 위해 재사용할 수 있을 뿐만 아니라 약간의 변형으로 비슷한 형태의 새로운 쿼리로 재사용할 수 도 있다. 예를 들어 다른 검색어에 대한 네이버 뉴스 결과를 엑셀로 가져오고자 하는 경우 위에서 작성한 쿼리에서 데이터 로드 단계의 RSS 주소만 수정하면 동일한 형태의 데이터를 동일한 편집과정을 거쳐 불러올 수 있다.

기존에 작성된 쿼리를 수정해 다시 활용하기 위해서는 엑셀, 파워쿼리, 파워비아이 등의 마이크로소프트 소프트웨어에서 사용되는 M 코드(M code)에 대한 이해가 필요하다. 정확하게는 파워쿼리 공식 언어(Power Query formula language)라고 할 수 있는 M 코드는 복합적인 데이터 쿼리 작업을 위해 만들어진 기능 언어다. 데이터를 유기적으로 불러오거나 불러온 데이터를 편집하는 데 효과적으로 사용되며 변수와 함수 등 조건 문을 활용해 데이터를 유기적으로 다룰 수 있다. 파워쿼리에서 데이터를 불러오거나 편집하게 되면 엑셀 매크로와 마찬가지로 모든 동작이 M 코드로 기록된다. 따라서 만들어진 M 코드를 직접 수정하거나 편집하면 반복적인 데이터 정리 작업 등을 손쉽게 할 수 있다.

위에서 만든 쿼리를 재사용해 '세이브 더 칠드런'에 대한 뉴스 검색 결과를 동일하게 나타내 보자. 우선 앞서 작업한 쿼리의 M코드를 확인해 보자. [쿼리 편집기 창]→[보기]→[고급편집기]를 클릭하면 쿼리 작업의 M 코드를 확인할 수 있다.

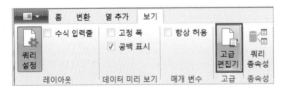

[그림 2-102] M 코드 고급 편집기

언뜻 보면 굉장히 복잡한 형태로 보이지만 M 코드는 사실 간단한 문법과 형식을 가지고 있어 쉽게 분석하거나 편집할 수 있다.

[그림 2-103] 뉴스 검색 M 코드

M 코드는 보통 Let으로 시작해 In으로 끝난다. Let 이후에는 데이터를 불러와서 편집하는 과정이 편집되고 In 이후에는 최종 나타내고자 하는 데이터가 오게 된다. #은 쿼리 편집기 창에서 실행했던 각 작업을 나타낸다. 따라서 일반적으로 M 코드 구문은 다음과 같은 형태를 갖는다.

```
Let
 원본 = "RSS FEED(예) "

 # 편집작업 1 (원본)
 # 편집작업 2 (편집작업1)
 # 편집작업 3 (편집작업2)
In
 편집작업 3
```

위 코드를 간단하게 설명해 보면 어떤 '편집작업 1'의 대상이 '원본'(RSS 피드로 불러온 데이터)이 되며 '편집작업 2'의 대상은 편집작업 1의 결과가 된다. 마찬가지로 '편집작업 3'의 대상은 편집작업 2의 결과물이 되며 최종 편집이 완료되면 In 구문에 의해서 편집작업3의 결과물이 최종 데이터로 출력되게 된다.

새로운 검색어로 동일한 형태의 데이터를 불러오기 위해서는 각 단계별 편집은 그대로 두고 RSS 피드만 고쳐주면 된다. 우선 새로운 쿼리를 작성하기 위해 쿼리 창에서 [복사]→[붙여넣기]를 통해 원본 쿼리를 복사한다. 그리고 고급 편집기를 실행시켜 원본 구문의 RSS 피드 URL을 '세이브 더 칠드런' 뉴스 RSS 피드로 바꾼다. 그리고 쿼리 새로고침으로 수정한 쿼리

를 실행하면 앞선 예제의 최종 결과물과 동일한 형태의 '세이브 더 칠드런' 뉴스 검색 결과가
출력되는 것을 확인할 수 있다.

[그림 2-104] 쿼리 복사

[그림 2-105] 세이브 더 칠드런 뉴스 검색 RSS 피드 복사

참고로 M 코드 수정은 아래와 같이 RSS 피드의 URL 부분만 새로 복사한 주소를 입력하면 된다. 그 이외의 부분, 즉 편집작업 코드는 그대로 두어야 동일한 편집작업(불필요한 열 삭제 등)을 수행한 데이터를 추출할 수 있다.

```
원본 =
Xml.Tables(Web.Contents("http://newssearch.naver.com/search.naver?where=rss&query=%EC%84
%B8%EC%9D%B4%EB%B8%8C%EB%8D%94%20%EC%B9%A0%EB%93%9C%EB%9F%B0&field=0&nx_
search_query=&nx_and_query=&nx_sub_query=&nx_search_hlquery="))
```

[그림 2-106] 세이브 더 칠드런에 대한 뉴스 검색 결과

데이터 병합

이렇게 각각 불러온 데이터는 하나의 테이블로 만드는 것이 분석에 좀더 용이하다. 같은 변수(열)을 갖는 데이터 합치기는 쿼리편집기의 [홈]탭→[쿼리 추가]→[쿼리를 새 항목으로 추가]를 클릭하면 손쉽게 가능하다. 그림과 같이 추가 팝업 창이 나타나면 병합하기 원하는 테이블을 선택해 '추가할 테이블'로 보내주기만 하면 된다.

[그림 2-107] 쿼리 병합 대화상자.

이러한 작업을 통해 최종 다음과 같은 뉴스 데이터(원하는 검색 결과를 반영한)를 엑셀로 불러올 수 있다.

[그림 2-108] 완성된 통합 쿼리

2.3.4 특정 페이지 소스를 RSS 피드로 만들어 가져오기

RSS 피드 만들기

RSS 피드가 만들어져 있지 않은 사이트에서 특정 정보를 가져오기 위해서는 상용 웹 서비스를 이용해서 RSS 주소를 강제로 만들어 주어야 한다. 이는 초보자에게는 쉽지 않은 방법이지만 이를 잘 활용하면 파이썬이나 R을 사용해 정보를 가져오는 것과 같이 여러 웹 자료를 효과적으로 불러올 수 있어 매우 유용하다.

네이버 실시간 검색어 순위 엑셀로 불러오기

원하는 웹사이트 정보를 RSS 피드로 만들어 주는 사이트는 여러 곳이 있는데, 가장 효과적이면서도 무료로 이용할 수 있는 곳은 feed43.com(http://www.feed43.com)이다. 유료 버전도 있는데, 무료에 비해 발행 간격에 제한이 없고(무료 버전의 경우 6시간) 불러올 수 있는 라인 개수도 제한이 없다(무료 버전의 경우 최대 25개).

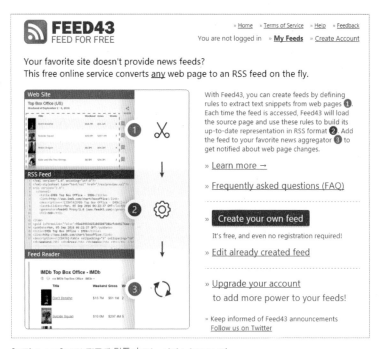

[그림 2-109] RSS 피드를 만들어 주는 서비스 'FEED43'

사이트에 접속 후 [Create your own feed]를 클릭하면 바로 원하는 피드를 만들 수 있는데, 굳이 계정을 만들지 않아도 사용할 수는 있지만 만들어진 피드 관리를 위해서는 계정을 만드는 것이 좋다.

계정을 만들었으면 본격적으로 피드(feed)로 만들 정보를 확인해 보자. 예제로 불러올 데이터는 네이버의 실시간 급상승 데이터다. 네이버에 접속해 오른쪽 상단 메뉴에 마우스를 위치시키면 실시간 검색어 정보가 보여지는 것을 확인할 수 있다.

[그림 2-110] 네이버 실시간 검색어

네이버의 실시간 급상승 키워드 정보는 웹페이지에 처음 접속했을 때 바로 보여지는 데이터가 아니기 때문에 파워쿼리로 접속하더라도 해당 테이블을 직접 선택해서 불러올 수 없다. 따라서 이를 불러오기 위해서는 따로 RSS 피드를 만들어 주어야 한다. RSS 피드를 만들기 위해 우선 소스코드를 확인해 데이터가 어떻게 저장되어 있는지 확인한다. 해당 페이지에서 마우스 우 클릭 후 '페이지 소스 보기'를 선택하면 전체 페이지 소스를 불러올 수 있다(크롬과 인터넷 익스플로러 모두 동일).

뒤로(B)	Alt+왼쪽 화살표
앞으로(F)	Alt+오른쪽 화살표
새로고침(R)	Ctrl+R
다른 이름으로 저장(A)...	Ctrl+S
인쇄(P)	Ctrl+P
전송(C)...	
한국어(으)로 번역(T)	
페이지 소스 보기(V)	Ctrl+U
검사(N)	Ctrl+Shift+I

[그림 2-111] 웹 페이지 소스코드 보기

```
409        <div class="an_bar"></div>
410        <a href="#" id="PM_ID_btnServiceMore" role="button" class="PM_CL_btnServiceMore an_btn
     class="an_mtxt"><span class="blind">더보기</span></span><span class="ico_an_more"></span></a>
411        </div>
412        <div class="area_hotkeyword PM_CL_realtimeKeyword_base">
413
414
415  <div class="ah_roll PM_CL_realtimeKeyword_rolling_base" aria-hidden="false">
416  <h3 class="blind">실시간 급상승 검색어</h3>
417  <div class="ah_roll_area PM_CL_realtimeKeyword_rolling">
418  <ul class="ah_l">
419  <li class="ah_item">
420  <a href="#" class="ah_a" data-clk="lve.keyword">
421  <span class="ah_r">1</span>
422  <span class="ah_k">임세령</span>
423  </a>
424  </li>
425  <li class="ah_item">
426  <a href="#" class="ah_a" data-clk="lve.keyword">
427  <span class="ah_r">2</span>
428  <span class="ah_k">안현모</span>
429  </a>
430  </li>
431  <li class="ah_item">
432  <a href="#" class="ah_a" data-clk="lve.keyword">
433  <span class="ah_r">3</span>
434  <span class="ah_k">성비위</span>
435  </a>
436  </li>
437  <li class="ah_item">
438  <a href="#" class="ah_a" data-clk="lve.keyword">
439  <span class="ah_r">4</span>
440  <span class="ah_k">삼시세끼</span>
441  </a>
```

[그림 2-112] 네이버 실시간 검색어 소스코드

'Ctrl + F'로 '실시간 급상승 검색어'를 검색해 보면 그림과 같이 데이터의 위치와 HTML 태그 등의 정보를 확인할 수 있다. 참고로 위 소스코드와 그림의 검색어 순위가 다른데, 이는 실시간으로 데이터가 업데이트되는 중에 시간을 두고 소스코드를 확인했기 때문이다. 동시에 확인해 보면 소스코드와 화면의 데이터가 같은 것을 확인할 수 있다.

RSS 피드는 보통 게시판과 같이 일정한 패턴으로 저장되어 있는 데이터를 불러오는 데 적합하다. 물론 꼭 게시판이 아니더라도 위와 같이 일정한 형태의 테이블을 만들 수 있는 자료는 모두 RSS를 통해 불러올 수 있다. 다시 말해 소스코드에서 일정하게 반복되는 패턴을 찾으면 유효한 피드를 만들 수 있다는 의미이다.[24] 위의 '실시간 급상승' 네이버 검색이 코드를 보면 다음과 같이 반복되는 패턴을 확인할 수 있다.

---

24 불러오기 원하는 데이터가 반복되지 않는 하나의 데이터인 경우에도 RSS로 불러올 수 있다.

```
<div class="ah_roll PM_CL_realtimeKeyword_rolling_base" a
```

```
<h3 class="blind">실시간 급상승 검색어</h3>
<div class="ah_roll_area PM_CL_realtimeKeyword_rolling">
<ul class="ah_l">
```
Header

```
<li class="ah_item">
<a href="#" class="ah_a" data-clk="lve.keyword">
<span class="ah_r">1</span>
<span class="ah_k">김기덕</span>
</a>
</li>
```
1

```
<li class="ah_item">
<a href="#" class="ah_a" data-clk="lve.keyword">
<span class="ah_r">2</span>
<span class="ah_k">뫼비우스</span>
</a>
</li>
```
2

```
<li class="ah_item">
<a href="#" class="ah_a" data-clk="lve.keyword">
<span class="ah_r">3</span>
<span class="ah_k">허경영</span>
</a>
```
3

....

[그림 2-113] 반복되는 데이터 패턴 확인

원하는 데이터의 코드와 반복되는 패턴을 확인했다면, 이제 이를 위 웹 서비스를 통해 RSS 피드로 만들면 된다. Feed43에서 RSS 주소를 생성하기 위해서는 다음과 같이 단계별로 알맞은 정보를 입력하면 된다.

1단계: 데이터 소스 입력

원하는 데이터가 있는 사이트 주소를 입력하면 된다. 주소 입력 후 Reload(다시 불러오기) 버튼을 클릭하면 앞에서 확인했던 코드가 Page Source(페이지 소스) 화면에 표시되는 것을 확인할 수 있다.

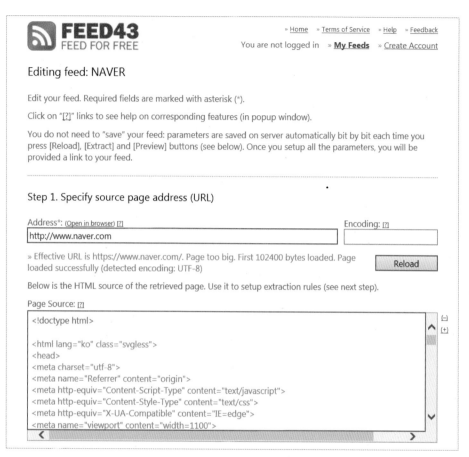

[그림 2-114] 데이터 소스 입력

2단계: 패턴 정보 입력

가장 중요한 단계로 테이블을 만들기 위한 데이터 패턴을 확인하고 입력해 주는 단계이다. 먼저 Global Search Pattern(전역 검색 패턴)에는 Feed43이 패턴 검색을 시작하는 위치를 지정해야 한다. 생략 가능하지만 생략하게 되면 해당 패턴을 찾기 위해 해당 코드의 첫 라인부터 검색을 하기 때문에 오류가 날 가능성이 커진다. 패턴 반복이 시작되기 직전의 코드 위 Header라고 분류한 구문의 첫 라인을 넣어 준다. 여기서 '{%}'와 '{*}'를 잘 구분해 사용해야 하는데, {%}는 불러올 정보, 곧 대상이고 {*}는 그 이외 불러올 필요가 없는 구문이라고 생각하면 편리하다.

Global Search Pattern: STEP 1

```
<h3 class="blind">실시간 급상승 검색어</h3> {%}
```

위 구문의 의미는 위 코드 이후 부분이 곧 Feed로 만들어야 할 패턴이라는 의미이다.

Item Repeatable Search pattern: STEP 2

```
<a href="{%}"{*}<span class="ah_r">{%}<{*}<span class="ah_k">{%}<{*}</span>
```

이 부분이 조금 복잡한데, 원래 코드에서 테이블로 만들어야 하는 데이터를 '{%}'로 지정해 주고 이후 다시 필요한 부분, 즉 {%}이 다시 나올 때까지 {*}를 사용하면0 된다. 단 {%}를 사용할 때는 반드시 {%}이 정확히 어느 부분인지 인식할 수 있게 바로 앞 뒤의 구문은 생략 하지 않고 적어야 한다. 이때 ⟨ ⟩ 태그는 군이 정확히 열고 닫아야 할 필요는 없다. 참고로 위 정보를 입력할 때는 먼저 반복되는 코드 한 세트 전체를 불러와 필요한 부분만 {%} 또는 {*} 로 변경하면 쉽게 입력 구문을 만들 수 있다.

위 입력 코드를 원 코드와 비교해 보자.

원 코드

```
<a href="http://www.naver.com#" class="ah_a" data-clk="lve.keyword">
<span class="ah_r">1</span>
<span class="ah_k">민주당 충청경선 결과</span>
```

입력코드

```
<a href="{%}"{*}<span class="ah_r">{%}<{*}<span class="ah_k">{%}<{*}>
```

원 코드와 입력코드를 비교해 보면 어떤 원칙으로 {%}과 {*}이 입력되는지를 더 분명히 알 수 있다(색별로 대칭을 확인해 보면 더 이해하기 쉽다). 결국 복잡해 보이지만 코드의 패턴만 잘 파악해 {%} 또는 {*} 앞 뒤로는 정확하게 하나의 구문 또는 태그가 와야 한다는 규칙만 잘 지켜주면 된다.

STEP2까지 입력했다면 'EXTRACT'를 클릭해 실제 코드의 인식이 제대로 되었는지 확인할 수 있다. 코드 입력이 잘 되었다면 추출할 수 있는 아이템의 구문이 하단에 나타난다.

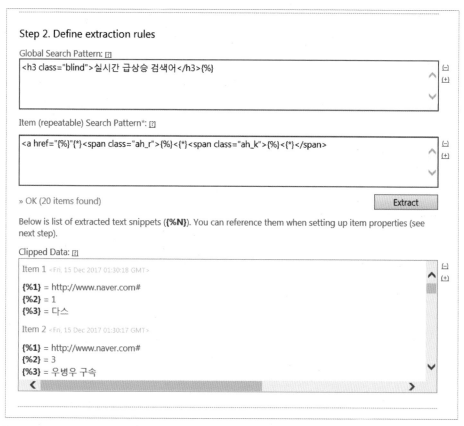

[그림 2-115] FEED43 패턴 입력

3단계: 피드 설정 및 기타 정보 입력

추출 대상 확인 후 RSS 피드 설정 및 테이블 포맷을 위한 단계이다. RSS Feed Properties
(RSS 피드 속성) 항목의 Feed Title(피드 제목), Link(링크), Description(설명)은 모두 필
수 값으로 [그림 2 116]과 같이 직질한 값을 입력하면 된다. RSS item properties(RSS 항
목 속성)의 Item Title Template(항목 제목 템플릿)은 RSS에 의해 테이블로 만들어지는 데
이터 값(RSS 리더로 읽어 올 경우 게시 글 제목)으로 필수 값은 아니지만 본 예제에서는 링
크를 통해 뉴스나 글을 불러오려는 것이 아닌 검색어 데이터를 받는 것이 목적이기 때문에
반드시 입력해야 한다. 마지막으로 Item Link Template(항목 링크 템플릿)은 해당 항목
(item)을 선택했을 때 RSS 리더에서 연결해야 하는 링크를 넣어주면 된다.

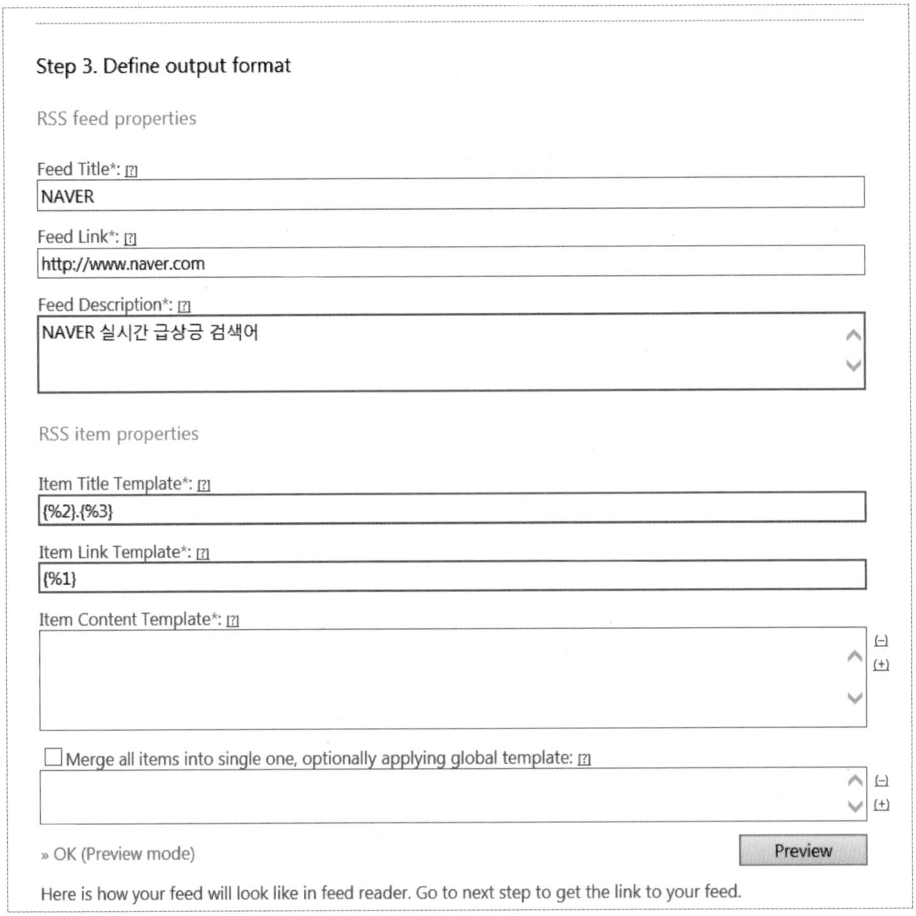

Step 3. Define output format

RSS feed properties

Feed Title*: ?

NAVER

Feed Link*: ?

http://www.naver.com

Feed Description*: ?

NAVER 실시간 급상승 검색어

RSS item properties

Item Title Template*: ?

{%2}.{%3}

Item Link Template*: ?

{%1}

Item Content Template*: ?

☐ Merge all items into single one, optionally applying global template: ?

» OK (Preview mode)   Preview

Here is how your feed will look like in feed reader. Go to next step to get the link to your feed.

[그림 2-116] 추출된 피드의 정보 입력

4단계: 피드 URL 확인

위 정보를 모두 입력하고 Preview(미리 보기)를 클릭하면 아래와 같이 피드로 만들어진 검색어 데이터를 확인할 수 있다. 그리고 최종 URL 주소를 클릭하면 브라우저에서 해당 데이터가 어떻게 보여지는지도 확인할 수 있다.

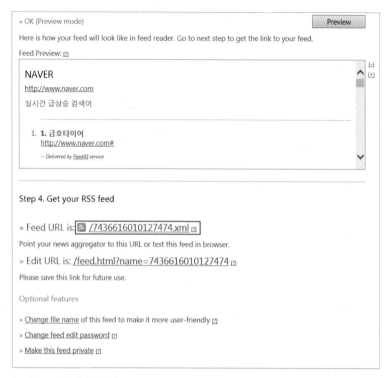

[그림 2-117] 완성된 네이버 검색어 피드 주소

[그림 2-118] 브라우저를 통한 피드 주소 내역 확인

그림 2-118은 생성된 주소를 브라우저에 직접 입력해서 그 결과를 확인해 본 것이다. 주소를 만들었으면 이제 엑셀 파워쿼리로 불러와 엑셀 통합문서로 불러올 수 있다. 엑셀 [파워쿼리]→[웹에서]를 선택해 위 주소를 입력한다.

[그림 2-119] 네이버 검색어 RSS 피드 파워쿼리 입력

[확인]을 클릭하면 다음과 같이 피드 정보 창에 입력했던 내용들과 급상승 검색 키워드 테이블을 확인할 수 있다. 추가 편집을 위해 Attribute(속성) 열은 삭제하고 Table은 ◫을 클릭해 확장한다.

title	link	description	lastBuildDate	generator	ttl	item
NAVER	http://www.naver.com	실시간 급상승 검	Fri, 15 Dec 2017 01:41:43 GMT	Feed43 Proxy/1.0 (www.feed43.com)	360	Table

[그림 2-120] 파워쿼리로 불러온 네이버 실시간 검색어 데이터

그리고 필요한 Item 열만 남겨두고 다른 열은 모두 삭제해 준다. 이 후 Item 열에 있는 테이블을 한번 더 확장하면 원하는 검색어 정보를 얻을 수 있다. 그림과 같이 총 20개의 급상승 검색어를 확인할 수 있다. 그런데 이 중 우리가 필요한 것은 '순위'와 '키워드'이므로 title 열의 데이터를 분리해 순위와 검색어를 따로 만들어 주고 나머지 열은 생략해 준다. 열 분리는 [홈] 탭→[열 분할]→[구분 기호 기준]을 선택하면 된다.

[그림 2-121] 확장된 검색어 데이터

[그림 2-122] 추출된 네이버 실시간 검색어 데이터 열 분할 분리

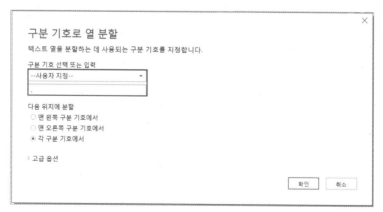

[그림 2-123] 구분 기호로 열 분할하기

위와 같이 분류 기준을 마침표로 해서 두 열을 나누고 결과 값을 로드하면 다음과 같이 잘 정리된 키워드 데이터를 만들 수 있다. 마지막으로 위 쿼리를 '닫기 및 저장'을 클릭해 엑셀 통합문서로 불러오면 된다.

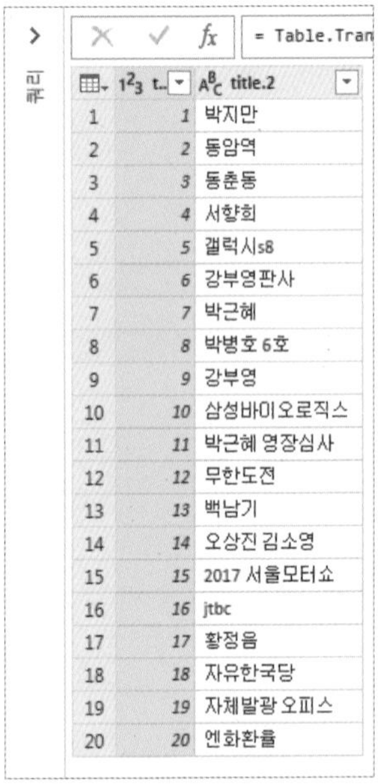

	t...	title.2
1	1	박지만
2	2	동암역
3	3	동춘동
4	4	서향희
5	5	갤럭시s8
6	6	강부영판사
7	7	박근혜
8	8	박병호 6호
9	9	강부영
10	10	삼성바이오로직스
11	11	박근혜 영장심사
12	12	무한도전
13	13	백남기
14	14	오상진 김소영
15	15	2017 서울모터쇼
16	16	jtbc
17	17	황정음
18	18	자유한국당
19	19	자체발광 오피스
20	20	엔화환율

[그림 2-124] 파워쿼리를 통해 추출된 네이버 실시간 검색어

참고로 Feed43을 통해 만들어준 RSS 피드는 무료버전인 경우 6시간 이후에 재발행(업데이트)된다. 따라서 엑셀에서 해당 쿼리를 업데이트 해도 네이버에서 업데이트되는 것과 같이 자료가 업데이트되지는 않는다. 이를 업데이트하고자 하는 경우에는 피드 주소 발행 시 확인한 업데이트 전용 주소로 접속해 원 데이터를 먼저 업데이트해 줘야 한다. 사이트상에서 Reload, Extract, Preview 버튼을 모두 한 번씩 눌러 주면 된다. 이러한 과정 없이 수시로 업데이트되는 주소를 만들려면 유료 버전의 Feed43을 사용하면 된다.

2.3.5 API를 통한 웹 데이터 수집

오픈 API 기초

API(application programming interface)는 특정 응용 프로그램에서 사용할 수 있도록 운영 체제나 프로그래밍 언어가 제공하는, 기능을 제어할 수 있게 만든 인터페이스를 뜻한다.[25] 홈페이지에서 일방적으로 제공하는 웹 UI를 통한 정보제공(검색)에서 한 단계 더 나아가 해당 정보의 검색 결과를 데이터로 받아 필요한 곳에서 원하는 형태로 개발 및 활용 가능하도록 제공하는 서비스이다. 조금 더 쉽게 설명하자면 하나의 응용 프로그램이 가지고 있는 데이터나 기능을 다른 프로그램에서(또는 사용자가) 사용할 수 있도록 이를 요청하는 통로라고 이야기할 수 있다.

보통 API는 소규모 웹 애플리케이션 개발에 많이 사용되는데, 이는 이미 축적된 데이터를 중복해서 수집하거나 다른 프로그램에서 구현된 기능을 중복으로 개발해 자원을 낭비하지 않도록 하기 위해서다. 최근에는 네이버나 구글 등의 인터넷 사업자뿐만 아니라 정부나 지방자치단체들도 여러 이용자들이 데이터를 효율적으로 이용하게 하려고 API를 통해 적극적으로 축적된 데이터를 공개하고 있다. 이러한 API는 누구나 사용법만 알면 원하는 기능 또는 데이터 소스를 내려받아 손쉽게 활용할 수 있다. 이렇게 API 형태로 공개된 데이터를 개방형 응용 프로그래밍 인터페이스(Open API), 즉 '오픈 API'라고 한다.

오픈 API는 기본적으로 사용하고자 하는 프로그램으로부터 인증 키를 발급받아야 사용할 수 있다. API 자체가 여러 불특정 사용자로부터 사용 요청을 받는 통로이기에 인증 키를 통해 승인된 사용자를 구분하는 것이 필요하기 때문이다. 요청을 받은 사업자는 보통 시스템에 부하를 줄이고 자원을 효율적으로 관리하기 위해 인증 키를 제한적으로 발급한다.

---

25 https://ko.wikipedia.org/wiki/API

오픈 API를 통해 공공 데이터 가져오기

이번 장에서는 엑셀 파워쿼리를 통해 공공 데이터 포털(https://www.data.go.kr/)에서 제공하는 API 기반 주식 정보를 수집하고 이를 분석 가능한 형태로 전환하는 방법에 대해서 알아 보도록 하겠다.

엑셀 파워쿼리를 통해 Open API 데이터를 수집하는 방법은 다음과 같이 크게 세 단계로 나누어 볼 수 있다.

- 1단계: 인증키 발급 받기

- 2단계: 조회 변수 함수화

- 3단계: 조회 변수 테이블을 작성해 정보를 요청(쿼리 실행)

참고로 조회 변수 입력이 따로 필요하지 않은 API 요청은 1단계 인증키 발급 후 바로 쿼리 실행을 통해 데이터를 불러올 수 있다.

≪공공데이터포털≫ 사이트에 접속하면 여러 분야의 데이터베이스가 파일 또는 API 형태로 제공되는 것을 확인할 수 있다. '오픈 API'를 선택해 목록으로 이동한다.

[그림 2-125] 공공 데이터 포털

목록 검색을 통해 '한국예탁결제원_주식정보서비스'를 선택한다. 데이터셋(data set)을 확인
했으면 우선 인증키 발급을 신청해야 한다.

[그림 2-126] 공공데이터 주식정보서비스

인증키 요청

인증키 신청은 그림과 같이 [활용신청]→[개발계정 신청] 화면에서 아래 정보(시스템 유형,
활용목적, 라이선스표시)를 입력한 후 확인을 클릭하면 된다.

[그림 2-127] 주식정보서비스 활용신청

> **시스템유형 선택** ?

★ **시스템 유형**	◉ 일반 ○ 서버 구축
	* 일반 : OpenAPI 서비스를 호출하여 응답받은 결과값을 서버에 저장하지 않고 사용할 경우 (서버 미구축)
	* 서버 구축 : OpenAPI 서비스를 호출하여 응답받은 결과값을 서버에 저장하거나 DB화 하여 사용할 경우

> **안내**

★ **위치기반서비스** **사업자 확인**	공공데이터중 **위치정보**를 포함한 서비스를 사용하고자 하는 사업자는 **'위치정보의 보호 및 이용 등에 관한 법률'**에 따라 방송통신위원회에 **'위치정보서비스 허가'**를 받거나 **'위치기반 서비스사업 신고'**를 하여야 합니다. 이에 해당하는 사업자인 경우에는 첨부파일에 **'위치기반서비스사업신고필증'**을 첨부해 주시기 바랍니다. 활용신청 시 **'위치기반서비스사업신고필증'**이 등록되지 않으면 반려가 될 수 있으니 참고 하시기 바랍니다.

> **활용정보**

★ **활용목적**	◉ 웹 사이트 개발 ○ 앱개발 (모바일,솔루션등) ○ 기타 ○ 참고자료 ○ 연구(논문 등)
첨부파일	※파일 첨부시 팝업차단 기능이 해제되어야 합니다. [ ] [추가] [삭제] 한 개의 파일만 첨부 할 수 있습니다.

> **상세기능정보** 필수 입력 정보입니다.   *자동승인 상세기능은 신청과 동시에 활용 가능합니다.

☐	상세기능	설명	일일 트래픽

> **라이센스표시**

이용허락범위	☑ 동의합니다

[그림 2-128] 주식정보서비스 오픈 API 활용 신청을 위한 정보 입력

인증키 발급은 보통 하루 정도 걸리는데, 데이터셋에 따라서 자동으로 승인되는 경우도 있다. 그러나 자동으로 승인된 키 값의 경우도 시스템에 정상적으로 반영되기 위해서는 하루 정도의 시간이 필요하다. 발급 확인은 화면 상단의 '마이 페이지'를 클릭하면 된다.

[그림 2-129] 인증키 발급 확인

인증키 발급현황에서 요청한 정보를 클릭하면 해당 정보의 상세보기 화면을 통해 발급된 인
증키 및 기술문서 등을 확인할 수 있다.

[그림 2-130] 계발계정 상세 확인

인증 키를 발급받았으면 이제 이를 통해 원하는 데이터를 시스템에 요청할 수 있다. 요청 URL은 요청 데이터별로 달라지는데, 기술 문서[26]에 요청 유형별로 자세히 기술되어 있다.

아래는 일반적인 API 정보 요청 형태이다. 요청 URL은 보통 발행회사 기본 정보조회 URL + 승인키 + 요청변수로 구성된다.

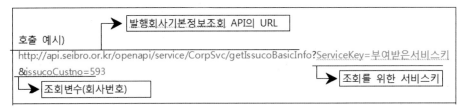

[그림 2-131] 기술문서에서 확인한 발행회사 기본조회정보 API의 URL

참고로 조회 변수는 요청된 데이터를 불러올 때 필터링 역할을 하는 값으로 필수로 입력해야 하는 값과 조건에 따라서 입력할 수 있는 값으로 나뉜다. 전체 데이터를 불러오기 원하는 경우에는 필수 값을 제외한 변수들은 생략하면 된다.

승인 키를 받았으면 승인을 받은 키가 유효하고 서버가 제대로 동작하고 있는지 테스트해 볼 수 있다. 웹 브라우저 주소 창에 키 값을 포함한 위 URL을 입력했을 때 그림 2-132와 같이 정보가 출력된다면 문제가 없는 것이다. 문제가 있는 경우에는 데이터가 출력되는 대신 에러 코드가 출력된다.

---

26 기술 문서는 요청변수와 데이터 헤더 값에 대해서 자세한 설명을 제공해주는 문서로 계발 개정 상세보기 화면에서 내려받을 수 있다.

[그림 2-132] XML 형태의 API 데이터

위 데이터를 엑셀의 테이블 형태로 받아 오기 위해서는 엑셀 파워쿼리에서 [외부 데이터 가져오기]→[웹에서]를 선택해 키 값과 조회 변수를 포함하는 전체 URL을 입력하면 된다.

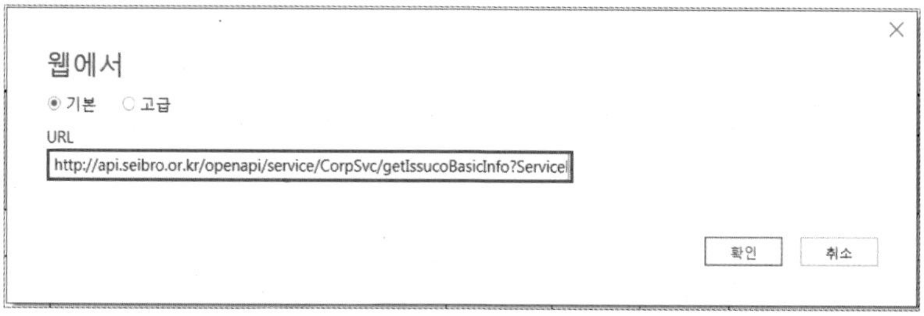

[그림 2-133] 파워쿼리의 오픈 API URL 입력

'확인'을 클릭하면 그림 2-134와 같이 XML 데이터 형식으로 출력된 데이터를 테이블 형태로 불러올 수 있다.

[그림 2-134] 파워쿼리를 통해 불러온 API 데이터

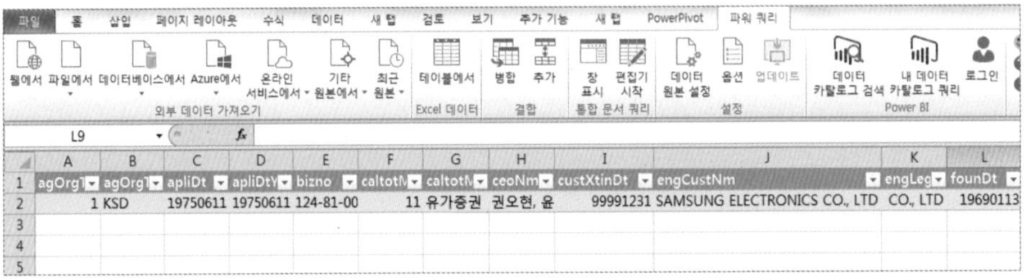

[그림 2-135] 삼성전자 유가증권 정보

조회 변수 함수화

그런데 사실 우리가 원했던 데이터는 삼성전자 하나만의 정보가 아닌 여러 회사의 기본 정보들이다. 문제는 위 호출 URL의 요청 변수가 필수 값으로 설정되어 있어서 이를 생략해서 전체 데이터를 불러올 수 없다는 것이다 이를 해결하기 위해서는 요청 변수 값(회사 번호)을 새로운 테이블로 만들고 데이터 요청 쿼리를 함수로 만들어 데이터를 요청할 때 회사 번호 테이블에 있는 값들을 참조하게 하는 방법으로 원하는 회사의 자료를 불러와야 한다.

우선 앞서 작업했던 데이터 요청 쿼리를 함수로 만든다. 쿼리는 고급편집기를 통해 함수화할 수 있다. 쿼리를 함수로 만들기 위해서는 정확한 M 코드를 알아야 하는데, 이는 고급 편집기를 클릭하면 확인할 수 있다.

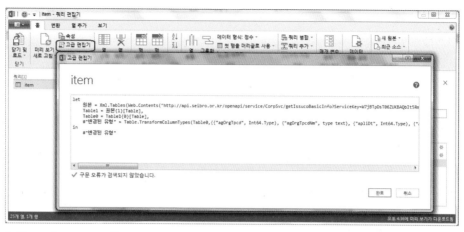

[그림 2-136] Open API 호출 M 코드

쿼리 작업의 M 코드를 확인했으면 이제 이를 함수로 만들어 주면 된다. 쿼리 편집기에서 [새 원본]→[기타 원본]→[빈 쿼리]를 선택해서 새 쿼리의 이름을 'CompanyInfo'로 지정하고 [홈]탭 →[고급 편집기]를 클릭해 위에서 확인한 M 코드를 다음과 같이 변형해 입력한다.

```
let CompanyInfo = (CustoNo as text) =>
let
  원본=Xml.Tables(Web.Contents("http://api.seibro.or.kr/openapi/service/CorpSvc/getIssu-
coBasicInfo?ServiceKey=승인키&issucoCustno= " & CustoNo & " "))
in
원본
in CompanyInfo
```

[그림 2-137] 함수화 M 코드 입력

위 코드는 기존에 입력되어 있던 필수 조회 변수 593(삼성전자 조회코드) 대신 'CustoNo'라는 매개변수를 조회 변수로 입력 받아 쿼리를 실행할 수 있도록 하는 코드이다. 참고로 원본 M 코드의 세 번째 줄 Table ~ 이후의 코드는 해당 쿼리를 상세 테이블로 만들어 주는 코드인데, 불러온 정보가 상세 테이블로 변환이 안 되는 경우 오류(Error)가 날 수 있기 때문에 삭제 한다.

구문에 오류가 없다면 위 코드는 '=>' 함수로 변환하게 하는 명령어 값에 의해 다음과 같이 'CustoNo'를 사용자 입력 값으로 하는 쿼리 함수를 만든다. 마지막으로 쿼리설정에서 이름을 코드에 입력한 함수 이름과 동일하게 CompanyInfo로 설정하면 된다. 완성된 함수는 필수 조회 변수를 사용자로부터 입력 받아 해당하는 데이터 값을 불러오는 기능을 갖는다. 아래 함수에서 매개변수 입력 칸에 593 (삼성전자 조회코드)을 입력하면 처음과 동일한 테이블을 불러와 준다.

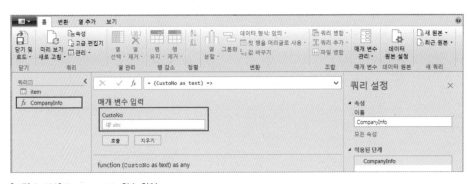

[그림 2-138] CompanyInfo 함수 확인

조회 변수 테이블을 작성해 정보 요청

그런데 위 함수의 단점은 조회 변수를 하나 밖에 입력하지 못 한다는 것이다. 때문에 동시에 여러 회사의 정보를 불러와야 하는 경우 위 코드를 사용하는 것은 비효율적이다.

이때는 필수 값인 조회 변수를 동시에 입력할 수 있도록 조회 변수를 담고 있는 테이블을 만들어 이를 함수의 매개변수 값으로 인식하면 된다. .

조회 변수 테이블은 오픈 API 정보를 활용해 만들어 주면 된다. 다음 URL은 검색어 '삼성'이 포함되는 모든 발행회사 번호를 불러올 수 있는 URL이다.

> http://api.seibro.or.kr/openapi/service/CorpSvc/getIssucoCustnoByNm?issucoNm=삼성&numOfRows=200&ServiceKey=부여받은서비스키

위 주소는 기술문서 또는 API 상세 정보에서 확인할 수 있다.

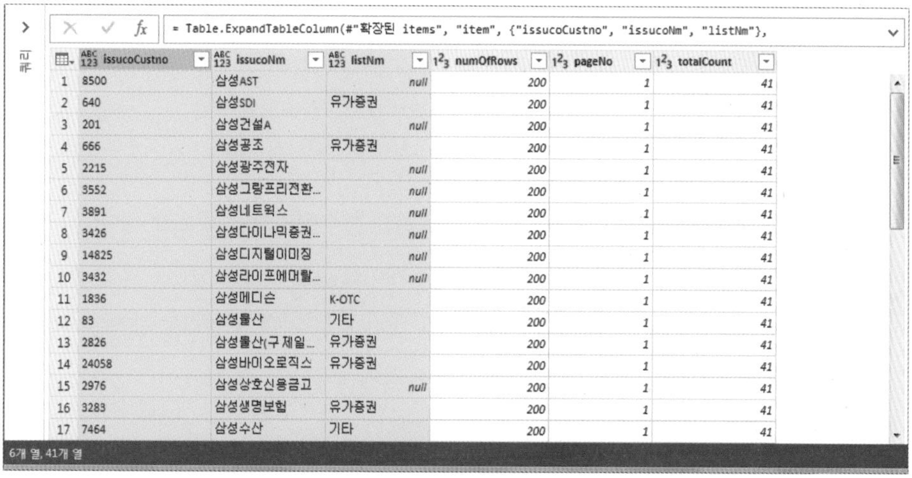

	issucoCustno	issucoNm	listNm	numOfRows	pageNo	totalCount
1	8500	삼성AST	null	200	1	41
2	640	삼성SDI	유가증권	200	1	41
3	201	삼성건설A	null	200	1	41
4	666	삼성공조	유가증권	200	1	41
5	2215	삼성광주전자	null	200	1	41
6	3552	삼성그랑프리전환...	null	200	1	41
7	3891	삼성네트웍스	null	200	1	41
8	3426	삼성다이나믹증권...	null	200	1	41
9	14825	삼성디지털이미징	null	200	1	41
10	3432	삼성라이프에머랄...	null	200	1	41
11	1836	삼성메디슨	K-OTC	200	1	41
12	83	삼성물산	기타	200	1	41
13	2826	삼성물산(구 제일...	유가증권	200	1	41
14	24058	삼성바이오로직스	유가증권	200	1	41
15	2976	삼성상호신용금고	null	200	1	41
16	3283	삼성생명보험	유가증권	200	1	41
17	7464	삼성수산	기타	200	1	41

[그림 2-139] API를 통해 불러온 모든 삼성 계열사의 발행회사 번호

이 중 우리가 필요한 것은 조회 변수로 사용할 'issucoCustno' 열이므로 나머지 열은 삭제하고 해당 열만 남겨 놓는다. 또한 함수 식의 인수 값을 텍스트(text) 형식으로 지정했으므로 issucoCustno 열의 데이터 형식도 텍스트로 변경해 준다.

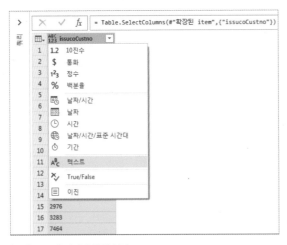

[그림 2-140] 데이터 형식 설정

조회 변수 테이블이 만들어졌다면 이제 이를 앞서 만든 함수의 인수로 입력해 해당하는 데이터를 불러오면 된다. '저장 및 닫기'를 선택해서 위 테이블을 엑셀 워크시트로 옮긴 후, 처음 만든 함수가 포함되어 있는 워크시트를 열어 이를 복사해 붙여 넣고 쿼리로 불러온다. 그럼 위와 같이 처음 만든 함수와 쿼리를 같은 쿼리 편집 창에서 수정할 수 있다.

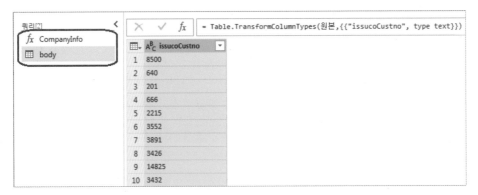

[그림 2-141] API 요청 변수의 테이블화

이제 [열 추가]→[사용자 지정 열 추가]를 선택하고 다음과 같이 요청 변수 테이블에 새로운 열 값이 함수의 결과로 채워질 수 있게 수식을 입력해 준다.

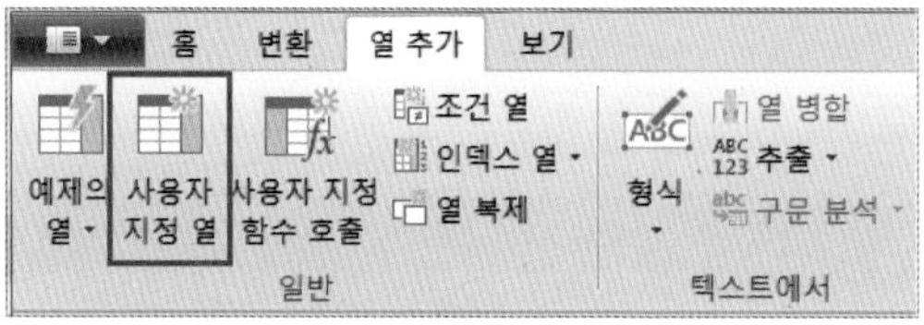

[그림 2-142] 사용자 지정 열 추가

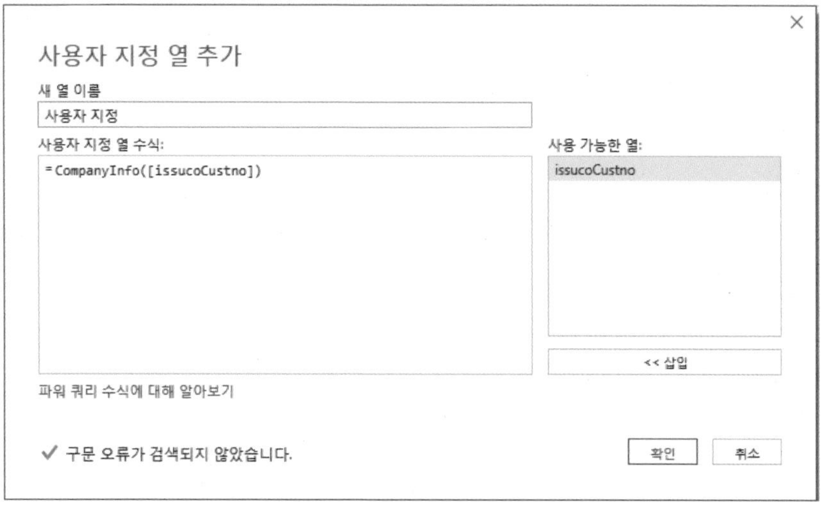

[그림 2-143] 사용자 지정 열 추가 옵션 상자

'확인'을 클릭하면 데이터가 로드되기 전에 다음과 같이 개인정보 수준을 설정할 수 있는 팝업 창이 나타난다. 여기서 문서의 보안을 설정할 수 있는데, '개인'을 선택했을 때는 보안 문제 때문에 데이터가 로드되지 않는 경우도 있으니 매우 민감하지 않은 데이터의 경우는 '공용'을 선택해서 일반적으로 활용할 수 있는 문서를 만들어야 한다.

'저장'을 클릭하면 다음과 같이 '사용자 시성' 열에 회사 정보가 담긴 테이블이 로드된 것을 확인할 수 있다.

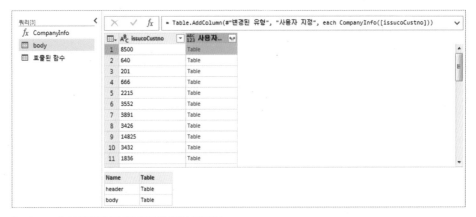

[그림 2-144] API를 통해 불러온 발행 회사별 상세 정보

그런데 이를 확장해 보면 우리가 필요로 하는 정보인 body 테이블과, 필요하지 않은
header 테이블과, null 값이 같이 있는 것을 확인할 수 있다. 이는 어떤 데이터의 경우 모든
필드의 변수 값이 입력되지 않아서 나타나는 현상인데, 다음과 같이 body만 선택해서 필터
링하면 손쉽게 이러한 문제를 해결할 수 있다.

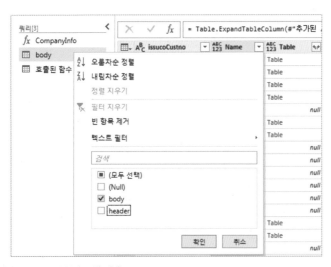

[그림 2-145] 불필요 행 제거

이후 한 번 더 테이블을 확장하면 다음과 같이 최종 데이터를 로드할 수 있다. 아래의 여러
정보 중에서 필요한 열을 편집한 후 '닫기 및 저장'을 클릭해서 엑셀 워크시트로 불러오면 더
수월하게 데이터 작업을 할 수 있다.

[그림 2-146] API를 통한 회사별 데이터 추출 결과

 Open API를 통해 불러온 데이터의 헤더 값은 기술문서를 통해서 상세 내역을 확인할 수 있다. 참고로 아래 테이블은 위 예에서 사용한 오픈 API인 'getIssucoBasicInfo'의 오퍼레이션 출력 값 변수에 대한 설명을 기술문서에서 가져온 것이다.

순번	변수명	변수설명	비고
1	agOrgTpcd	대행기관구분코드	2번 대행기관명 참조
2	agOrgTpcdNm	대행기관명	
3	apliDt	상장일	
4	apliDtY	예탁지정일	
5	bizno	사업자번호	
6	caltotMartTpcd	시장구분코드	7번 시장구분명 참조
7	caltotMartTpcdNm	시장구분명	
8	ceoNm	CEO명	
9	custXtinDt	회사소멸일	
10	engCustNm	영문회사명	
11	engLegFormNm	법인형태구분영문명	
12	founDt	설립일	
13	homepAddr	홈페이지주소	
14	issucoCustno	발행회사번호	기업정보서비스 또는 17번 참조
15	pval	액면가	(원)

순번	변수명	변수설명	비고
16	pvalStkqty	수권자본금	(백만원)
17	repSecnNm	발행회사명	
18	rostCloseTerm	명부폐쇄기간	
19	rostCloseTermTpcd	명부폐쇄기간구분코드	
20	rostCloseTermUnitCd	명부폐쇄기간단위구분코드	21번 명부폐쇄기간단위구분명 참조
21	rostCloseTermUnitNm	명부폐쇄기간단위구분명	
22	rostCloseTerms	명부폐쇄기간수	
23	setaccMmdd	결산월	
24	shotnlsin	단축코드	
25	totalStkCnt	총발행주식수	3자리 콤마구분 및 단위포함

데이터를 활용하고자 할 때 변수 설명에 대한 이해는 반드시 필요하므로 최종 자료를 만들 때는 위의 헤더 값을 모두 상세 설명으로 바꿔 주는 것이 좋다. 그래야 향후 데이터 값을 해석하거나 추가 분석을 하고자 하는 경우 변수 값에 대한 충분한 이해를 바탕으로 자료를 만들 수 있다.

데이터 분석에 있어서 Open API를 통한 데이터 확보는 점점 더 중요성이 커지고 있다. 네이버나 구글과 같은 인터넷 사업자들과 정부는 개인이나 일반 조직이 확보할 수 없는 많은 데이터들을 수집하고 저장할 수 있기 때문에 이들이 제공하는 자료들은 활용도가 매우 높다. 또한 사물인터넷이 보급되면서 앞으로는 이를 통해 수집되는 모든 데이터가 일반 파일보다는 API를 통해 제공될 가능성이 있기 때문에 이를 잘 활용하기 위해서는 API를 통한 데이터 확보 방법을 잘 숙지하는 것이 필요하다.

2.3 데이터 쿼리와 언피벗팅

2.3.1 쿼리와 엑셀 고급 필터링

쿼리에 대한 이해

앞서 설명했듯이 쿼리는 원본데이터로부터 분석에 필요한 데이터를 얻는 과정이다. 쿼리를 통해 정확한 분석 대상을 구분하고 데이터의 크기를 줄이는 과정은 효과적인 분석을 위해 꼭 필요한 작업이다. 대용량 데이터 베이스의 쿼리 작업은 일반적으로 SQL 문을 이용하는 것이 보통이지만 파일 데이터의 경우 엑셀 파워쿼리나 엑셀 자체 기능을 통해서도 필요에 맞는 데이터 쿼리를 실행할 수 있다.

엑셀 고급 필터링

엑셀에서의 쿼리 작업은 고급필터 기능을 활용해 실행할 수 있다. 고급 필터링이 일반 필터링 기능과 다른 점은 일반 필터링의 경우 현재의 테이블 위에서 숨김 기능을 통해 원하는 레코드(행 값)만을 보여주는 데 반해 고급 필터링은 SQL의 쿼리 문과 같이 필터링을 통해 새로운 테이블을 만들어 준다는 것이다.

쉬운 예를 들어 보자. 예제로 사용할 데이터는 '서울특별시 종로구에 위치한 무료 무선인터넷 정보' 테이블이다.[27] 아래 테이블에서 대학로에서 사용할 수 있는 무선 인터넷 관련 데이터만 쿼리해 보자. 데이터를 불러오기 위해서는 먼저 쿼리를 통해 질문을 보낼 열(변수)을 선택해야 한다. 아래에서는 '설치장소명' 열(변수)이나 '소재지도로명주소' 열(변수) 둘 중 하나를 선택하면 된다.

---

[27] 원본 데이터는 공공데이터 포털 사이트(https://www.data.go.kr/)에서 내려받았다.

설치장소명	설치장소상세	설치시설구분	서비스제공사	와이파이SSID	소재지도로명주소	위도	경도
광화문	세종문화회관 01-126정류장 교통시설	KT	SEOUL WiFi	서울특별시 종로구 세종문화회관	37.57267	126.9765
광화문	세종문화회관 01-559정류장 교통시설	KT	SEOUL WiFi	서울특별시 종로구 세종문화회관	37.57246	126.9765
광화문	세종문화회관(추가) 01-272?교통시설	KT	SEOUL WiFi	서울특별시 종로구 세종문화회관	37.57366	126.9765
광화문	kt 광화문지사 01-118정류장 교통시설	KT	SEOUL WiFi	서울특별시 종로구 kt 광화문지사	37.57239	126.9773
광화문	kt 광화문지사 01-599정류장 교통시설	KT	SEOUL WiFi	서울특별시 종로구 kt 광화문지사	37.57198	126.9774
혜화역	혜화역.마로니에공원 01-220교통시설	KT	SEOUL WiFi	서울특별시 종로구 혜화역.마로니	37.58116	127.0023
혜화역	혜화역.서울대병원입구 01-2교통시설	KT	SEOUL WiFi	서울특별시 종로구 혜화역.서울ㄷ	37.58109	127.0019
혜화역	혜화역.서울연극센터 01-228교통시설	KT	SEOUL WiFi	서울특별시 종로구 혜화역.서울연	37.58452	127.0013

[그림 2-147] 종로구 무료 와이파이 정보 데이터

고급 필터링의 사용법은 먼저 원본 데이터를 선택하고 [데이터] 탭 →[고급]을 클릭하면 된다
(마우스 커서가 해당 데이터 위에 있으면 자동으로 해당 테이블을 원본으로 설정해 준다. 해
당 테이블에 이름을 지정하면 조금 더 쉽게 원본 데이터를 선택할 수 있다).

[그림 2-148] 고급 필터링 사용하기

그림 2-149와 같이 고급 필터링 대화 상자가 표시되면 추가로 조건범위와 새로운 테이블을
표시할 위치를 선택해야 한다(전체 데이터에서 새로운 테이블을 만드는 대신 단순히 이를 필
터링해서 보기만을 원한다면 '현재 위치에 필터'를 선택하면 된다).

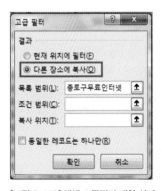

[그림 2-149] 엑셀 고급필터 대화 상자

조건 범위는 조건을 지정할 열의 헤더와 같은 명칭의 헤더를 가진 테이블을 만들어 원하는 조건을 입력해 주고 이를 범위로 선택하면 된다. 예를 들어 '소재지도로명주소' 열에서 '대학로'라는 주소가 들어간 레코드(행)을 추출하고 싶다면 다음과 같이 테이블을 만들어서 이를 조건 범위로 선택하면 된다.

소재지도로명주소
*대학로

고급필터의 조건은 또한 필터링의 OR와 AND 기능 역시 지원한다. '소재지도로명주소'에 '대학로'가 포함되면서 '설치장소상세'는 '마로니에공원' (AND 조건)이 있는 행을 추출하기 원한다면 다음과 같이 조건 범위를 만들면 된다.

소재지도로명주소	설치장소상세
*대학로	*마로니에공원

그리고 두 조건을 OR 로 연결하고 싶다면 열을 바꿔 입력하면 된다.

소재지도로명주소	설치장소상세
*대학로	
	*마로니에공원

같은 라인에 입력한 조건은 AND로써 연결되어 필터링 결과를 보여줄 때 조건으로 지정된 조건 모두를 만족하는 결괏값만 표시하며 다른 라인에 입력한 조건은 OR로 연결되어 관측값 중 '소재지도로명주소' 열에 '대학로'와 '설치장소상세'에 '마로니에공원'이 포함된 항목 값 모두를 보여준다.

와일드 카드 "*"

위 예에서 단어 앞에 붙은 '*'은 와일드 카드로 찾고자 하는 단어가 항목 값의 문장 어디에 위치해 있더라도 이를 찾아 주는 역할을 한다. 예를 들어 도로명 주소가 '대학로'로 시작하지 않는 '서울특별시 대학로 10번지'와 같은 항목 값을 '대학로'로 검색하기 위해서는 대학로 앞에 위치한 단어들을 지칭해 주는 *가 해당 단어 앞에 반드시 위치해 있어야 한다. 이는 '대학로'라는 단어가 항목 값에 포함되어 있을지라도 검색을 할 때는 제일 앞의 단어를 먼저 읽어 들여 참/거짓을 판단 하는 필터링의 특성 때문인데 이를 생략하면 '대학로'로 시작하는 항목값만 조회된다. 문자형 조건의 경우는 띄어쓰기도 하나의 문자로 취급하는 경우가 많기 때문에 조건 식 앞에 특별한 경우가 아니면 '*'를 넣어 주는 것이 좋다.

마지막으로 첫 번째 옵션 선택에서 '다른 장소에 복사'를 선택한 경우 결과 값을 표시할 위치를 선택해 '복사 위치'에 입력해 줘야 한다. 이때 전체 변수(열)의 값을 모두 불러오기 원한다면 원하는 위치의 빈 셀을 하나 지정하면 된다.

[그림 2-150] 전체 변수를 쿼리로 불러오는 엑셀 고급 필터

설치장소명	설치장소상세	설치시설구분	서비스제공사	와이파이SSID	소재지도로명주소	위도	경도
혜화역	혜화역,마로니에공원 01-220정류?	교통시설	KT	SEOUL WiFi	서울특별시 종로구 혜화역,마로니에공원	37.58116	127.0023
대학로1	공간어울 앞 방범CCTV	기타	LGU+	Seoul WiFi	서울특별시 종로구 대학로 120	37.5818	127.0021
대학로1	공간어울 앞 방범CCTV	기타	LGU+	Seoul WiFi	서울특별시 종로구 대학로 120	37.5818	127.0021
대학로1	서울연극센터앞 방범CCTV	기타	LGU+	Seoul WiFi	서울특별시 종로구 대학로 135	37.58336	127.0016
대학로2	마로니에공원 입구 방범CCTV	기타	LGU+	Seoul WiFi	서울특별시 종로구 대학로 104	37.57999	127.0024
대학로2	마로니에공원 입구 방범CCTV	기타	LGU+	Seoul WiFi	서울특별시 종로구 대학로 104	37.57999	127.0024
대학로2	아르코예술극장 인근	기타	LGU+	Seoul WiFi	서울특별시 종로구 대학로 104	37.58032	127.0028
대학로2	대학로8가길 129 아르코예술극장	기타	LGU+	Seoul WiFi	서울특별시 종로구 대학로8가길 129	37.58081	127.0033
대학로2	대학로8가길 129 아르코예술극장	기타	LGU+	Seoul WiFi	서울특별시 종로구 대학로8가길 129	37.58082	127.0033
대학로2	대학로 93 서울대병원 한충회관 외 기타		LGU+	Seoul WiFi	서울특별시 종로구 대학로 104	37.57968	127.002

[그림 2-151] 전체 변수를 쿼리로 불러오는 엑셀 고급 필터 결과 값

같은 조건으로 특정 변수(열)값만 추출하고 싶은 경우 해당 변수의 헤더를 입력하고 이를 '복사 위치'의 범위로 지정하면 해당 열의 결과 값 불러오는 쿼리가 실행된다.

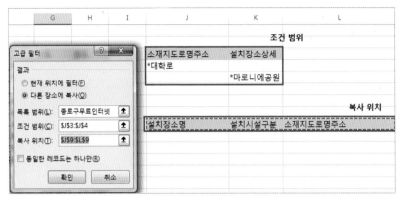

[그림 2-152] 특정 변수만 쿼리로 불러오는 엑셀 고급 필터

설치장소명	설치시설구분	소재지도로명주소
혜화역	교통시설	서울특별시 종로구 혜화역.마로니에공원
대학로1	기타	서울특별시 종로구 대학로 120
대학로1	기타	서울특별시 종로구 대학로 120
대학로1	기타	서울특별시 종로구 대학로 135
대학로2	기타	서울특별시 종로구 대학로 104
대학로2	기타	서울특별시 종로구 대학로 104
대학로2	기타	서울특별시 종로구 대학로 104
대학로2	기타	서울특별시 종로구 대학로8가길 129
대학로2	기타	서울특별시 종로구 대학로8가길 129
대학로2	기타	서울특별시 종로구 대학로 104

[그림 2-153] 특정 변수만 쿼리로 불러오는 엑셀 고급 필터 결과 값

2.3.2 기초 데이터 테이블화

데이터 분석의 절반 이상을 차지하는 '데이터 수집 및 정리'의 핵심은 데이터를 잘 정리된 테이블 형태로 만드는 것이다. 수집한 데이터를 테이블 형태로 만들기만 해도 이후의 분석 작업은 매우 수월해진다. 물론 다양한 형태로 저장되어 있는 데이터를 테이블로 바꾸는 작업은 쉬운 작업은 아니다. 하지만 분석을 떠나 우선 데이터를 바르게 이해하기 위해서라도 데이터를 테이블로 만드는 작업은 반드시 필요하다.

분할 표에 대한 이해

데이터를 접하다 보면 테이블 형태로 저장되어 있지 않은 많은 데이터를 만날 수 있다. 이러한 데이터들은 나름 그 목적을 가지고 만들어졌겠지만 (물론 작성자가 테이블에 대해서 잘 모른 채 데이터를 잘못 수집한 경우도 있다) 추가적인 데이터 분석을 위해서는 이를 테이블 형태로 바꿔 주어야 한다. 기본적으로 데이터를 테이블로 바꿔 주기 위해서는 데이터에서 변수가 어떻게 표현되고 있는지를 파악해야 한다. 몇 개의 예를 들어 보자.

거래처	㈜가나		㈜독일		㈜러시아	㈜일본	㈜중국	㈜호주	
제품	A	C	C	D	B	B	C	A	B
매입가	9,800	5,900	4,800	17,000	46,000	43,500	18,500	14,150	20,000

[그림 2-154] 분할 표

그림 2-154의 데이터는 구조화된 테이블이 아니다. 위와 같은 데이터 형태를 보통 분할 표 [28] 또는 다차원 테이블(엑셀의 피벗 테이블)이라고 부른다. 이러한 형태의 데이터는 특정 목적(예: (주)가나의 제품별 매입정보 파악 등)을 위해서는 유용할 수 있지만 추가적인 분석이나 쿼리작업에는 적합하지 않으며 새로운 정보를 추가하기도 쉽지 않다.

위 분할표를 살펴보면 헤더처럼 보이는 표의 첫 번째 행이 사실은 헤더가 아닌 한 변수의 관측값이라는 것을 알 수 있다. 헤더가 되기 위해서는 각 값들이 각 열의 관측값을 포함하는 개념이 되어야 하는데, '(주)가나', '(주)독일'은 제품 'A'나 '9,800'을 포함하는 개념이 아니기 때문에 이러한 기준을 만족시키지 못한다. 결국 변수는 그림 2-155에서 확인할 수 있듯이 '거래처', '제품', '매입가'이고 위 분할표는 관측값이 옆으로 붙어서 만들어진 데이터라는 것을 알 수 있다.

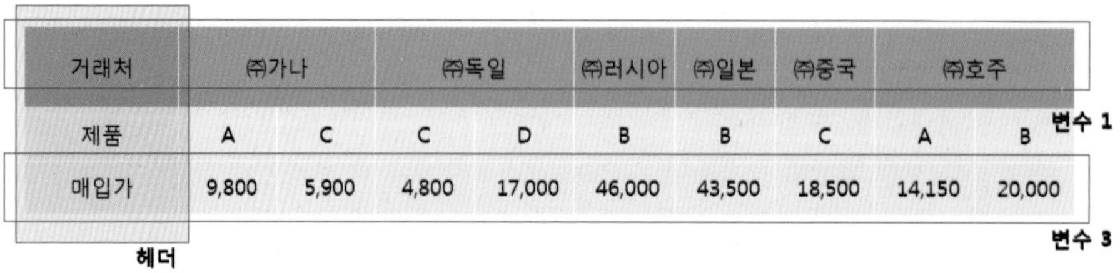

거래처	㈜가나		㈜독일		㈜러시아	㈜일본	㈜중국	㈜호주	
제품	A	C	C	D	B	B	C	A	B 변수 1
매입가	9,800	5,900	4,800	17,000	46,000	43,500	18,500	14,150	20,000

헤더   변수 3

[그림 2-155] 분할 표에서 변수 찾기

---

[28] 각 개체를 어떤 특성(예를 들면, 성별, 나이)에 따라 분류할 때에 얻어지는 자료 정리표이다. 두 가지 변수만으로 구성될 경우 이차원 분할표 혹은 이원분할표가 만들어지고, 여러 가지 변수로 구성될 경우 다차원 분할표가 만들어진다. 두 특성을 분류기준으로 이용할 때 어느 것을 행(row)으로, 어느 것을 열(column)로 정하느냐 하는 것은 자의적으로 정할 수 있다. 엑셀의 피벗 테이블과 같은 형태가 대표적인 분할표이다. [네이버 지식백과]

이를 테이블 형태로 바꾸기 위해서는 엑셀에서 '행/열' 바꾸기 기능을 이용하면 된다. 첫 열에 있는 값들이 곧 헤더이기 때문에 행/열 바꾸기 기능을 이용하면 이를 쉽게 테이블로 만들 수 있다.

다음과 같이 범위 복사 후 마우스 우 클릭 후에 [선택하여 붙여넣기]를 선택하고 그림 2-157과 같이 '선택하여 붙여넣기' 대화 상자가 나타나면 '행/열 바꿈'에 체크하고 확인을 클릭하면 된다.

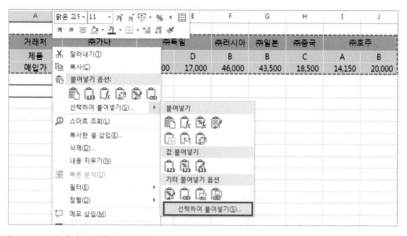

[그림 2-156] 데이터 선택해 붙여넣기

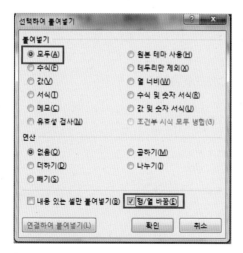

[그림 2-157] 선택해 붙여넣기 대화상자

그런데 이렇게 만들어진 표는 아직 완전히 테이블이라고 할 수 없다. '거래처' 열에 있는 관측 값들이 두 개의 셀이 합쳐진 형태로 되어있기 때문인데, 이를 수정하기 위해서는 해당 열의 셀을 나눠주고 그림 2-158과 같이 같이 하나의 셀에 하나의 변수 값이 입력되도록 하면 된다.

거래처	제품	매입가
㈜가나	A	9,800
㈜가나	C	5,900
㈜독일	C	4,800
㈜독일	D	17,000
㈜러시아	B	46,000
㈜일본	B	43,500
㈜중국	C	18,500
㈜호주	A	14,150
㈜호주	B	20,000

[그림 2-158] 테이블형태로 변형된 데이터

언피벗(Unpivot) 이해하기

이번에는 날짜 데이터가 추가된 다른 형식의 분할표를 테이블로 변경해 보자.

매입처	제품	1월	2월	3월	5월	7월
㈜가나	A	5,000	4,800			
	C				5,900	
㈜독일	C					4,800
	D	10,000	7,000			
㈜러시아	B	25,000		21,000		
㈜일본	B				22,000	21,500
㈜중국	C	7,500	5,000	6,000		
㈜호주	A			4,800	4,750	4,600
	B		20,000			

[그림 2-159] 날짜 데이터가 포함된 분할 표

위 데이터도 언뜻 보기에는 테이블처럼 보이지만 구조화된 테이블 형태의 데이터가 아니다. 테이블로 변경해 주기 위해 변수를 찾아보자.

매입처	제품	1월	2월	3월	5월	7월
㈜가나	A	5,000	4,800			
	C				5,900	
㈜독일	C					4,800
	D	10,000	7,000			
㈜러시아	B	25,000		21,000		
㈜일본	B				22,000	21,500
㈜중국	C	7,500	5,000	6,000		
㈜호주	A			4,800	4,750	4,600
	B		20,000			

[그림 2-160] 분할 표 상의 변수 확인

첫 번째 열의 '매입 처'와 두 번째 열의 '제품'은 각 값들이 헤더에 포함되는 것을 보았을 때 변수인 것을 확인할 수 있다. 그런데 '1월'부터는 조금 생각해 봐야 한다. 1월, 2월과 같이 날짜 속성의 값을 헤더로 갖는 열은 대부분의 경우 변수가 아니다. 날짜는 보통 관측값에 해당한다(그럼에도 불구하고 해당 열이 이 변수이고 1월이 헤더라면 관측값에는 1월을 구성하고 있는 날짜가 와야 한다. 예: 1월 1 일, 1월 2일). 위 데이터도 매입 거래가 일어난 월은 관측값에 해당한다. 해당 열이 변수라면 변수 값인 5,000과 10,000을 열의 헤더인 '1월'이 개념적으로 포함될 수 있어야 한다.

위 표에서는 헤더가 표시되지는 않았지만 월별 셀 값이 금액인 것을 미루어 보았을 때 '매입 금액'에 해당하는 변수 값이 각 월별로 표시되고 있다는 것을 알 수 있다. 즉, 위 데이터는 총 4개의 변수(매입처, 제품, 거래 월, 매입금액)를 가지고 있는 데이터인데, 이를 일부 열(거래 월, 매입금액)에 대해서만 분할 표 형식으로 만든 데이터라는 것을 확인할 수 있다.

이를 테이블 형식으로 변환하기 위해서는 이전과 같이 단순히 행/열 바꿈 기능이 아닌 다른 방법을 사용해야 한다. 이미 첫 번째 열과 두 번째 열은 일반적인 테이블 형태로 입력되어 있고 나머지 열만 분할 표 형태로 입력되어 있기 때문이다. 이렇게 변수의 값들이 다른 변수의 값을 기준으로(여기서는 월을 기준으로 매입금액이 표시됨) 표현되어 있는 경우, 즉 일부 변수 값만 분할 표 형식으로 나타나 있을 때에는 해당 열의 집계를 해제하면 테이블 형식의 데이터를 얻을 수 있다. 이를 위해서는 엑셀 '파워쿼리'의 '언피벗' 기능을 사용해야 한다.

엑셀 2016 기준으로 [데이터]탭 →[가져오기 및 변환]→[테이블에서]를 선택하고 원본 데이터를 직접 연결해 쿼리 편집기를 실행한다.

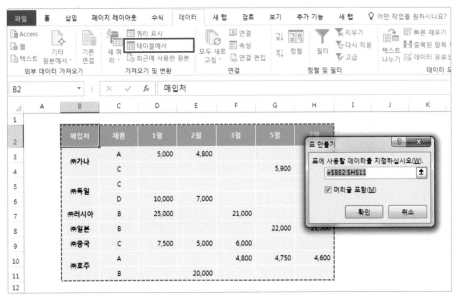

[그림 2-161] 엑셀 데이터 연결

엑셀 2010 및 2013이라면 [파워 쿼리] 메뉴 →[테이블에서]를 선택한다.

[그림 2-162] 엑셀 2010 및 2013 버전에서의 쿼리 에디터 실행

쿼리 편집기가 실행되면 분할 표 형식으로 되어 있는 열을 선택해 피벗 형태로 되어 있는 집계를 해제하면 된다. 우선 각 열의 null 값은 그대로 둔 채 1월부터 7월까지의 열을 선택한다. ('1월'을 마우스로 클릭한 후 시프트 키를 누르고 마지막 7월을 선택하면 모든 열을 선택할 수 있다.) 그리고 그림 2-163과 같이 5개 열이 선택되어 있는 상태에서 [변환] 탭 →[열 피벗 해제]를 클릭하면 해당 열의 집계를 해제할 수 있다.

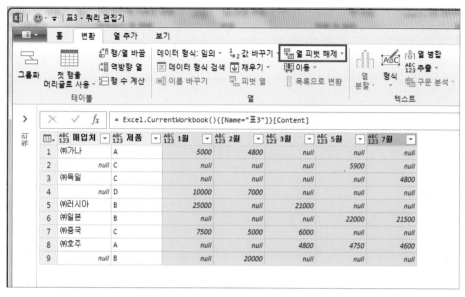

[그림 2-163] 쿼리 편집기 열 피벗 해제

	ABC 123 매입처	ABC 123 제품	ABC 특성	ABC 123 값
1	㈜가나	A	1월	5000
2	㈜가나	A	2월	4800
3	null	C	5월	5900
4	㈜독일	C	7월	4800
5	null	D	1월	10000
6	null	D	2월	7000
7	㈜러시아	B	1월	25000
8	㈜러시아	B	3월	21000
9	㈜일본	B	5월	22000
10	㈜일본	B	7월	21500
11	㈜중국	C	1월	7500
12	㈜중국	C	2월	5000
13	㈜중국	C	3월	6000
14	㈜호주	A	3월	4800
15	㈜호주	A	5월	4750
16	㈜호주	A	7월	4600
17	null	B	2월	20000

[그림 2-164] 열 피벗이 해제된 총 4개 변수로 구성된 테이블

그림 2-164에서 확인할 수 있듯이 주어진 데이터에서 피벗을 해제해 테이블 형태로 만들면 '월'과 매입 '값'의 변수 열을 확인할 수 있다. 그런데 열 이름이 '월'과 매입 '값'이 아니므로 열의 헤더를 클릭해 변경해 준다. (보통 피벗을 해제할 때 변수의 헤더가 처음 데이터에 나타나

있지 않은 경우 파워쿼리는 자동으로 가장 적절할 것 같은 이름을 표시한다.) 그리고 첫 번째 열의 null 값에 적절한 값을 입력해 주기 위해서 자동 채우기 기능을 사용해 각 null 값의 위쪽에 있는 데이터를 아래로 채워주면 최종 테이블이 완성된다.

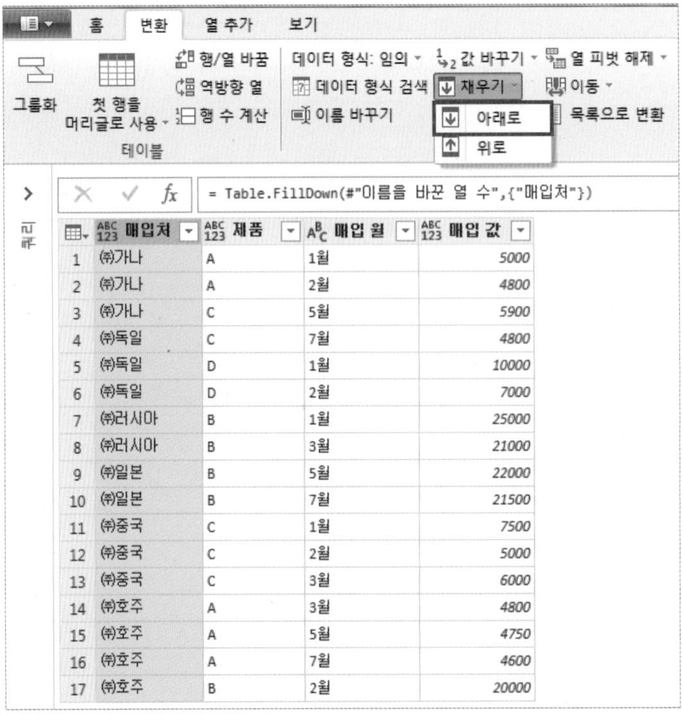

[그림 2-165] 완성된 최종 테이블

참고로 위 그림에서도 확인할 수 있듯이 테이블 형태로 데이터를 저장하면 분할 표 형식으로 나타낼 때와 비교해 null 값으로 입력되는 셀 값들을 줄일 수 있어 메모리 관리 면에서도 효과적이다.

이렇게 완성된 테이블은 [홈] 탭 →[닫기 및 로드]를 클릭해 엑셀로 내보내면 된다.

지금까지 예로 든 테이블화 작업들은 어떻게 보면 데이터 분석으로 보이기보다는, 기술적으로 데이터를 옮기거나 덧붙이는 등의 작업만 하므로, 특별한 의미가 없는 단순 작업으로 보일 수도 있다. 하지만 주어진 데이터를 구조화된 테이블로 만드는 작업은 데이터 분석 과정에 있어 첫 단계이며 전체 분석의 질을 좌우하는 매우 중요한 단계이다. 따라서 테이블화 작업들이 지루하게 느껴질지라도 되도록 많은 형태의 데이터를 직접 다뤄보면서 어떻게 하면 해당 데이터를 테이블 형태로 만들 수 있을지를 고민해 보아야 한다. 특히 요즘에는 구조화되지 않은 웹 데이터가 대량으로 생산되면서 해당 데이터를 구조화해(테이블화) 분석에 활용할 수 있는지가 데이터 분석의 질을 크게 좌우하는 상황이기에 이러한 작업을 여러 번 반복해 익히는 것이 필요하다.

2.4 정리

양질의 데이터를 확보하는 일은 매우 중요한 작업이다. 분석 모델이 아무리 훌륭해도 적절히 가공된 데이터가 없다면 좋은 분석 결과를 만들 수 없기 때문이다. 그런데 양질의 데이터를 확보하고 이를 적절히 가공하는 작업(정형화)은 생각보다 어렵다. 더욱이 요즘에는 내부의 가공된 데이터뿐만 아니라 SNS를 비롯한 여러 외부의 비정형 데이터들이 늘어나면서 데이터를 확보해 적절히 정형화하는 것이 더욱 어려운 작업이 되었다. 하지만 이를 달리 표현하면 양질의 데이터만 확보할 수 있으면 누구나 훌륭한 데이터 분석을 할 수 있다는 의미가 된다. 굳이 머신러닝이나 파이썬을 알지 못해도 여러 소스로부터 유용한 자료를 적절히 수집해 정형화할 수만 있으면 이를 통해 훌륭한 분석 결과를 만들 수 있는 것이다.

2장에서 배운 내용은 어쩌면 반복적이고 지루할 수 있는 내용이다. 하지만 앞서 언급했듯이 효과적인 데이터 분석을 위해서는 양질의 데이터를 확보하는 것은 무엇보다도 중요한 작업이다. 따라서 비록 지루한 작업일지라도 본문에서 다룬 비정형 데이터를 수집하고 가공하는 일련의 과정들은 반복적으로 실행해 보고 익혀야 한다. 그래야 넘쳐나는 데이터 속에서 목적에 맞는 적절한 데이터를 확보하고 효과적인 분석 결과를 만들 수 있다.

좋은 요리를 만들려면 무엇보다 먼저 좋은 재료가 필요하듯이, 좋은 데이터 분석을 위해서는 그 분석 목적에 맞는 양질의 데이터가 필요하다. 때문에 테이블을 잘 이해하고 여러 복잡한 데이터 원본에서 분석에 꼭 맞는 데이터(테이블)를 확보하는 작업은 전체 데이터 분석 과정에 꼭 필요한 부분이다.

02부

실전 데이터 분석

데이터 분석의 핵심은 데이터를 효과적으로 이해하기 위한 모델을 만들어 가는 과정이라고 할 수 있다. 분석 모델[1]이라고 하면 왠지 거창하게 들리지 모르지만 사실 몇몇 복잡한 머신러닝 알고리즘을 제외하면 대부분 쉽게 이해할 수 있는 것들이다. 데이터 작업에 빈번하게 사용되는 엑셀의 피벗 테이블이나 시각화에 사용되는 여러 차트들이 이러한 모델에 해당한다.

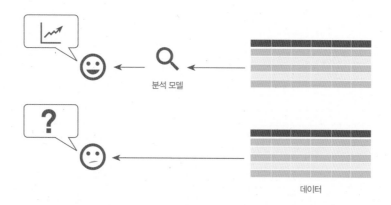

분석 모델

데이터

2부에서는 이러한 데이터 분석 모델을 통해 데이터가 말하고자 하는 것들을 더욱 효과적으로 이해하는 방법들에 대해서 배워보도록 하겠다. 우선 3장에서는 데이터를 바라보는 가장 기초적인 방법인 요약과 집계를 바탕으로 현황을 파악하고 변수들의 관계를 유추해 데이터를 예측할 수 있는 방법을 배운다. 그리고 기존의 데이터를 바탕으로 논리적인 구조를 만들어 특정 목표 값을 찾아내는 방법에 대해서도 다룬다. 이어서 4장에서는 복잡한 데이터를 직관적으로 이해할 수 있게 해 주는 데이터 시각화에 대해서 살펴보고 마지막으로 5장에서는 4차 산업의 핵심으로 떠오르고 있는 머신러닝 알고리즘을 이해하고 실제 이를 사례에 적용해 봄으로써 간단하게나마 데이터를 활용해 가치를 창출하는 방법에 대해 배워 보도록 하겠다.

2부의 전 과정은 1부와 마찬가지로 엑셀과 무료 엑셀 애드인 소프트웨어를 활용하는 방법을 중심으로 설명하도록 하겠다. 단, 머신러닝 개념의 경우 엑셀로만 다루기에는 한계가 있으므로 머신러닝 플랫폼 중 하나인 마이크로소프트 애저 머신러닝 모듈과 엑셀을 동시에 활용하였다.

---

1 데이터 분석 모델은 데이터를 바라보는 도구라고 생각하면 이해하기 쉬운데, 어두운 곳에서 복잡한 무엇인가를 바라볼 때 적외선 안경 등의 도구가 도움이 되듯이 좋은 분석 모델을 활용하면 데이터가 말하고자 하는 바를 더욱 효과적으로 이해할 수 있다.

03장

엑셀을 활용한
데이터 분석 기초

마이크로소프트 엑셀은 다른 데이터 관리 프로그램에 비해 사용하기 쉬우면서도 매우 강력한 데이터 분석 기능을 제공한다. 일반적으로 엑셀은 초급 수준의 분석만 가능하다고 생각되는 경향이 있지만 실제로는 상용 소프트웨어에서나 가능할 것 같은 여러 고급 수준의 데이터 분석 기능들을 구현할 수 있어 다양한 수준의 데이터 분석이 가능하다. 더욱이 최근에는 엑셀 기본 기능에 추가해 사용할 수 있는 다양한 기능의 애드인 및 확장 소프트웨어가 더해짐에 따라 대용량 데이터의 분석(파워피벗)과 고급 시각화(파워 비아이)까지도 엑셀 기반으로 구현할 수 있게 되었다. 그럼에도 불구하고 엑셀의 다양한 기능을 모두 사용하는 고급 사용자는 생각보다 드물다. 이는 엑셀이란 소프트웨어가 워낙 보편적이기 때문에 초급자들만 사용하는 소프트웨어라는 선입견이 있기 때문이다. 하지만 앞장에서도 언급했듯이 엑셀은 데이터과학자들이 가장 많이 사용하는 도구 중 하나로 고급 데이터 분석을 위한 많은 기능들을 가지고 있다. 따라서 일정 수준의 데이터 분석에서는 엑셀만 잘 활용해도 훌륭한 결과물을 만들 수 있다.

이번 장에서는 엑셀의 기본 데이터 분석 기능이라고 할 수 있는 피벗 테이블을 살펴보고 엑셀의 분석 및 해 찾기 기능을 활용해 고급 데이터 분석에 활용할 수 있는 여러 유용한 정보를 데이터로부터 얻는 방법을 배워 보도록 하겠다.

3.1 엑셀 피벗 테이블로 데이터를 요약하고 분석하기

피벗 테이블은 테이블 형태의 데이터를 원하는 형태로 요약하고 집계해 이해하기 쉽게 만들어 주는 기본적인 데이터 분석 도구이다. 엑셀의 핵심 기능 중 하나인 피벗 테이블은 테이블을 구성하는 각 변수를 행과 열에 자유롭게 배치해 다양한 관점에서 데이터를 바라볼 수 있게 해 준다.

3.1.1 피벗 테이블 기본 사용법

피벗 테이블 원본 설정

피벗 테이블을 만들기 위해서는 원본 데이터가 반드시 테이블 형태로 되어 있어야 한다. 테이블을 구성하고 있는 각 변수가 피벗 테이블을 구성하는 기본 요소가 되기 때문에 테이블이 아닌 형태의 자료는 피벗 테이블로 만들 수 없다.

엑셀 통합문서에서 [삽입]→[피벗 테이블]을 클릭하면 피벗 테이블의 원본을 설정하고 이를 워크시트에 삽입할 수 있다. 피벗 테이블의 원본은 작업 중인 엑셀 파일의 테이블뿐만 아니라 다른 파일에 저장되어 있는 테이블과 쿼리는 물론 기존에 설정된 연결 등을 모두 지정할 수 있다.

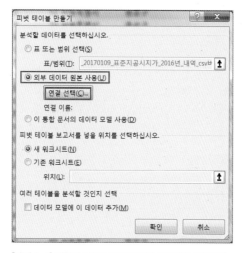

[그림 3-1] 외부데이터를 피벗 테이블 원본으로 설정하기

단순히 작업 중인 데이터를 원본으로 설정하는 경우에는 마우스 위치가 데이터 위에 위치해 있을 때 [삽입]→[피벗 테이블]을 클릭하면 된다. 그 외 작업 중인 파일에서 원본을 가져오는 것이 아닌 경우에는 그림 3-1과 같이 피벗 테이블 만들기 대화상자에서 [외부데이터 원본 사용]을 선택하고 [연결 선택]을 클릭해 다른 소스의 데이터를 원본으로 가져올 수 있다.

그림 3-2는 외부데이터 연결을 선택했을 때 가져올 수 있는 모든 데이터를 보여주는 대화상 자인데, 기존에 만들어 놓은 연결이나 쿼리가 없으면 자연스럽게 '이 통합 문서의 연결'만 선 택 가능 옵션으로 보여진다. 아래 예에서는 기존에 작성해 놓은 연결 파일이 함께 보여지는 것을 확인할 수 있다.

[그림 3-2] 피벗 테이블 외부 데이터 원본 소스 선택

피벗 테이블의 기본 원리

피벗 테이블의 원리는 알고 보면 간단하다. 원본 테이블을 구성하는 각 변수의 관측값을 가 지고 '행렬'을 만들어 준다고 생각하면 이해하기 쉽다. 이때 행 또는 열을 이루는 값은 고유한 데이터가 되기 때문에 변수 값에서 중복된 값이 있는 경우는 하나의 값으로 요약된다.

피벗 테이블을 삽입하면 원본 테이블의 각 변수가 '데이터 필드' 개체로 만들어져 이를 선택
해 행, 열, 값, 또는 필터에 위치시킬 수 있다. 보통 명목형 변수는 행과 열 또는 필터에 배치
하고 수치형 데이터는 값 영역에 위치시킨다.

예를 들어 다음과 같이 '입고 날짜', '상품 코드', '거래처', '보관창고', '개수'라는 5개 변수가
있는 테이블을 피벗 테이블로 만들면 그림 3-4와 같이 5개의 기본 개체가 만들어지는데, '데
이터 필드'에 위치한 해당 개체(변수)를 행, 열 또는 값 영역에 각기 배치하면, 해당 변수의
관측값들이 행렬 형태로 요약된 테이블을 만드는 것을 확인할 수 있다.

입고 날짜	상품코드	거래처	보관창고	개수
2017-01-01	A	가	일산	100,000
2017-01-02	A	가	일산	2,000
2017-01-03	B	가	일산	5,500
2017-01-04	C	나	일산	11,000
2017-01-05	D	다	서울	240,000
2017-01-06	E	라	부산	7,000

[그림 3-3] 재고관리 테이블

[그림 3-4] 피벗 테이블의 필드

이때 변수 값에서 중복되는 값은 하나로 요약되기 때문에 '보관 창고'를 행에 위치시켰다면
중복 값인 '일산'이 하나의 값으로 요약되어 총 3개 행으로 이루어진 테이블을 만들 수 있다.
마찬가지로 '거래처'를 행으로 선택했다면 중복 값인 '가' 행이 요약되어 4개 행으로 이루어진
테이블이 만들어진다. 그리고 이를 각각 행과 열에 배치하면 3 x 4 행렬로 이루어진 테이블
이 만들어진다.

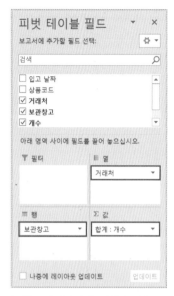

[그림 3-5] 피벗 테이블의 행렬 구성

합계 : 개수	열 레이블				
행 레이블	가	나	다	라	종합계
부산				7,000	7,000
서울			240,000		240,000
일산	107,500	11,000			118,500
종합계	107,500	11,000	240,000	7,000	365,500

[그림 3-6] 재고의 수량이 보관창고와 거래처로 요약된 피벗 테이블

3.1.2 피벗 테이블을 활용한 기본 데이터 분석

데이터 피벗팅 기초

본격적인 실습을 통해 피벗 테이블의 기능 및 효용을 살펴보도록 하겠다. 실습을 위한 기초 자료는 공공데이터 포털에서 내려받은 '2016년 표준 공시지가' 데이터를 사용했다. 원본 자료는 아래 링크에서 다운받을 수 있다. 참고로 해당 자료는 50만 개 행을 가지고 있는 데이터이고 엑셀 또는 CSV 파일로 내려받을 수 있다.

https://www.data.go.kr/dataset/15004246/fileData.do

우선 데이터를 확인해 보기 위해 앞장에서 학습한대로 엑셀 2016의 경우 [데이터 탭]→[데이터 가져오기]→[파일에서]→[텍스트/CSV]를 선택해 해당 데이터를 쿼리편집 모드로 불러온다. 엑셀 2010 또는 2013 파워쿼리의 경우 [파워쿼리 탭]→[파일에서]를 클릭하면 된다.

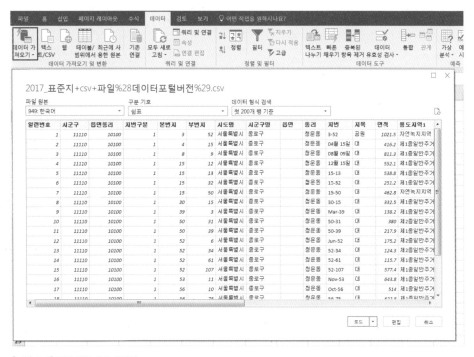

[그림 3-7] 표준 공시지가 데이터

정제되지 않은 데이터를 불러왔을 때 가장 먼저 해야 하는 작업은 데이터 오류 여부의 확인이다. 데이터를 쿼리편집기로 불러왔다면 쿼리편집기의 필터 기능을 통해 이상 값이나 널 (Null, 아무런 값도 입력되지 않은 셀) 값이 있는지 먼저 확인해야 한다.

널 값이 있나면 해당 행을 삭제해 주자. 사실 널 값은 다른 값으로 대체해도 되지만 분석의 편의상 중요한 데이터가 포함된 행이 아니라면 삭제해 주는 것이 좋다.

추가적인 오류가 없다면 각 변수(열)들의 데이터 형식을 지정해주고 '닫기 및 저장'을 클릭해 쿼리 편집 모드를 빠져 나오면 된다.

이전 장에서도 설명했듯이 쿼리 모드의 작업은 쿼리 기록 기에 모든 동작이 기록되므로 언제라도 동일한 작업을 해야 할 때 이를 재사용할 수 있다.

쿼리 편집 모드를 빠져 나오면 위 그림과 같이 해당 데이터가 엑셀 시트에 로드된 것을 볼 수 있다. (오른쪽 쿼리 문서 정보 창에서는 로드된 데이터의 기본 열에 대한 정보와 원본 위치 등의 메타 데이터를 확인할 수 있다.)

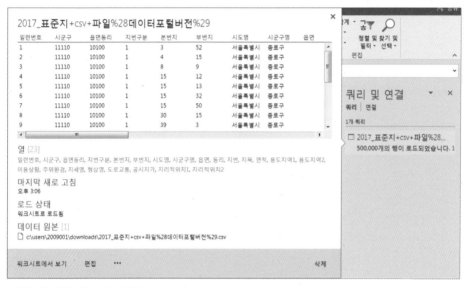

[그림 3-8] 쿼리의 메타 데이터 확인

데이터가 제대로 로드되었다면 이제 피벗 테이블 기능으로 데이터를 요약하고 분석할 수 있다. 엑셀의 [삽입] 탭→[피벗 테이블]을 클릭하면 피벗 테이블로 변경할 데이터 범위를 선택할 수 있는 창이 나오는데, 여기서 범위를 지정하면 해당 범위의 데이터를 피벗 테이블 보고서로 만들 수 있다. 참고로 피벗 테이블의 범위를 설정해 줄 때는 해당 테이블의 지정된 이름을 활용하면 더 쉽게 범위를 지정해 줄 수 있다.

이를 위해 예제에서는 표의 이름을 '공시지가'로 변경했다. 이름 변경은 표를 선택한 후 [수식]→[이름 정의]를 클릭해 원하는 이름을 설정하면 된다.

피벗 테이블은 기본적으로 원본 테이블의 각 열(변수)을 하나의 개체로 인식한다. 개체로 인식된 열은 피벗 테이블의 필드 선택 창에 나타난다. 변수(열) 값이 범주형 데이터라면, 이를 피벗 테이블의 열 또는 행에 배치해 분류 기준으로 사용하거나 필터 값으로 불러와 전체 보고서의 필터링 기준으로 활용할 수 있고, 수치형인 경우에는 값 영역에 위치시켜 조건에 맞는 계산 값으로 사용할 수 있다.

피벗 테이블을 조작하거나 관리할 때는 기본적으로 열 전체를 하나의 개체로 생각하고 작업을 해야 한다. 피벗 테이블에서 엑셀 시트에서 작업했던 방식으로 각 셀 값들을 이용해 데이터 값 계산이나 참조 기능을 사용하려고 잘못된 계산 값이 반환될 수 있다. 사실 이런 이유로 피벗 테이블이 엑셀 사용자에게 낯선 개념이고, 능숙하게 사용하는 사람이 많지 않다. 반대로 이러한 개념(열 값 전체를 기준으로 데이터를 다루고 계산을 한다는 개념)만 이해한다면 피벗 테이블을 통해 일반 엑셀 시트에서 데이터를 다루던 것에 비해서 훨씬 더 효율적으로 이를 다룰 수 있다.

그림 3-9의 피벗 테이블 필드 창을 보면 원본 테이블의 열들이 선택할 수 있는 필드 값으로 보여지는 것을 확인할 수 있다. 보통 필드 값과 영역을 아래 위로 배치하는데, 이는 설정을 통해 바꿀 수 있다.

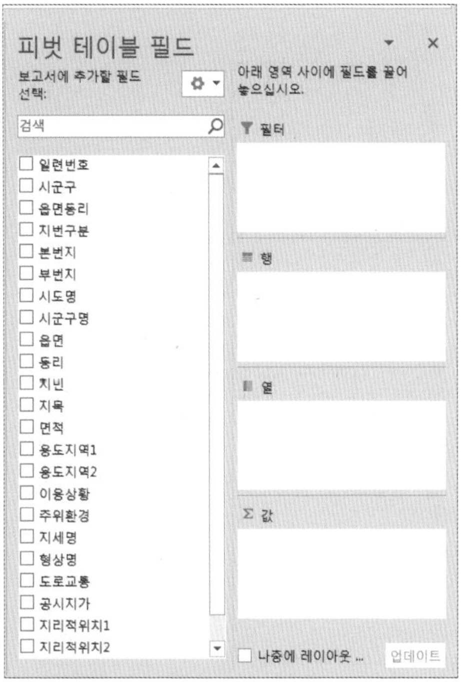

[그림 3-9] 피벗 테이블 필드 창

값 요약 기준 및 표시 형식 선택

그림 3-10의 피벗 테이블은 명목형 변수인 '시도명'을 기준 값으로 공시지가 금액의 합계를 집계한 테이블이다. Σ 값은(위 테이블에서는 공시지가) 기본적으로 합계뿐만 아니라 평균, 개수, 최댓값 등 다양한 형태의 요약 값으로 나타낼 수 있다.

[그림 3-10] 시도별 공시지가를 요약해주는 피벗 테이블

Σ 값 필드에 위치한 공시지가를 클릭해 '값 필드 설정' 메뉴를 선택하면 나타내고자 하는 형태 즉 요약 기준(합계, 평균 등)을 설정할 수 있다. 또한 그림과 같이 메뉴에서 '값 표시 형식'을 선택하면 측정값들을 다양한 형태로 계산해 나타낼 수도 있다(예 총합계 비율, 열 합계 비율, 행 합계비율 및 누계 등). 그림 3-11의 피벗 테이블은 3-10과 동일한 피벗 테이블로 단지 값 표시 형식 메뉴에서 총 합계의 비율을 선택해서 그 값을 보고서에 나타낸 것이다.

행 레이블	합계 : 공시지가
강원도	1.49%
경기도	14.31%
경상남도	3.81%
경상북도	2.74%
광주광역시	1.58%
대구광역시	4.22%
대전광역시	1.81%
부산광역시	8.38%
서울특별시	49.11%
세종특별자치시	0.20%
울산광역시	1.73%
인천광역시	3.96%
전라남도	1.47%
전라북도	1.45%
제주특별자치도	0.76%
충청남도	1.73%
충청북도	1.25%
총합계	100.00%

[그림 3-11] 총 합계의 비율로 나타낸 피벗 테이블. 요약 값(도시에 따른 공시지가)이 전체 합계 금액에 대한 비율로 표현된 것을 확인할 수 있다.

값 필드의 경우는 동일한 열을 여러 번 선택하는 것이 가능하기 때문에 같은 값(필드)을 표시 형식이나 계산을 달리해 추가해 가면서 분석할 수 있다. 그림 3-13은 '공시지가' 열을 세 번 삽입해 공시지가 합계금액과 전체 합계금액에 대한 각 시도 공시지가의 비율 그리고 서울특별시의 공시지가를 기준 값으로 다른 시도의 공시지가 비율을 동시에 보여주는 보고서이다.

또한 피벗 테이블 보고서에서는 행 레이블 정렬옵션을 클릭하면 원하는 필드 값을 기준으로 손쉽게 데이터를 정렬하는 것도 가능하다.

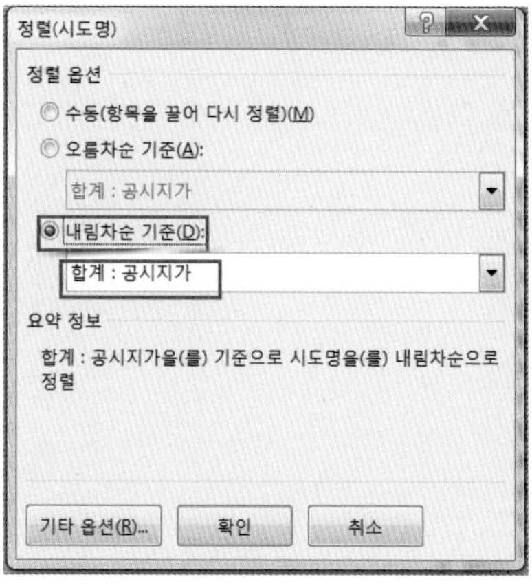

[그림 3-12] 데이터 정렬 창

[그림 3-13] 여러 형태의 피벗 테이블 계산 값

데이터 그룹화

피벗 테이블은 분류된 항목을 추가로 그룹화해 값을 요약할 수 있는 기능도 제공한다. 예를 들어 위 보고서에서 시도 구분을 몇 개의 범주로 나누어서 분석하고자 하는 경우 그룹화 기능을 사용해 원하는 분류를 설정해 줄 수 있다.

그룹화는 기준이 되는 열(그룹화하고자 하는 분류 값이 있는 열)의 분류 값을 선택하고 (Ctrl 키를 누른 상태에서 그룹화하고자 하는 분류 값을 선택하면 불연속적으로 입력되어 있는 셀을 동시에 선택할 수 있다) [분석] 탭→[선택 항목 그룹화]를 클릭하면 된다. 참고로 그룹화해 계산된 필드 값 역시 새로 추가된 계산 필드처럼 오른쪽 피벗 테이블 필드에서 선택할 수 있게 추가된다. 그림 3-14는 '도시명' 분류값 중 광역시를 그룹화해 요약한 피벗 테이블 보고서이다.

[그림 3-14] 선택 항목 그룹화

단, 그룹화를 한 이후 이름은 따로 셀을 클릭해 설정해야 한다. 보통 그룹화하면 그룹1, 그룹 2와 같은 이름이 초기값으로 설정된다. 또한 그룹화 이후 피벗 테이블 필드에서 '도시명'(원 분류기준)을 제거해야 위와 같은 테이블 형태를 만들 수 있다.

3.1.3 피벗 테이블의 유용한 기능

피벗 테이블 계산 필드

피벗 테이블의 집계 기능은 데이터 값을 원하는 형태로 분류해 볼 수 있기에 그 자체로 매우 훌륭한 분석이다. 하지만 보고서의 요약된 값만으로는 원하는 분석이 쉽지 않은 경우가 있는 데, 하나 이상의 서로 다른 열의 필드 값으로 계산해야 하는 경우(테이블에서 두 개 이상의 열 값을 가지고 계산이 필요한 경우)가 그것이다. 이 경우에는 피벗 테이블의 계산 필드 기능 을 활용해 원하는 계산식을 가진 새로운 열을 만들어 주면 된다.

계산 필드는 피벗 테이블의 [분석] 탭→[필드 항목 및 집합]→[계산 필드] 메뉴의 '계산 필드 삽입'을 선택해 만들 수 있다.

'계산 필드 삽입'을 클릭하면 아래와 같이 수식을 입력할 수 있는 창이 나타난다. 여기서 원하 는 필드를 선택하고 수식을 입력하면 새로운 계산 열을 만들 수 있다. 아래 예제에서는 총 공시지가를 면적으로 나눠서 면적당 공시지가를 도시별로 비교할 수 있도록 계산식을 추가했다. 그 결과 그림 3-16과 같이 서울의 면적당 공시지가가 다른 도시에 비해 압도적으로 높은 것을 확인할 수 있다. (전라남도에 비해 약 300배 이상 비싸다.) 또한 총 공시지가는 경기도가 더 비싸지만 면적당 가격은 부산과 대구 인천이 그 뒤를 잇는 것도 알 수 있다. 이처럼 필요에 따라 피벗 테이블에 새로운 계산식을 추가하면 각 열의 관계에 따른 비율 분석 등이 가능하고 데이터를 다양한 관점에서 살펴볼 수 있어 유용하다.

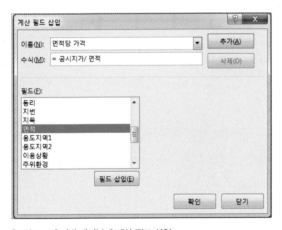

[그림 3-15] 피벗 테이블에 계산 필드 삽입

행 레이블	합계 : 공시지가	합계 : 공시지가2	합계 : 공시지가3	합계 : 면적당 가격
서울특별시	137,281,009,600	49.11%	100.00%	5,401
경기도	40,012,667,545	14.31%	29.15%	169
부산광역시	23,431,984,850	8.38%	17.07%	778
대구광역시	11,803,575,235	4.22%	8.60%	493
인천광역시	11,072,894,920	3.96%	8.07%	296
경상남도	10,657,923,350	3.81%	7.76%	47
경상북도	7,655,849,050	2.74%	5.58%	25
대전광역시	5,053,739,305	1.81%	3.68%	292
울산광역시	4,839,084,475	1.73%	3.52%	166
충청남도	4,836,128,785	1.73%	3.52%	29
광주광역시	4,424,172,110	1.58%	3.22%	283
강원도	4,157,871,150	1.49%	3.03%	24
전라남도	4,111,868,390	1.47%	3.00%	18
전라북도	4,060,981,025	1.45%	2.96%	27
충청북도	3,482,340,940	1.25%	2.54%	28
제주특별자치도	2,116,689,230	0.76%	1.54%	53
세종특별자치시	546,125,350	0.20%	0.40%	48
총합계	279,544,905,310	100.00%		151

[그림 3-16] 계산 필드 기능으로 추가한 면적당 가격 정보

또한 이렇게 추가된 계산 필드는 기존 테이블의 열 값과 같이 필드 선택 메뉴에 추가되어 언제라도 보고서에 삽입하거나 삭제할 수 있고, 새로운 계산 열을 만드는 데 이를 다시 사용할수도 있어 편리하다.

Getpivotdata 함수

피벗 테이블로 자료를 요약한 후 그 값을 엑셀 시트에서 다시 참조 값으로 가져와 작업을 하는 경우가 있는데, 이는 별로 추천할 만한 방법이 아니다. 물론 피벗 테이블로 요약된 개별 값에 대한 특정한 분석이 필요하거나 이에 대한 보고서가 따로 필요한 경우는 예외가 될 수 있다. 하지만 데이터의 전체적인 분포와 그 밖의 요약 값들을 비교하기 위해서라도 이러한 작업은 계산 필드 추가 등의 피벗 테이블 기능을 활용하는 것이 좋다. 그럼에도 불구하고 피벗 테이블의 개별 요약 값을 엑셀 시트에서 참조해야 하는 경우에는 Getpivotdata 함수를 이용하면 된다. Getpivotdata 함수는 보통 피벗 테이블의 요약된 값을 엑셀 시트에서 참조하면 자동으로 설정이 되는데, 참조된 값이 피벗 테이블 설정에 의해서 바뀌더라도 동일한 값을 참조할 수 있게 디자인되어 있는 것이 특징이다.

Getpivot 함수의 인수는

1. 데이터 필드(data field): 참조하고자 하는 열의 이름
2. 피벗 테이블(pivot table): 피벗 테이블의 시작 셀
3. [필드, 항목]([field, item]): 조건식; 조건 값을 적용할 열과 조건 값

이다.

참고로 세 번째 인수인 소선식은 여러 개를 동시에 적용할 수 있다. 보통 Getpivotdata의 사용법은 따로 익힐 필요가 없는데, 이는 피벗 테이블에서의 데이터를 엑셀시트에서 참조하면 자동으로 수식이 입력되기 때문이다. 이는 옵션 설정을 통해 변경해 줄 수 있다.

사실 Getpivotdata 함수는 엑셀 데이터 작업에 썩 유용한 함수가 아니다. 보통 엑셀 값을 참조할 때는 끌기(drag) 기능을 이용해서 연속으로 셀을 참조하는 경우가 많은데, Getpivotdata 함수는 피벗 테이블에서 계산된 고정된 값만을 참조해 주기 때문이다. 이는

위에서 설명했듯이 참조한 셀의 피벗 테이블 값이 바뀌더라도 처음 참조한 셀 값과 동일한 필터링으로 데이터를 참조할 수 있게 디자인된 Getpivot 함수의 특성 때문이다.

하지만 피벗 테이블 보고서에서 자동으로 업데이트되는 데이터를 반영한 자료를 만들고자 할 때는 Getpivotdata 함수가 효과적으로 활용될 수 있다. 앞서 설명했듯이 Getpivotdata 함수를 통해 불러들인 참조 값은 피벗 테이블의 형태가 변경되어도 변함없이 처음 설정한 필터링을 사용해 값을 참조하기 때문에 새로고침을 통해 업데이트된 자료를 수시로 반영할 수 있다.

피벗 테이블에서 끌기를 통한 연속참조 기능을 사용하기 위해서는 [파일]→[옵션]→[수식]→[피벗 테이블 참조에 GetPivotData 함수 사용]을 해제하면 된다.

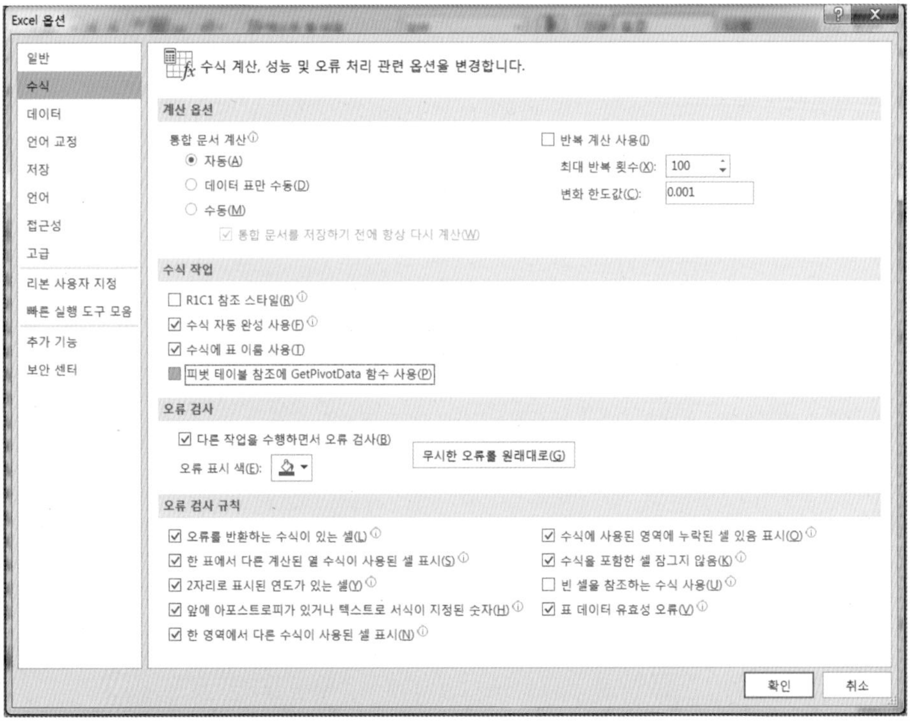

[그림 3-17] Getpivotdata 함수 옵션 설정

	=GETPIVOTDATA("합계 : 공시지가",Sheet3!B3,"시도명","서울특별시")	=Sheet3!C4
서울특별시	137,281,009,600	137,281,009,600
경기도	137,281,009,600	40,012,667,545
부산광역시	137,281,009,600	23,431,984,850
대구광역시	137,281,009,600	11,803,575,235
인천광역시	137,281,009,600	11,072,894,920
경상남도	137,281,009,600	10,657,923,350
경상북도	137,281,009,600	7,655,849,050

[그림 3-18] 옵션 해제에 따른 참조 식 변화

'피벗 테이블 참조에 GetPivotData 함수 사용' 옵션을 해제하고 나면 그림 3-18의 세 번째 열과 같이 '끌기' 기능을 통해 피벗 테이블 값을 연속으로 참조할 수 있다. 단 이 경우에는 피벗 테이블 값이 바뀌면 B열의 Getpivotdata를 이용한 참조와는 다르게 해당 참조 값도 따라서 바뀌게 된다. 따라서 이러한 형식의 참조를 해야 하는 경우에는 데이터 값이 변하지 않도록 피벗 테이블을 고정해 놓아야 한다.

슬라이서

계산 필드 추가 기능과 더불어 피벗 테이블의 또 하나 유용한 기능은 '슬라이서'다. 슬라이서는 피벗 테이블 보고서에 추가되지 않은 필드 값으로 데이터를 필터링해야 하는 경우에 유용하게 사용할 수 있는 기능이다. 기본적으로 필터링은 피벗 테이블 보고서에 추가된 필드의 항목 값이나 보고서 작성 시 '필터 영역'에 삽입한 필드의 항목 값으로 실행하는 것이 보통이다. 그런데 피벗 테이블 보고서에서 사용되지 않은 필드의 항목 값으로 데이터를 필터링해야 하는 경우가 있을 수 있고 여러 사용자가 각각 다른 필터링을 원하는 상황도 발생할 수 있다. 물론 이 경우에 해당 데이터 필드를 그때그때 필터영역에 추가로 삽입하거나 사용자별로 별도의 파일을 만들어 원하는 필터링을 실행해도 된다. 하지만 직관적으로 원하는 항목을 선택하거나 해제하면서 다양한 시각으로 데이터 분석을 하려는 경우 이러한 방법으로는 한계가 있다. 이 경우 슬라이서 기능을 사용하면 효과적으로 문제를 해결할 수 있다. 슬라이서는 사용자가 필터링하려는 항목 값을 직관적으로 선택하거나 해제할 수 있게 시각적 필터 상자를 만들어 준다.

[그림 3-19] 피벗 테이블 슬라이서

피벗 테이블에서는 두 개 이상의 슬라이서를 삽입하는 것도 가능하다. 이 경우 먼저 선택된 필터링 항목 상황에 맞게 추가된 슬라이서에서는 선택할 수 없는 항목은 비활성화된다.

[그림 3-20] 중복 슬라이서

이처럼 피벗 테이블의 계산 필드와 슬라이서 기능은 요약된 데이터를 원하는 형태로 재계산하고 필터링할 수 있어 탐색적 데이터 분석에 매우 유용한 기능이다.

3.1.4 파워피벗을 통한 대용량 데이터 피벗팅

파워피벗(Power Pivot)은 마이크로소프트에서 만든 대용량 관계형 데이터베이스 분석 도구다. 엑셀 애드인 프로그램인 파워피벗은 엑셀 2010[1] 버전 이상부터 무료로 내려받아 설치할 수 있다. 기본적인 기능은 엑셀의 피벗 테이블과 유사하지만 100만 행 이상의 대용량 데이터를 빠르게 처리할 수 있다는 점과 데이터 관계 설정을 통해 복잡한 구조의 관계형 데이터 베이스의 분석도 손쉽게 가능하다는 장점이 있다.

파워피벗은 마이크로소프트 공식 다운로드 페이지를 통해 내려받을 수 있다.

　　　https://www.microsoft.com/ko-KR/download/details.aspx?id=29074

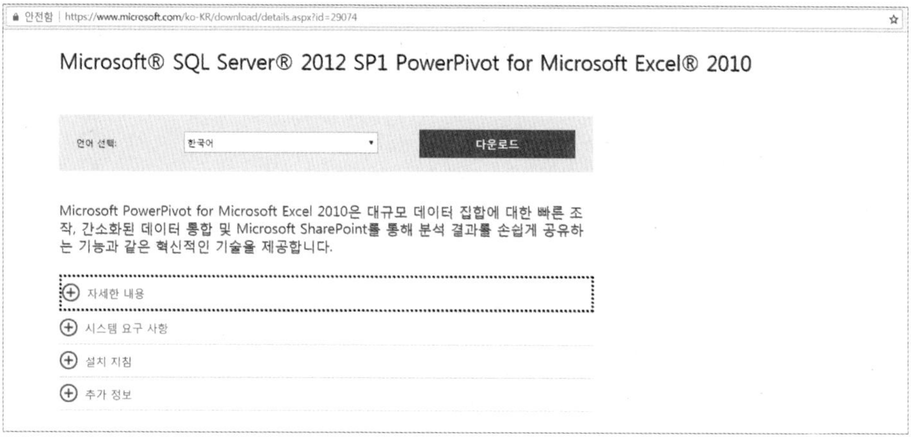

[그림 3-21] 파워피벗 다운로드 센터

설치 시에는 파워쿼리와 마찬가지로 설치된 오피스 버전에 맞는 파일을 내려받아 설치해야 한다.

1　Microsoft Office Professional Plus 2010 이상 버전부터 설치가 가능하고 엑셀 2016 버전부터는 일부 제품군을 제외하고 추가기능으로 기본 탑재되어 있다.

원하는 다운로드 선택

파일 이름	크기
☑ 1042₩ReadMe_PowerPivot.htm	12 KB
☑ 1042₩x64₩PowerPivot_for_Excel_amd64.msi	130.2 MB
☐ 1042₩x86₩PowerPivot_for_Excel_x86.msi	98.7 MB

[그림 3-22] 32비트 다운로드 파일

파워피벗을 설치하면 그림 3-23과 같이 파워피벗 리본메뉴가 엑셀 기본메뉴에 추가된다.
파워피벗 메뉴를 선택하고 가장 왼쪽에 있는 파워피벗 창을 클릭하면 파워피벗 창을 활성화
할 수 있다. 파워피벗 창은 엑셀 통합문서 창과 유사하게 [홈], [디자인], [연결된 테이블]이라
는 자체 메뉴를 가지고 있다.

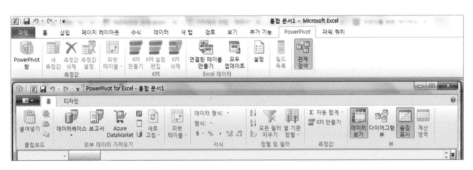

[그림 3-23] 파워피벗 메뉴 창

파워피벗은 다른 엑셀 애드인 프로그램과는 다르게 엑셀 통합문서와 독립적으로 데이터를
다룰 수 있게 되어 있다. 또한 엑셀 통합문서 창과 파워피벗 창의 전환은 연결된 데이터 소스
를 통해 손쉽게 가능하기 때문에, 파워피벗 창에서 열별 데이터를 관리하고 엑셀 통합문서로
와서 개별 셀을 수정해 업데이트를 하는 등, 열과 셀을 동시에 편집하는 데이터베이스 고급
관리가 가능하다. 이는 아직 쿼리 개념과 테이블 그리고 변수에 대해 익숙하지 않은 사용자
들에게는 특히나 더 효율적인 기능이다.

파워피벗은 파워쿼리와 마찬가지로 다양한 소스에 대한 데이터 연결을 지원한다. 기본적으로 엑셀 데이터부터 CSV 파일 그리고 관계형 데이터베이스인 액세스(Access)와 SQL 서버 자료는 물론 마이크로소프트 애저 데이터마켓(Azure data market)의 공개 데이터까지 모두 파워피벗으로 손쉽게 불러올 수 있다. 따라서 파워피벗을 사용하면, 사내의 대용량 데이터와 외부의 데이터를 연결해 고급 시각 분석자료를 만들 수 있다. 단, 파워피벗은 테이블 형태로 구조화된 데이터만 연결해 분석할 수 있다. 따라서 테이블화되어 있지 않은 데이터라면, 파워쿼리로 먼저 구조화해야 파워피벗에서 분석할 수 있다.

파워피벗으로 데이터 불러오기

엑셀 데이터를 파워피벗으로 불러오려면 엑셀 통합문서 창에서 만들어진 데이터(기본적으로 테이블 형태의 자료) 위에 마우스를 위치시키고 [PowerPivot]→[연결된 테이블 만들기]를 클릭하면 된다. 이때 원본 데이터가 표로 지정되어 있지 않으면 파워피벗이 자동으로 해당 자료를 표로 만들고 파워피벗으로 불러온다.

외부데이터 가져오기 기능을 사용해서 엑셀 파일을 불러올 수도 있는데, 그림 3-25와 같이 파워피벗 창에서 [홈] 탭→[기타원본]에서 데이터 가져오기 기능을 클릭하면 일반 데이터베이스 자료와 마찬가지로 엑셀 파일을 불러올 수 있다.

앞에서 활용한 2016년 표준 공시지가 자료를 파워피벗으로 가져와 보자. 원하는 데이터를 엑셀에서 실행시킨 상태에서는 [파워피벗] 탭→[연결된 테이블 만들기]를 클릭해 엑셀 통합문서에서 바로 파워피벗으로 데이터를 불러올 수 있다.

[그림 3-24] 파워피벗 엑셀 통합문서에서 연결된 테이블 만들기

일련번호	시구군	용역통계	시설구분	본번지	위치	시도	시군구_1	용면	용면	본번지_2	본번지_3	면적	지목
1	11110	10100	1	3	52	서울특...	종로구		정운동	3	52	1021.5	공원
2	11110	10100	1	4	15	서울특...	종로구		정운동	4	15	416.2	대
3	11110	10100	1	8	9	서울특...	종로구		정운동	8	9	811.3	대
4	11110	10100	1	15	12	서울특...	종로구		정운동	15	12	552.1	대
5	11110	10100	1	15	13	서울특...	종로구		정운동	15	13	538.8	대
6	11110	10100	1	15	32	서울특...	종로구		정운동	15	32	251.2	대
7	11110	10100	1	15	50	서울특...	종로구		정운동	15	50	462.8	대
8	11110	10100	1	30	15	서울특...	종로구		정운동	30	15	332.5	대
9	11110	10100	1	39	3	서울특...	종로구		정운동	39	3	138.2	대
10	11110	10100	1	50	31	서울특...	종로구		정운동	50	31	380	대
11	11110	10100	1	50	39	서울특...	종로구		정운동	50	39	217.9	대
12	11110	10100	1	52	6	서울특...	종로구		정운동	52	6	175.2	대
13	11110	10100	1	52	34	서울특...	종로구		정운동	52	34	124.3	대
14	11110	10100	1	52	61	서울특...	종로구		정운동	52	61	115.7	대
15	11110	10100	1	52	107	서울특...	종로구		정운동	52	107	577.4	대

[그림 3-25] 엑셀에서 파워피벗으로 데이터 로드하기

엑셀에서 활성화되지 않은 파일을 곧바로 파워피벗으로 불러와야 할 때는 파워피벗의 '외부 데이터 가져오기' 기능을 활용하면 된다. '외부 데이터 가져오기는' 엑셀 파일 이외에 다양한 데이터 소스에 연결할 수 있는 마법사 기능을 제공한다. 사용법은 앞장에서 설명한 파워쿼리와 동일하다. 연결하고자 하는 데이터베이스를 선택하고 자격 증명을 입력하면 데이터 소스에 연결해 데이터에 연결할 수 있다.

[그림 3-26] 파워피벗 데이터 연결 대화상자

파워피벗을 통한 데이터 연결 분석

파워피벗의 기능은 여러 가지가 있지만 핵심 기능은 여러 대용량 데이터를 서로 연결해 관계형 데이터베이스 형태로 데이터를 분석할 수 있게 해 주는 기능이다.

앞서 불러온 공시지가 자료에 아래 두 테이블을 연결해 도시 구분별 공시지가와 연도별 지가 변화를 분석해 보자. 도시별 구분 테이블은 공시지가의 도시 구분을 그룹화해 광역시와 도 그리고 특별시로 나눈 테이블이고 전년도 공시지가 테이블은 도시별 공시지가의 전년도 데이터를 담고 있는 테이블이다.

<table>
<thead>
<tr><th colspan="2" align="center">도시별 구분</th><th colspan="2" align="center">전년도 공시지가</th></tr>
<tr><th>도시</th><th>구분</th><th>도시</th><th>2015 공시지가</th></tr>
</thead>
<tbody>
<tr><td>서울특별시</td><td>특별시</td><td>서울특별시</td><td>112,411,417,258</td></tr>
<tr><td>경기도</td><td>광역시</td><td>경기도</td><td>36,088,532,318</td></tr>
<tr><td>부산광역시</td><td>광역시</td><td>부산광역시</td><td>20,656,988,448</td></tr>
<tr><td>대구광역시</td><td>광역시</td><td>대구광역시</td><td>9,929,655,032</td></tr>
<tr><td>인천광역시</td><td>광역시</td><td>인천광역시</td><td>10,258,580,039</td></tr>
<tr><td>경상남도</td><td>도</td><td>경상남도</td><td>9,495,085,921</td></tr>
<tr><td>경상북도</td><td>도</td><td>경상북도</td><td>6,862,665,661</td></tr>
<tr><td>대전광역시</td><td>광역시</td><td>대전광역시</td><td>3,917,320,052</td></tr>
<tr><td>충청남도</td><td>도</td><td>충청남도</td><td>3,767,380,584</td></tr>
<tr><td>울산광역시</td><td>광역시</td><td>울산광역시</td><td>4,067,927,526</td></tr>
<tr><td>광주광역시</td><td>광역시</td><td>광주광역시</td><td>3,459,992,981</td></tr>
<tr><td>강원도</td><td>도</td><td>강원도</td><td>3,680,446,961</td></tr>
<tr><td>전라남도</td><td>도</td><td>전라남도</td><td>3,460,522,718</td></tr>
<tr><td>전라북도</td><td>도</td><td>전라북도</td><td>3,723,351,587</td></tr>
<tr><td>충청북도</td><td>도</td><td>충청북도</td><td>2,856,321,734</td></tr>
<tr><td>제주특별자치도</td><td>특별자치도</td><td>제주특별자치도</td><td>1,662,036,067</td></tr>
<tr><td>세종특별자치시</td><td>특별자치도</td><td>세종특별자치시</td><td>431,585,035</td></tr>
</tbody>
</table>

[그림 3-27] 도시별 구분 및 2015년도 공시지가 테이블

앞서 공시지가 데이터를 불러왔던 것과 마찬가지 방법으로 위 두 테이블을 파워피벗으로 불러온다. 엑셀에서 위 테이블이 들어 있는 데이터를 열고 각 테이블 위에서 [파워피벗] 탭 →[연결된 테이블 만들기]를 클릭하면 된다.

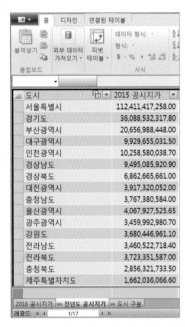

[그림 3-28] 파워피벗으로 불러온 엑셀 테이블

파워피벗으로 해당 테이블을 성공적으로 불러왔다면 그림 3-28과 같이 각 테이블이 파워피벗 화면의 아래쪽 탭에 표시되는 것을 확인할 수 있다. 각 탭을 클릭해 원 테이블이 제대로 불려왔는지 확인한다.

불러온 테이블을 서로 연결하기 위해서는 [홈] 탭→[다이어그램 뷰]를 클릭해 다이어그램 뷰를 활성화시켜야 한다.

[그림 3-29] 파워피벗 다이어그램 뷰

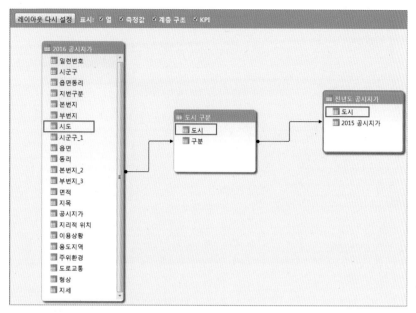

[그림 3-30] 다이어그램 뷰의 데이터 관계 설정

다이어그램 뷰는 피벗 테이블의 필드값 선택 창과 유사하게 각 열(변수)을 개체화하여 테이블별로 보여 준다. 데이터 간 관계 설정은 '드래그 앤 드롭' 방법으로 하나의 테이블에서 연결할 열 값(키 값)을 선택해 다른 테이블의 해당 열에 가져다 놓으면 된다.

관계 설정 및 수정은 또한 아래 그림과 같이 파워피벗 창의 [디자인] 탭 →[관계 관리]를 통해서도 가능하다.

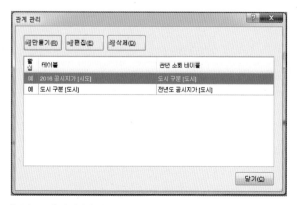

[그림 3-31] 파워피벗 관계 관리

관계 편집 창에서는 그림 3-32와 같이 드롭다운 메뉴에서 직접 연결하고자 하는 테이블의
열 값을 선택해 입력하면 된다.

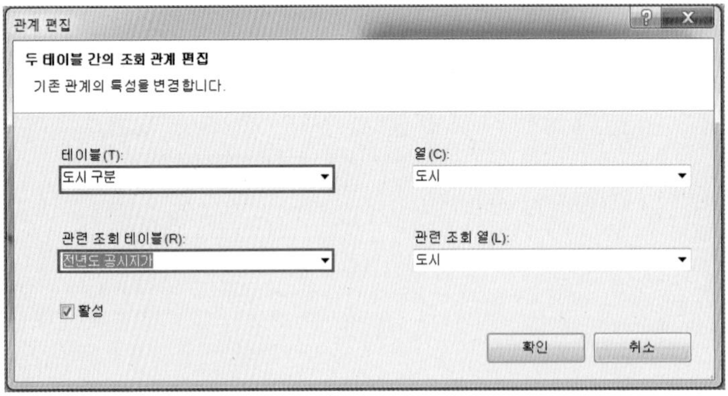

[그림 3-32] 파워피벗 관계편집

관계 설정을 완료했다면 이제부터는 관계로 연결된 모든 테이블의 필드(열) 값이 포함된 피
벗 테이블 보고서를 만들 수 있다. 파워피벗 창에서 [홈] 탭 →[피벗 테이블]을 클릭해 피벗
테이블 보고서를 선택한 위치에 추가한다.

[그림 3-33] 파워피벗의 피벗 테이블

파워피벗의 피벗 테이블은 기본 테이블뿐만 아니라 연결된 피벗차트를 여러 원하는 형태로
배치할 수 있도록 하는 기능도 제공한다.

위 메뉴에서 피벗 테이블을 선택하면 엑셀 통합문서에 피벗 테이블을 삽입할 수 있다. 그림 3-34에서 확인할 수 있듯이 해당 피벗 테이블의 기본적인 메뉴나 형태는 일반적인 엑셀의 피벗 테이블과 동일하다. 하지만 필드 목록을 잘 살펴보면 관계로 연결된 모든 테이블과 그 필드(열)를 사용해 보고서를 만들 수 있는 것을 확인할 수 있다. 그림 3-34는 앞서 파워피벗에서 관계로 연결한 도시구분 테이블의 구분 열과 2016년도 공시지가의 시도 및 공시지가 열로 피벗 테이블 보고서를 만든 것이다.

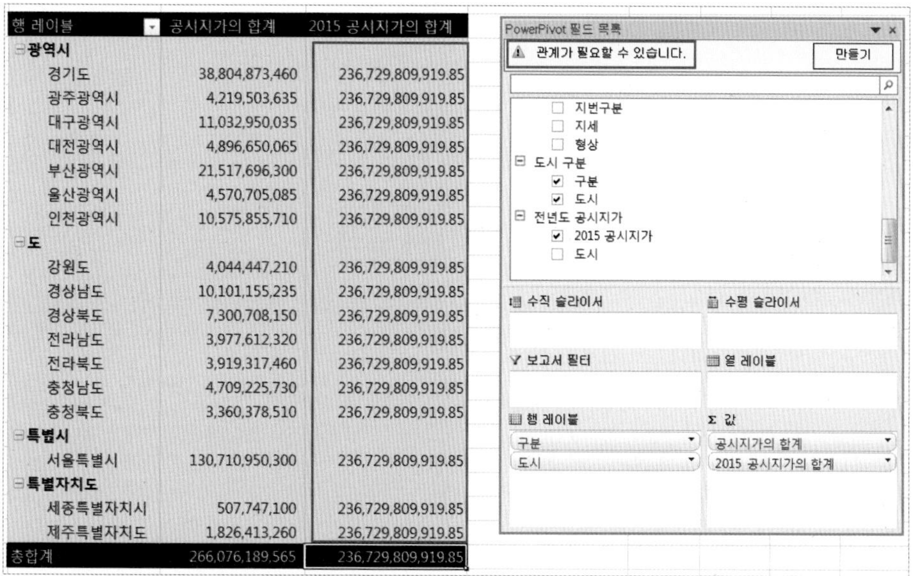

행 레이블	공시지가의 합계	2015 공시지가의 합계
광역시		
경기도	38,804,873,460	236,729,809,919.85
광주광역시	4,219,503,635	236,729,809,919.85
대구광역시	11,032,950,035	236,729,809,919.85
대전광역시	4,896,650,065	236,729,809,919.85
부산광역시	21,517,696,300	236,729,809,919.85
울산광역시	4,570,705,085	236,729,809,919.85
인천광역시	10,575,855,710	236,729,809,919.85
도		
강원도	4,044,447,210	236,729,809,919.85
경상남도	10,101,155,235	236,729,809,919.85
경상북도	7,300,708,150	236,729,809,919.85
전라남도	3,977,612,320	236,729,809,919.85
전라북도	3,919,317,460	236,729,809,919.85
충청남도	4,709,225,730	236,729,809,919.85
충청북도	3,360,378,510	236,729,809,919.85
특별시		
서울특별시	130,710,950,300	236,729,809,919.85
특별자치도		
세종특별자치시	507,747,100	236,729,809,919.85
제주특별자치도	1,826,413,260	236,729,809,919.85
총합계	266,076,189,565	236,729,809,919.85

[그림 3-34] 복합 테이블을 사용한 피벗 테이블 보고서

그런데 뭔가 이상한 것을 발견할 수 있을 것이다. 분명 공통적으로 해당하는 열 값, 즉 테이블의 키(도시) 값으로 테이블들을 바르게 연결했는데, 도시 구분별 공시지가의 합계는 원하는 형태로 나오는 데 반해 2015년의 공시지가는 도시별로 구분되지 못하고 전체 합계만 표시되는 것을 볼 수 있다. 이는 테이블 관계 설정의 방향성에 기인하는 문제인데, 자세히 설명하자면 데이터베이스 이론을 알아야 하기에 최대한 간단하게 설명해 보도록 하겠다.

파워피벗에서의 관계 설정은 한쪽 방향만 지원하도록 되어 있다. 그림 3-30 화살표의 방향에서 확인할 수 있듯이 공시지가 테이블에서 도시구분 테이블로 그리고 도시구분 테이블에서 전년도 공시지가 테이블로 관계가 설정되어 있다. 화살표로 표현되는 방향성은 쉽게 테이

블 관계 설정의 주도권을 의미한다고 이해하면 된다. 즉, 위의 관계 설정은 각 관계에서 화살
표를 받는 도시구분 테이블과 전년도 공시지가 테이블이 각 관계의 주도권을 가지고 있다고
보면 된다.

연결된 테이블을 가지고 피벗 테이블을 만들었을 때는 주도권을 갖는 테이블의 열 값으로만
테이블의 값을 구분하거나 합계해 볼 수 있다. 따라서 첫 번째 관계 설정에서는 도시구분의
열 값으로 공시지가의 열 값을 구분하거나 합계해 볼 수 있는 반면 공시지가의 열 값으로는
도시구분의 값을 구분해 볼 수 없다.

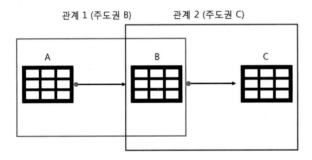

[그림 3-35] 두 개의 관계가 존재, A와 C는 관계가 설정되지 않았기 때문에 A 테이블의 변수와 C 테이블의 변수는 서로
요약해 표현할 수 없음[2]

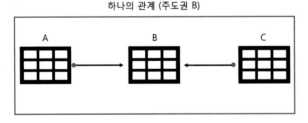

[그림 3-36] 하나의 관계로 표현됨, B의 변수를 기준으로 A와 C의 데이터 모두를 요약해 표현할 수 있음

---

2 사실 데이터베이스 이론을 바탕으로 조금 더 정확하게 이야기하자면 관계의 방향성은 조회 열과 원본 열의 관계에 의해서 정해지
기 때문에 이것을 임의로 설정할 수는 없다. 다만 위 예에서 B와 C의 관계가 1대 1 관계이므로 두 테이블의 연결된 열이 모두 조회
열 또는 원본 열이 될 수 있기 때문에 관계성의 방향성을 설정해 줄 수 있다고 보았다. 조회 열(고유 열, 기본 키 또는 대체 키)을 중
심으로 원본 열(외래 키)이 1대 다의 관계를 이루는 일반적인 관계에서는 화살표의 방향은 항상 조회 열로 흘러간다. 따라서 A와 B의
관계에서는 조회 열과 원본 열 자체를 변경해 주지 않는 경우에는 화살표 방향을 바꿀 수는 없다. 위 예에서는 이러한 데이터베이스
이론을 조금 더 쉽게 설명하려고 키 개념이나 관계 유형 대신 방향성과 주도권이라는 개념을 사용했다.

따라서 위와 같이 세 개의 테이블을 연결해 원하는 형태로 하나가 된 피벗 테이블 보고서
를 만들기 위해서는 주도권을 갖는 테이블을 하나만 만들어 줘야 한다. 그리고 주도권을 갖
는 테이블의 열 값으로 다른 테이블의 값을 요약해 볼 수 있도록 테이블을 디자인해야 한
다. 그림 3-30과 같은 관계 설정에서는 두 개의 테이블이 주도권을 갖는 형태로 되어 있어
각 주도권을 갖는 테이블의 열 값으로 필터링한 데이터만 보고서를 만들 수 있는 반면, 그림
3-37과 같은 관계에서는 도시구분 테이블의 열 값으로 2016공시지가와 전년도 공시지가의
값을 모두 필터링하여 불러 올 수 있다.

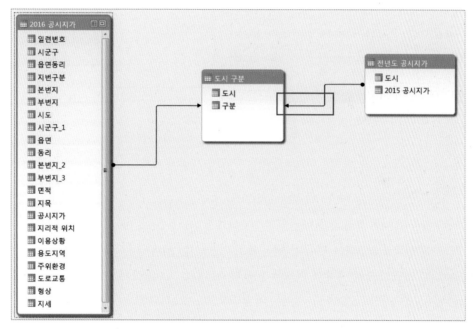

[그림 3-37] 하나의 주도권을 갖는 테이블 관계를 생성

[그림 3-38] 하나의 주도권을 갖는 테이블을 만든 복합테이블 피벗보고서

참고로 양쪽으로 관계 설정의 화살표를 만들 수 있는 양방향 교차필터는 파워피벗에서는 지원하지 않는다.[3]

파워피벗의 또 다른 특징 중 하나는 엑셀과는 다르게 VBA(Visual Basic for Application) 코드가 지원되지 않는다는 것이다. 대신 파워피벗에서는 엑셀 함수와 비슷한 DAX(Data Analysis Expression) 함수를 사용할 수 있다. DAX는 그 이름에서 알 수 있듯이 데이터 분석을 위해 디자인된 언어이다. 형태는 엑셀의 함수와 비슷하지만 변수를 선언해 사용할 수 있는 등, 엑셀 함수보다는 조금 더 프로그래밍 언어와 유사하다. 기본적으로 DAX는 테이블의 열을 기준으로 필터링과 연결의 개념을 제어할 수 있어 데이터를 관리하고 분석하기에 효과적이다. 하지만 DAX를 모른다고 해서 파워피벗을 통한 데이터의 관리와 분석이 불가능한 것은 아니다. 기초적인 분석 및 필터링은 피벗 테이블의 기본 기능만으로도 가능하기 때문에

---

3 파워비아이 쿼리 설정에서는 양방향 교차필터링이 가능하다(2017년 9월 현재 미리보기 기능). 따라서 양쪽 테이블의 열 값으로 서로의 값을 필터링 하는 것이 가능하다. 이러한 양방향 교차필터링 사실 관계 설정이라기보다는 테이블 통합에 가까운 기능이기에 이를 설정할 때는 기존에 설정된 다른 테이블과의 관계에 주의해서 설정해 주어야 한다.

군이 DAX를 배우지 않아도 된다. 하지만 데이터 분석을 전문적으로 하고자 하는 엑셀 사용자라면 파워피벗과 함께 DAX를 배우는 것을 권장한다. 참고로 위의 양방향 교차 필터링도 DAX 식을 사용하면 별도로 관계를 설정하지 않고도 해결할 수 있다.

3.2 엑셀 추가 기능을 활용한 데이터 분석

엑셀의 추가 기능인 분석도구는 다른 고급 통계 프로그램에 결코 뒤지지 않는 다양한 통계 함수 기능을 제공한다. 때문에 통계와 엑셀(분석 도구와 함수)에 대한 기본적인 이해만 있다면 이를 활용해 데이터로부터 통계적으로 의미 있는 여러 스토리를 찾아낼 수 있다.

엑셀 분석도구 기능은 기본값으로는 활성화되어 있지 않기에 이를 엑셀 통합문서 창에서 사용하기 위해서는 따로 활성화해야 한다. [파일] →[옵션]→[Excel 추가기능]에서 '이동'을 선택하면 나타나는 대화상자에서 '분석도구' 선택박스를 클릭하면 된다.

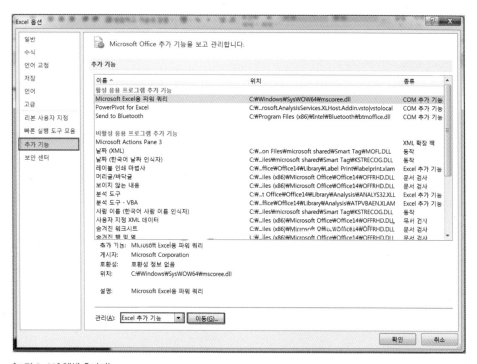

[그림 3-39] 엑셀 추가기능

[그림 3-40] 엑셀 추가기능 설치하기

3.2.1 데이터의 대푯값과 분포

평균과 분포 이해하기

데이터 분석의 기초는 '비교'다. 데이터를 원하는 형태로 요약하거나 분류한 후에는 비교를 통해 더 많은 스토리를 찾을 수 있다. 오늘의 판매량은 어제와 비교해야 의미 있는 성과 평가를 할 수 있고 기말고사 수학 점수는 다른 학생들과 비교해 보아야 진정한 실력을 알 수 있다.

그렇다면 일반적으로 관측된 수치형 데이터는 어떤 값과 비교해 보는 것이 가장 효과적일까?

수치형 데이터의 비교 값으로 가장 대표적인 것은 데이터 자체의 평균 값이다. (예산 또는 KPI 등 외부에서 이미 생성된 비교 값을 제외하고) 평균 값은 일반적인 경우에 해당 데이터 전체를 가장 잘 대표하는 값이다. 그래서 보통 평균을 데이터의 대푯값이라고 이야기한다. 물론 중앙값이나 최빈값 등의 다른 대푯값 후보들도 있지만 가장 보편적이고 이해하기 쉬우며 손쉽게 계산할 수 있는 것은 평균값이다. 따라서 개별 데이터를 평균과 비교해 어느 정도 위치에 있는지를 파악하는 것이 데이터 비교 분석의 시작이라고 할 수 있다.

그런데 이렇게 평균값을 통해 비교를 할 때 주의해야 할 사항이 있다. 바로 평균값 분석을 시작하기 이전에 데이터 분포를 먼저 확인해 봐야 한다는 것이다. 분포는 데이터의 값들이 어떤 형태로 분산되어 있는지를 나타내 주는 것으로 보통 왜도[4]나 표준편차 값 또는 히스토그램과 상자수염 등의 시각화 자료를 통해 확인할 수 있다. 이렇게 확인한 분포가 한쪽으로 치우쳐 있다면, 즉 데이터 값이 골고루 퍼져 있지 않고 한쪽으로 쏠려있다면 평균값 역시 한쪽으로 치우친 값일 수 있다. 이러한 평균값은 데이터의 비교와 해석을 엉뚱한 방향으로 이끌 수 있어 주의해야 한다.

한국거래소 홈페이지에서 받은 코스피 자료를 통해 데이터 탐색과 비교 작업을 진행해 보자. 참고로 KRX 홈페이지에서는 코스피 자료뿐만 아니라 파생상품, ETF, 채권, 코스닥 시장의 거래량 지수 값 등의 데이터를 내려받을 수 있다.

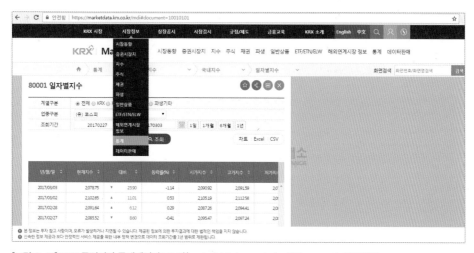

[그림 3-41] KRX 증권시장 통계데이터 http://marketdata.krx.co.kr/mdi#document=10010101

---

4 전체적인 데이터의 분포가 평균을 중심으로 더 큰 값이 많은 경우는 양의 왜도 값을 갖고 반대로 평균보다 작은 데이터 값들이 많은 경우 음의 값을 갖는다. 양의 왜도를 갖는 경우 데이터 분포의 왼쪽 부분(평균보다 작은)에 극단 값들이 많은 경향을 보이며 반대의 경우 오른쪽 위치에 극단값들이 분포한다. 참고로 정규분포는 데이터의 분포가 한쪽으로 치우치지 않고 평균을 중심으로 대칭이므로 왜도는 0 값을 갖는다.

그림 3-41에서 확인할 수 있듯이 KRX의 코스피 지수 자료는 1년까지 무료로 내려받을 수 있다. 기간을 1년으로 선택하고 오른쪽의 엑셀 또는 CSV 옵션을 선택해 파일을 내려받는다.

데이터의 편집을 위해 내려받은 자료를 엑셀 파워쿼리 '데이터 가져오기' 기능을 통해 불러온다. 물론 엑셀에서 바로 해당 문서를 열고 편집하는 것도 가능하다. 하지만 테이블 형태의 정제된 데이터를 만들기 위해서는 기본적으로 쿼리 편집 기능이 있는 파워쿼리를 통해 먼저 원하는 형태로 편집하는 것이 좋다.

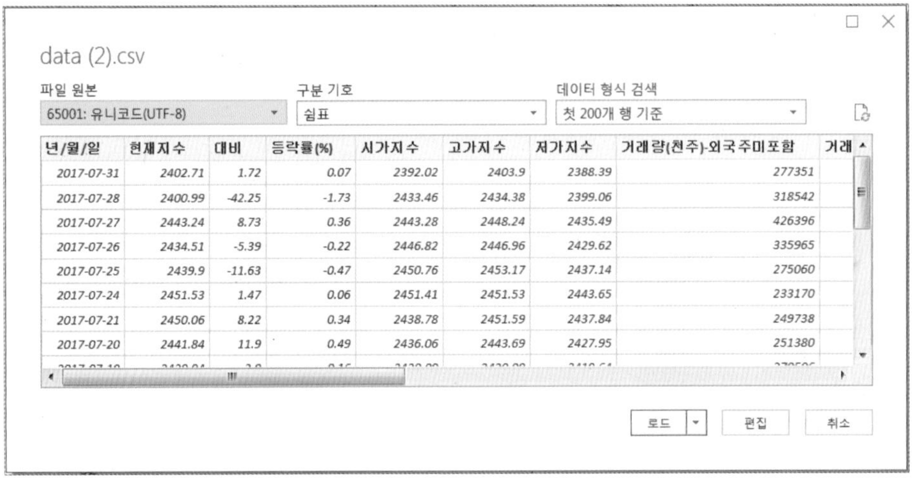

년/월/일	현재지수	대비	등락률(%)	시가지수	고가지수	저가지수	거래량(천주)-외국주미포함	거래
2017-07-31	2402.71	1.72	0.07	2392.02	2403.9	2388.39	277351	
2017-07-28	2400.99	-42.25	-1.73	2433.46	2434.38	2399.06	318542	
2017-07-27	2443.24	8.73	0.36	2443.28	2448.24	2435.49	426396	
2017-07-26	2434.51	-5.39	-0.22	2446.82	2446.96	2429.62	335965	
2017-07-25	2439.9	-11.63	-0.47	2450.76	2453.17	2437.14	275060	
2017-07-24	2451.53	1.47	0.06	2451.41	2451.53	2443.65	233170	
2017-07-21	2450.06	8.22	0.34	2438.78	2451.59	2437.84	249738	
2017-07-20	2441.84	11.9	0.49	2436.06	2443.69	2427.95	251380	

[그림 3-42] 파워쿼리로 불러온 KRX 주가지수 자료

쿼리 편집 모드로 데이터를 불러왔으면 우선 각 열의 오류 값을 제거하고 데이터 유형을 설정해 주어야 한다. 이는 어떤 데이터를 불러오더라도 우선적으로 해야 하는 작업이다. 그래야 향후 기술 통계 분석 계산이나 피벗을 이용한 집계 등의 연산을 오류 없이 할 수 있다. 해당 자료의 데이터 값들은 대부분 숫자이므로 (첫째 열은 날짜) 이에 맞게 데이터 유형을 10진수 또는 날짜로 확정하면 된다. 데이터 편집이 끝났으면 [닫기 및 로드]를 클릭해 해당 자료를 엑셀 통합문서로 불러온다.

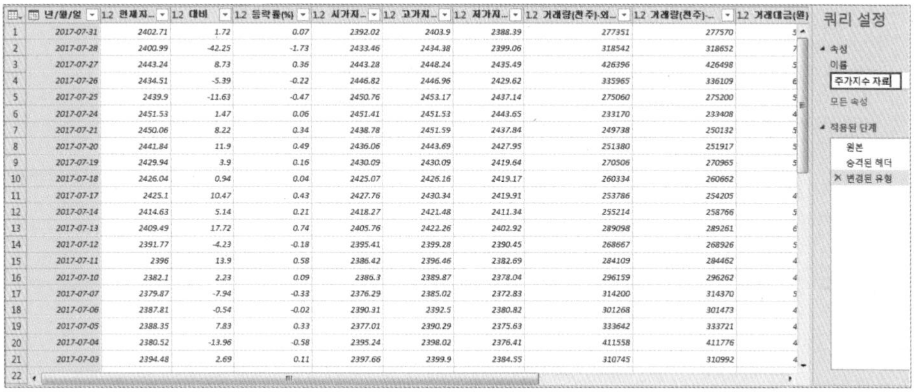

	년/월/일	1.2 현재지...	1.2 대비	1.2 등락률(%)	1.2 시가지...	1.2 고가지...	1.2 저가지...	1.2 거래량(천주)-외...	1.2 거래량(천주)-...	1.2 거래대금(원)
1	2017-07-31	2402.71	1.72	0.07	2392.02	2403.9	2388.39	277351	277570	5
2	2017-07-28	2400.99	-42.25	-1.73	2433.46	2434.38	2399.06	318542	318652	7
3	2017-07-27	2443.24	8.73	0.36	2443.28	2448.24	2435.49	426396	426498	5
4	2017-07-26	2434.51	-5.39	-0.22	2446.82	2446.96	2429.62	335965	336109	6
5	2017-07-25	2439.9	-11.63	-0.47	2450.76	2453.17	2437.14	275060	275200	5
6	2017-07-24	2451.53	1.47	0.06	2451.41	2451.53	2443.65	233170	233408	4
7	2017-07-21	2450.06	8.22	0.34	2438.78	2451.59	2437.84	249738	250132	5
8	2017-07-20	2441.84	11.9	0.49	2436.06	2443.69	2427.95	251380	251917	5
9	2017-07-19	2429.94	3.9	0.16	2430.09	2430.09	2419.64	270506	270965	5
10	2017-07-18	2426.04	0.94	0.04	2425.07	2426.16	2419.17	260334	260662	
11	2017-07-17	2425.1	10.47	0.43	2427.76	2430.34	2419.91	253786	254205	4
12	2017-07-14	2414.63	5.14	0.21	2418.27	2421.48	2411.34	255214	258766	5
13	2017-07-13	2409.49	17.72	0.74	2405.76	2422.26	2402.92	289098	289261	6
14	2017-07-12	2391.77	-4.23	-0.18	2395.41	2399.28	2390.45	268667	268926	5
15	2017-07-11	2396	13.9	0.58	2386.42	2396.46	2382.69	284109	284462	4
16	2017-07-10	2382.1	2.23	0.09	2386.3	2389.87	2378.04	296159	296262	4
17	2017-07-07	2379.87	-7.94	-0.33	2376.29	2385.02	2372.83	314200	314370	5
18	2017-07-06	2387.81	-0.54	-0.02	2390.31	2392.5	2380.82	301268	301473	4
19	2017-07-05	2388.35	7.83	0.33	2377.01	2390.29	2375.63	333642	333721	4
20	2017-07-04	2380.52	-13.96	-0.58	2395.24	2398.02	2376.41	411558	411776	4
21	2017-07-03	2394.48	2.69	0.11	2397.66	2399.9	2384.55	310745	310992	4
22										

[그림 3-43] 주가지수 테이블 자료

위 데이터에서 '등락률' 평균과 표준편차를 각각 계산해 보고 등락률의 전체적인 분포를 확인해 보자. 이러한 기술통계 지표들은 전체적인 데이터 형태를 이해할 수 있게 도와주고 추가되는 데이터에 대해서 비교 작업을 손쉽게 할 수 있게 도와준다.

등락률의 평균값과 표준편차 그리고 왜도는 각각 AVERAGE와 STDEV.P, SKEW 함수를 통해서 구할 수 있다.

새로운 셀을 선택하고

```
=AVERAGE(주가지수 자료[등락률(%)])
=STDEV.P(주가지수 자료[등락률(%)])
=SKEW(주가지수 자료[등락률(%)])
```

을 입력하면 주가지수 등락률의 평균과 표준편차 그리고 왜도 값 0.07279, 0.6068, −0.16829를 계산할 수 있다. 그런데 이를 단순히 숫자로만 보아서는 각 값의 의미를 알기 어렵다. 각 숫자들의 의미를 알기 위해서는 각 계산 값들과 함께 데이터의 히스토그램을 만들어 보아야 한다.

히스토그램

히스토그램은 변수의 분포를 이해하기 쉽게 시각적으로 나타낸 것으로, 대략적인 데이터의 형태를 이해하는 데 효과적으로 사용된다. 히스토그램을 그리기 위해 앞서 활성화시킨 데이터 분석 메뉴를 클릭한다. [데이터] 탭→[데이터 분석]을 클릭하면 그림 3-44와 같이 여러 통계 데이터 분석 기능과 함께 '히스토그램' 메뉴를 확인할 수 있다. 이를 선택하면 데이터 범위와 계급 구간을 지정하게 되어 있는데, 범위는 등락률 열 전체를 선택하면 되고 계급 구간은 따로 지정하거나 기본 값을 그대로 사용할 수 있다.

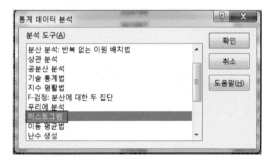

[그림 3-44] 데이터 분석 히스토그램 기능

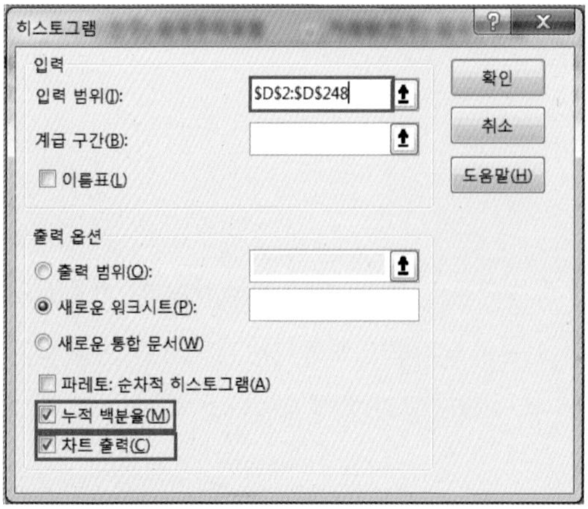

[그림 3-45] 히스토그램 대화상자

히스토그램을 차트로 확인하기 위해서는 아래 차트 출력에 체크 표시를 해야 한다. 이때 누적 백분율을 함께 선택하면 데이터의 분포 형태를 이해하는 데 도움이 된다. 결과는 다음과 같다.

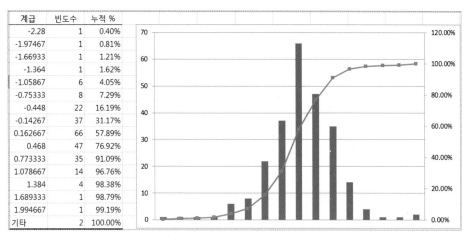

계급	빈도수	누적 %
-2.28	1	0.40%
-1.97467	1	0.81%
-1.66933	1	1.21%
-1.364	1	1.62%
-1.05867	6	4.05%
-0.75333	8	7.29%
-0.448	22	16.19%
-0.14267	37	31.17%
0.162667	66	57.89%
0.468	47	76.92%
0.773333	35	91.09%
1.078667	14	96.76%
1.384	4	98.38%
1.689333	1	98.79%
1.994667	1	99.19%
기타	2	100.00%

[그림 3-46] 코스피 지수 등락률 히스토그램

위 히스토그램을 통해 보면 등락률의 전체적인 분포는 종 모양의 정규분포와 유사한 형태를 보이는 것을 확인할 수 있다. 또한 대부분의 값들이 평균을 중심으로 몰려 있기에 정규분포보다는 큰 첨도를 갖는다는 것도 예상할 수 있다.

첨도가 크다는 것은 분산이 상대적으로 작다는 것을 의미한다. (극단 값들이 많지 않다는 가정하에) 따라서 위 그래프를 통해 KOSPI 시장이 변동성이 상대적으로 작은, 안정된 시장이라는 것을 유추할 수 있다. 또한 데이터의 분포가 한쪽으로 치우치거나 극단 값들이 많지 않기 때문에 평균을 그 비교 대상으로 사용해도 무리가 없다는 것도 확인할 수 있다.

기술 통계법 활용하기

수치형 데이터의 분포와 성격을 알려주는 이러한 기술 통계 값은 데이터 분석 도구의 기술통계 기능을 통해서 손쉽게 확인할 수 있다. 기술통계법은 히스토그램과 마찬가지로 통계 데이터 분석 대화상자에서 선택할 수 있다. 사용법은 히스토그램과 유사하다. 수치형 데이터가 들어있는 열 또는 범위 전체를 입력범위로 설정하면 된다.

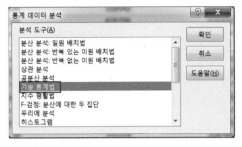

[그림 3-47] 데이터 분석 기술 통계법

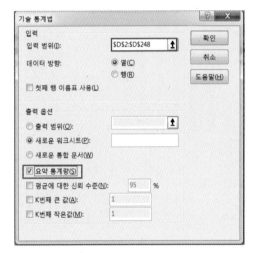

[그림 3-48] 기술 통계법 옵션 입력 대화상자

등락률(%)	
평균	0.072793522
표준 오차	0.03869148
중앙값	0.08
최빈값	0.04
표준 편차	0.608084332
분산	0.369766555
첨도	2.570590199
왜도	-0.168296073
범위	4.58
최소값	-2.28
최대값	2.3
합	17.98
관측수	247

[그림 3-49] 등락률 기술통계 값 요약

이러한 기술통계분석 기법은 일반적으로 숫자형 변수의 경우에 적용해 볼 수 있는 데이터 분석 기법이다. 그런데 이를 명목형 변수와 함께 데이터를 세분화해 적용하면 조금 더 의미 있는 분석 결과를 만들 수 있다.

등락률에 대한 분포를 분석하기 이전에 등락률 데이터를 '년/월/일' 변수로 구분해 분기별 데이터를 만들면 분기별로 발생하는 트랜드나 이벤트의 존재를 파악하는 데 효과적이다.

앞서 내려받은 코스피시장 데이터를 쿼리 편집기로 불러와 그림 3-50과 같이 마우스 우 클릭 후 복제한다. 그리고 복제된 각 쿼리를 '년/월/일' 변수를 활용해('년/월/일' 변수 헤더의 화살표를 클릭) 분기별로 나누어 준다. '년/월/일' 열의 데이터 형이 날짜로 설정되어 있는 경우에는 분기별 또는 월별로 손쉽게 필터링이 가능하다.

[그림 3-50] 쿼리 복제

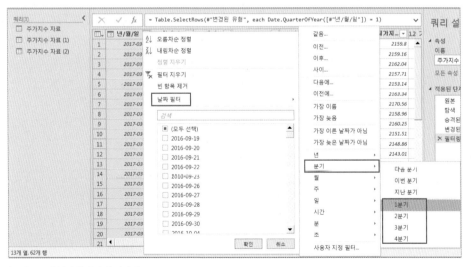

[그림 3-51] 분기별 데이터 필터링

분기별로 필터링된 각 쿼리를 엑셀로 내보내면 그림 3-53과 같
이 세개의 시트에 각 데이터를 불러올 수 있다. 마찬가지의 방법
으로 각각의 데이터에 대해 기술통계값을 요약해 정리하면 그림
3-54와 같은 분석 결과를 얻을 수 있다.

[그림 3-52] 분기별 데이터 쿼리

	A	B	C	D	E	F	G	H
1	년/월/일	현재지수	대비	등락률(%)	시가지수	고가지수	저가지수	거래량(천주·9	거래량(천주
2	2017-03-31	2160.23	-4.41	-0.2	2166.62	2166.93	2159.8	441526
3	2017-03-30	2164.64	-2.34	-0.11	2170.18	2174.16	2159.16	643465
4	2017-03-29	2166.98	3.67	0.17	2172.31	2172.31	2162.04	619423
5	2017-03-28	2163.31	7.65	0.35	2166.58	2169.14	2157.71	393033
6	2017-03-27	2155.66	-13.29	-0.61	2161.17	2165.25	2153.14	394826
7	2017-03-24	2168.95	-3.77	-0.17	2171.36	2179.34	2163.34	357714
8	2017-03-23	2172.72	4.42	0.2	2174.09	2182.42	2170.56	357727
9	2017-03-22	2168.3	-10.08	-0.46	2159.97	2170	2158.96	393460
10	2017-03-21	2178.38	21.37	0.99	2162.95	2181.99	2160.25	302966
11	2017-03-20	2157.01	-7.57	-0.35	2160.32	2160.57	2151.51	264021
12	2017-03-17	2164.58	14.5	0.67	2150.47	2164.59	2148.86	301979
13	2017-03-16	2150.08	17.08	0.8	2154.98	2156.85	2143.01	401320
14	2017-03-15	2133	-0.78	-0.04	2128.42	2135.38	2127.26	373920
15	2017-03-14	2133.78	16.19	0.76	2127.12	2135.5	2124.42	364325
16	2017-03-13	2117.59	20.24	0.97	2102.37	2122.88	2100.91	381126
17	2017-03-10	2097.35	6.29	0.3	2088.67	2102.05	2082.31	499444
18	2017-03-09	2091.06	-4.35	-0.21	2098.29	2100.08	2090.73	406747

쿼리 및 연결

쿼리 | 연결

3개 쿼리

주가지수 자료 2017 1분기
62개의 행이 로드되었습니다.

주가지수 자료 2017 2분기
60개의 행이 로드되었습니다.

주가지수 자료 2017 3분기
66개의 행이 로드되었습니다.

[그림 3-53] 분기별 코스피 시장 데이터[5]

등락률(%)	1분기	2분기	3분기
평균	0.10387097	0.17166667	0.05045455
표준 오차	0.06199971	0.07645211	0.07751304
중앙값	0.06	0.145	0.11
최빈값	0.17	-0.39	0.74
표준 편차	0.48818619	0.59219547	0.62971894
분산	0.23832575	0.35069548	0.39654594
첨도	0.32255703	1.67291272	1.38093964
왜도	0.22729172	0.67178059	-0.9556573
범위	2.61	3.3	3.08
최소값	-1.14	-1	-1.73
최대값	1.47	2.3	1.35
합	6.44	10.3	3.33
관측수	62	60	66

[그림 3-54] 명목형 변수로 구분한 '등락률' 데이터 기술 통계 값

---

5   코스피 시장의 분기별 데이터는 엑셀에서도 필터링과 복사 기능을 통해 어렵지 않게 구할 수 있다. 하지만 이를 예와 같이 쿼리로
    만들어 놓으면 추가작업 없이 업데이트 된 데이터를 다시 분기별로 나누어 볼 수 있어 편리하다.

그림 3-54의 분기별 표준편차 값을 통해 주식시장의 변동성이 분기가 지날수록 점차로 확대되고 있다는 것을 확인할 수 있고 평균값의 변화를 통해 상승률 역시 둔화되고 있다는 것도 알 수 있다. 또한 3분기의 왜도를 통해 전체적인 등락률 분포가 평균 값보다 왼쪽으로 치우친 것도 알 수 있다.

이와 같이 명목형 변수 값을 통해 구분한 데이터를 가지고 위와 같은 기술 통계 값 분석을 실행하면 기존에는 알 수 없었던 여러 가지 정보를 파악할 수 있어 유용하다. 이러한 분석 기법은 사실 기술통계 분석뿐만 아니라 (수치형 변수와 명목형 변수가 함께 관측값을 이루고 있는 모든 데이터에서) 시각화와 여러 고급 데이터 분석에서도 사용할 수 있는 기초적인 접근 방법이다.

3.2.2 변수들의 관계를 말해주는 회귀 분석

회귀 분석 기초

데이터 분석의 핵심은 변수들 사이의 관계를 파악하는 것이다. 변수들 사이에 특정한 관계가 존재하고 이를 일정한 패턴으로 구조화할 수 있다면 전체 데이터에 대한 이해는 물론 미래 예측을 위한 분석 모델도 쉽게 만들 수 있다.

변수들 사이의 관계를 파악하는 데 사용할 수 있는 방법은 여러 가지가 있는데 그 중 가장 기본적인 방법은 회귀분석이다. 회귀분석은 관측값 사이의 거리를 최소화 하는 추세선을 만드는 방법으로 변수들 사이의 상관 관계를 구조화하는 분석 기법이다. 보통의 경우 숫자 데이터에 적용하지만 제한적인 방법으로 명목형 데이터 분석에도 적용할 수 있다.

회귀분석을 이해하기 위해 우선 두 개의 변수로 구성된 다음 '강수량 대비 옥수수 생산량' 데이터를 대상으로 회귀분석을 실행해 보자.

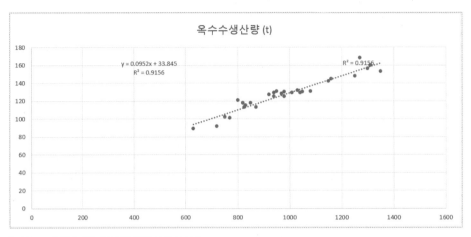

[그림 3-55] 엑셀 산점도를 통한 회귀 분석 식 도출

두 변수 사이에서의 회귀분석은 기본적으로 그림 3-55와 같이 산점도 상에서 두 변수를 가장 잘 설명할 수 있는 선을 찾고 (관측값까지의 거리가 최소가 되는 선) 이를 수식화해 유효성을 검사하는 일련의 분석 과정이다. 이 과정에서 수식화된 식을 회귀식이라고 부르는데, 회귀식은 직선이 될 수도 있고 곡선이 될 수도 있다. 하지만 보통은 직선이라고 가정하고 분석한다. 물론 산점도상 회귀식이 명확하게 곡선인 경우는 처음부터 곡선을 가정한 식을 만들수도 있다.

두 변수 사이에 상관이 있는 경우, 즉 그림 3-55와 같이 산점도상 데이터의 분포를 가장 잘 설명할 수 있는 식이 직선인 경우에는 아래 ①번 식과 같이 회귀식을 1차 방정식 형태로 표현할 수 있다.

　① $Y = \alpha X + \beta$ (Y는 종속변수, X는 독립변수로 가정한다.)

이렇게 표현된 식은 연속된 직선이기 때문에 실제 관측되지 않은 X 값에 대해서도 Y 값을 계산할 수 있다. 이는 결국 모든 X 값에 대해서 Y 값을 예측할 수 있다는 의미이다. 물론 해당 식을 통해 도출한 Y값은 예측 값이기 때문에 실제 관측값과는 차이가 있을 수 있다. 하지만 회귀식이 기존의 데이터를 통해 가장 오차가 적은 식을 찾은 것이기 때문에 이를 통해 도출된 Y값은 실제 관측값과 같을 확률이 높다.

위 데이터에서 찾은 회귀식은 Y=0.952X +33.845이다. 이를 해석하면 강수량이 1mm 만큼 늘어나면 농업 생산량은 약 0.95t 만큼 늘어난다는 것으로 두 변수 사이의 관계가 양의 상관이 있다는 것을 보여준다. 이를 통해 향후 강수량이 늘거나 줄어들 경우의 식량 생산량을 예측할 수 있고 궁극적으로 이에 따른 의사결정을 내릴 수 있다.

한가지 주의할 점은 두 변수 사이에 상관이 있다고 해서 이를 인과관계로 해석해서는 안 된다는 것이다. 상관이라는 것은 두 변수가 일정한 패턴으로 움직인다는 것이지 꼭 한 변수로 인해 다른 변수가 영향을 받는다는 뜻은 아니다. 예를 들어 한 지역의 교회 수와 성범죄 건수는 양의 상관이 있을 수 있다. 그런데 이를 인과관계로 해석하면 교회가 늘었기 때문에 성범죄가 증가했다고 하는 이상한 결론이 난다. 통계의 오류에 빠질 수 있는 것이다. 실상은 지역의 교회 수 증가는 인구증가에 따른 결과이고 인구가 증가함에 따라 성 범죄 역시 증가한 것이지 교회 수가 증가해서 성범죄가 증가한 것은 아니기 때문이다.

분산형 차트 기능을 활용한 쉬운 회귀분석

엑셀에서 회귀분석을 실행하는 방법은 여러 가지가 있다. 그 중 가장 쉬운 방법은 엑셀의 분산형 차트를 사용하는 방법이다. 이는 회귀분석의 오차나 유효성 등을 크게 고려하지 않을 때 간단하게 사용할 수 있는 방법이지만 한번에 두 개의 변수만 분석할 수 있다는 단점이 있다.

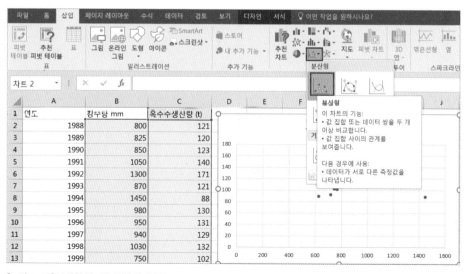

[그림 3-56] 분산형 차트를 통한 회귀분석

분산형 차트로 회귀식을 찾기 위해서는 산점도 안에서 추세선을 그리고 이를 수식화하면 된다. 우선 그림 3-56과 같이 두 변수를 범위로 선택한 다음 분산형 차트를 선택한다. 그리고 그림 3-57과 같이 [+]→[추세선]→[기타 옵션]을 선택해 추세선(회귀식) 옵션을 설정해 추세선과 회귀식이 차트에 표시되도록 하면 된다. 참고로 엑셀 2010 버전에서는 산점도 상의 데이터를 우 클릭해 [추세선 옵션]을 선택하면 추세선과 식을 추가할 수 있다.

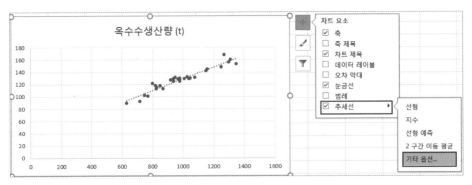

[그림 3-57] 회귀분석을 위한 산점도 서식 설정

[그림 3-58] 추세선(회귀식) 옵션 설정 창

이때 추세선은 선형으로 선택하고(산점도상 두 변수가 명백하게 선형이 아닌 관계를 보일 경우 선형 이외의 추세선을 선택하는 것도 가능하다) '수식을 차트에 표시' 옵션과 'R−제곱 값을 차트에 표시' 옵션을 선택한다.

R^2 값은 계산된 회귀식의 효용성을 평가하는 척도 중 하나로 0에서 1사이의 값을 가지는데, 그 값이 클수록 회귀식의 효용성이 증가한다(산점도를 통한 회귀분석은 식의 유용성을 평가하는 지표를 따로 계산할 수 없기에 최소한 R^2을 표시해 식의 유용성을 확인해야 한다).

R^2 값의 정확한 정의는 전체 Y의 변화량 중 X로 설명할 수 있는 % 값이다. 따라서 R^2 값이 0.4274인 위 회귀분석에서는 Y의 변화량 중 X의 변화로 설명할 수 있는 부분이 42%이고 나머지 58%는 다른 요인에 의해 값이 변화한다고 해석할 수 있다.

이렇듯 분산형 차트를 사용하면 회귀식은 간단하게 얻을 수 있지만 앞에서 언급한 것처럼 R^2 값을 제외하고는 회귀분석과 관련된 다른 지표들은 얻을 수 없다는 단점이 있다. 하지만 관심 있는 변수가 두 개이고 변수들의 관계를 시각적으로 이해하는 것이 필요할 때는 분산형 차트를 활용한 회귀분석도 유용한 방법 중 하나이다.

분석도구를 활용한 회귀분석의 해석

엑셀에서 회귀분석을 실행하는 두 번째 방법은 '분석도구'를 이용하는 방법이다.

분석도구를 활용하면 여러 개의 변수로 이루어진 데이터도 손쉽게 회귀분석을 실행할 수 있다. [데이터] 탭→[데이터 분석]→[회귀분석]을 클릭하고 회귀분석 창이 활성화되면 그림 3−59와 같이 독립변수 X와 종속변수 Y의 범위를 입력해 준다.

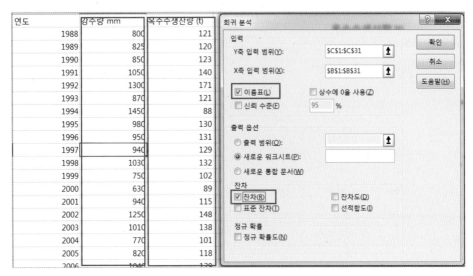

[그림 3-59] 엑셀 분석도구를 활용한 회귀분석

이때 위 예처럼 변수 범위에 헤더까지 포함했다면 '이름표'(헤더) 옵션에 체크 표시를 해주어야 한다. 또한 결괏값의 잔차(회귀식을 통한 예측값과 실제 관측값의 차이)를 확인하고자 하는 경우 '잔차' 옵션에 체크를 하면 된다. 보통 잔차는 회귀분석의 유용성을 검증하는 핵심 지표가 되기 때문에 출력을 선택해서 따로 분석하는 과정을 거치는 것이 필요하다. 확인을 클릭하면 새 워크시트에 그림 3-60과 같이 그 결괏값이 표시된다.

요약 출력

회귀분석 통계량	
다중 상관계수	0.65379542
결정계수	0.427448452
조정된 결정계수	0.407000182
표준 오차	16.12886107
관측수	30

분산 분석

	자유도	제곱합	제곱 평균	F 비	유의한 F
회귀	1	5437.942207	5437.942207	20.90389359	8.92794E-05
잔차	28	7283.92446	260.1401593		
계	29	12721.86667			

	계수	표준 오차	t 통계량	P-값	하위 95%	상위 95%	하위 95.0%	상위 95.0%
Y 절편	61.14270662	14.85933503	4.114767351	0.000308672	30.70473863	91.58067462	30.70473863	91.58067462
강수량 mm	0.066601727	0.01456706	4.572077601	8.92794E-05	0.036762458	0.096440996	0.036762458	0.096440996

[그림 3-60] 엑셀을 통한 회귀분석 결과

엑셀 분석도구의 회귀분석은 산점도를 통한 회귀분석과 달리 단순히 회귀식을 얻는 것에 그치지 않고 분석에 대한 자세한 결괏값을 제공한다. 이를 통해 해당 회귀분석이 즉 회귀식이 얼마나 유의한지 판단할 수 있다.

이러한 지표 값들에 대한 자세한 계산식은 알 필요는 없지만 (통계학을 전공하는 경우를 제외하고) 데이터 분석의 신뢰성을 판단하기 위해 주요 지표들의 의미를 아는 것은 필요하다.

회귀분석의 결과를 해석할 때는 가장 먼저 확인해야 하는 지표는 '유의한 F' 값이다. 해당 값은 회귀분석으로 만들어진 식의 유의성을 판단해 주는 역할을 하며, 식을 통한 Y 값이 얼마나 정확한지를 말해 준다. 예를 들어 위 회귀분석의 유의한 F 값은 0.00009인데, 이는 회귀식 $Y = 0.666 X + 61.143$을 통한 데이터 예측이 10만 번 중 9번 정도의 확률로 도움이 되지 않는다는 의미로 이를 통한 데이터 예측이 상당히 정확한 값이라는 것을 말해준다. 일반적으로 해당 값이 0.05보다 작은 경우, 한마디로 100번 중 5번 미만으로 해당 모델이 종속변수 값을 예측하는 데 도움이 되지 못할 때, 이를 의미 있는(유의한) 모델로 판단한다.

두 번째로 해석이 필요한 값은 P- 값이다. 해당 값은 각 회귀식의 계수가 실제 예측에서 유의미한지 판단하게 해 주는 값으로 '유의한 F 값'과 마찬가지로 그 값이 0.05 이하일 때 '해당 독립변수가 종속변수를 예측하는 데 도움이 된다', 즉 '계수가 의미 있다'라고 해석할 수 있다. 해당 값이 0.05보다 큰 경우에는 해당 변수가 Y 값을 예측하는 데 도움이 되지 않는다는 의미이므로 이를 제외하고 다시 회귀분석을 실행해야 한다. 이 경우 유의미하지 않은 변수가 회귀분석에 포함되어 회귀식이 왜곡되었기 때문에 단순히 해당 변수를 제외하고 기존의 값을 사용하면 안되고 다시 한번 회귀분석을 통해 새로운 계수를 계산해야 한다.

앞에서 설명한 R^2 값은 결정계수라는 명칭으로 분석 결괏값에 나타나는데, 이는 해당 모델이 종속변수의 변화량의 몇 %를 설명할 수 있는지 나타내 주는 값이다.

마지막으로 해석에 주의를 기울여야 하는 값은 표준오차 값이다. 표준오차는 회귀분석을 통해 예측한 Y (종속변수)의 값이 실제 관측한 값과 다를 때 그 차이의 정도를 나타내 주는 숫자로써, 값이 크면 클수록 모델이 실제 관찰 값을 반영하지 못할 확률이 높아진다는 의미이다. 표준 오차는 또한 이상점(outlier)을 판단하는 데도 사용될 수 있다. 보통 표준오차의 2배수를 벗어나는 값을 가지면 이를 이상점이라고 할 수 있다. 데이터 분석은 통계와는 다르게 이상점을 해석하는 과정에서 많은 통찰을 얻을 수 있으므로 단순히 이를 제외하고 결괏값을 다시 계산하기보다는 이를 잘 해석하고 원인을 찾아야 한다.

여러 변수들의 관계를 밝혀주는 다중 회귀분석

사실 실무에서는 앞의 예처럼 두 개의 변수만으로 회귀분석을 실시하는 경우는 드물다. 대부분의 자료가 여러 변수로 이루어진 데이터이고 변수들 사이에 복잡한 관계가 얽혀 있기 때문에 복수의 변수를 대상으로 회귀분석을 실행하는 것이 보통이다. 다수의 변수로 회귀분석을 할 때는 이를 산점도로 표현할 수 없기 때문에 실제 분포를 보면서 해석을 할 수 없다. 때문에 이 경우 어떤 변수가 종속변수를 예측하는 데 도움이 되는지 알 수 없다. 따라서 여러 변수들을 대상으로 회귀분석을 실행해야 할 때에는 먼저 상관 테이블을 만들어 보고 이를 바탕으로 몇개의 변수를 선정해 회귀분석을 실행하면 도움이 된다.

이번 예제에서 사용할 데이터는 병합한 금융데이터로 일자별 코스피 지수와 거래량, 금 지수와 원유 가격 그리고 채권가격과 환율에 대한 정보를 담고 있는 데이터다. 해당 자료는 KRX 홈페이지에서 내려받은 주가지수 데이터와 KEB 은행 외환 시장 정보 등을 병합해 만든 자료이다. 해당 자료에 대한 자세한 데이터 쿼리 및 조합 방법은 다음 장, '데이터 시각화'에서 다시 한 번 더 설명한다.

연도	분기	월	일	bond price	gold price	KRW/USD	Stock Price	volumn	WTI
2016	분기 2	June	7	1242.11	1107	1157	2011.63	481348	375.83
2016	분기 2	June	8	1243.01	1107.47	1152.5	2027.08	497935	374.82
2016	분기 2	June	9	1244.13	1114.32	1159.5	2024.17	599681	367.78
2016	분기 2	June	10	1244.24	1168.39	1166	2017.63	404303	356.73
2016	분기 2	June	13	1244.69	1145.24	1174	1979.06	443002	357.59
2016	분기 2	June	14	1243.68	1149.49	1179	1972.03	439937	357.7
2016	분기 2	June	15	1243.91	1154.68	1173	1968.83	376769	354.07
2016	분기 2	June	16	1244.69	1159.87	1178	1951.99	438794	341.9
2016	분기 2	June	17	1244.13	1133.66	1174	1953.4	485269	353.12
2016	분기 2	June	20	1242.97	1122.56	1159	1981.12	391345	363.57
2016	분기 2	June	21	1243.64	1130.35	1153.5	1982.7	557437	357.4
2016	분기 2	June	22	1243.2	1109.8	1152	1992.58	407435	357.91
2016	분기 2	June	23	1243.87	1110.98	1146.3	1986.71	455390	364.26
2016	분기 2	June	24	1247.02	1166.94	1173	1925.24	750546	344.96
2016	분기 2	June	27	1247.69	1185.35	1183.5	1926.85	394266	340.51
2016	분기 2	June	28	1247.13	1165.98	1168.5	1936.22	373459	356.14

[그림 3-61] 다중 회귀분석을 위한 기본 데이터

먼저 예제 파일을 열어 데이터를 확인해 보자. 해당 데이터에는 날짜에 대한 데이터 이외에 총 6개 변수가 있다. 6개 변수 모두를 독립변수로 삼아 다중 회귀분석을 할 수도 있지만 불필요하게 회귀식을 복잡하게 만들지 않기 위해서는 연관이 있을 것으로 보이는 변수를 선택해 다중 회귀분석을 실행하는 것이 좋다. (사실 엑셀이 회귀분석에서 15개 변수까지 지원하기 때문에 6개 변수로 다중회귀분석을 실행해도 크게 복잡한 식을 만들지는 않는다.) 연관이 있는 변수를 선택하기 위해서는 상관분석을 통해서 상관계수가 큰 변수를 선택해야 한다.

상관분석은 앞선 예제에서 언급한 바와 같이 두 변수 사이에 선형관계가 있는지를 알아보는 분석으로 상관계수(coefficient of correlation)를 지표로 사용한다. 상관계수는 −1에서 1 사이의 값을 가지는데, 1이면 완전한 양의 상관을, −1 이면 완전한 음의 상관을 나타낸다. 이를 산점도를 통해 표현하면 그림 3−62와 같다. 특히 이를 시각화해 분석하면 여러 장점이 있는데, 상관계수의 시각화는 다음 장, '데이터 시각화'에서 다시 한번 다루도록 하겠다.

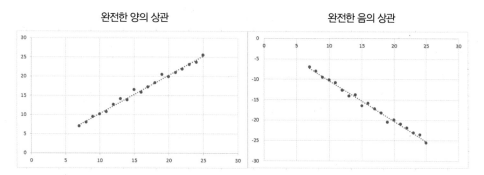

[그림 3−62] 상관계수 1과 −1의 형태

엑셀에서 여러 변수들을 대상으로 상관분석을 실행하기 위해서는[데이터] 탭→[데이터 분석 도구]를 선택한 후 [상관 분석]을 클릭하면 된다.

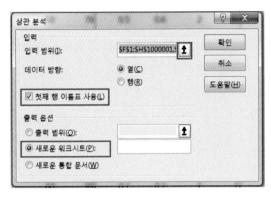

[그림 3-63] 상관분석

'상관 분석' 창이 나타나면 원하는 변수가 있는 모든 범위를 지정해 주고 해당 범위가 헤더를 포함한다면 '첫째 행 이름표 사용'에 체크한 후 확인을 클릭하면 된다. 주의할 사항은 엑셀에서 상관분석을 실행하기 위해서는 연속된 범위를 참조해야 한다는 것이다. 따라서 분석하고자 하는 변수가 연속으로 위치하지 않을 때는 나머지 변수들을 삭제하고 원하는 변수만 선택해야 한다.

상관은 기본적으로 두 변수 사이의 관계를 나타내므로 몇 개의 변수를 선택해도 두 개씩 짝을 지어 그 결괏값을 나타낸다. 따라서 위 예처럼 6개의 변수를 선택하면 $_6C_2$ (6개 중 순서에 상관없이 2개를 선택할 수 있는 경우의 수), 즉 15개의 결괏값을 보여준다.

	bond price	gold price	KRW/USD	Stock Price	volumn	WTI
bond price	1					
gold price	0.847090939	1				
KRW/USD	-0.486462171	-0.248953739	1			
Stock Price	-0.365052336	-0.48134422	-0.360472656	1		
volumn	0.207061241	0.184860043	-0.147799153	0.072408592	1	
WTI	-0.67855314	-0.630759063	0.629004586	0.147683506	-0.045268766	1

[그림 3-64] 상관분석 결과

분석 방향에 따라 달라질 수 있겠지만 기본적으로 우리의 관심은 주가(stock price)를 예측하는 데 있다. 따라서 회귀분석에서는 주가를 종속변수로 놓고 이에 영향을 미친다고 생각되는 변수들의 계수를 계산해야 한다. 이를 위해서는 위 상관분석 테이블에서 주가와 기타 변수의 상관계수 값(절댓값)이 충분히 커서 서로의 분포에 어느 정도 영향을 미친다고 판단되는 변수를 회귀분석을 위한 독립변수에 포함시키면 된다.

위 상관분석을 통해서 채권과 환율 그리고 금 가격 등이 주가와 어느 정도 상관이 있는 것을 확인할 수 있다. 그리고 일반적인 믿음과는 다르게 거래량과 주가는 상관계수 0.072로 상관이 높지 않다는 것도 확인할 수 있다.

그런데 사실 위와 같이 1차 상관분석 결과만 가지고는 두 변수 간의 관계가 있는지 없는지를 단정할 수 없다. 상관분석은 어디까지나 두 변수 사이에 선형의 관계가 있는지 없는지에 대해서만 판단해 주기 때문에 선형관계가 없는 경우, 즉 선형관계 이외의 관계가 있는 경우는 이를 찾아내지 못한다. 예를 들어 그림 3-65와 같은 산점도를 그리는 두 변수는 한눈에 보기에도 일정한 관계가 있지는 것을 알 수 있지만 상관계수는 0에 가까운 값을 나타낸다.

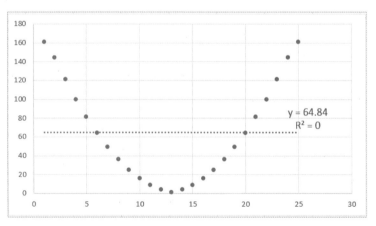

[그림 3-65] 상관계수가 0인 두 변수의 산점도. 두 변수 사이에 거듭제곱의 관계가 있다는 것을 보여준다.

위와 같이 두 변수 사이에 서듭세납의 관계가 있는 경우 이를 상관분석으로 찾아내기는 쉽지 않다. 때문에 작은 상관계수에도 불구하고 변수의 거듭제곱 혹은 다른 계산 값이 종속변수에 영향을 미친다고 판단된다면 우선 이를 회귀분석의 독립변수로 추가해 P- 값으로 회귀분석에 해당 변수를 포함할지를 판단해야 한다.

해당 값 (거듭제곱 혹은 계산 값)이 충분히 작은 P- 값을 보여준다면 해당 변수의 거듭제곱 혹은 계산 값은 독립변수로 추가되어야 한다. 거래량과 주식과의 관계를 한 번 더 확인해 보

기 위해 기본 데이터에 거래량^2(거듭제곱) 값을 값으로 하는 변수를 추가하고 회귀분석을
실행해 보자.

또 한가지 주의해야 하는 것은 상관분석에서 서로 높은 상관계수를 가지고 있는 변수를 모
두 독립변수에 포함하면 안 된다는 것이다. 위 예에서는 bond price(채권 가격)와 gold
price(금 가격)는 0.84의 높은 상관을 보이기 때문에 둘 모두를 회귀분석에 포함해서는 안
된다.

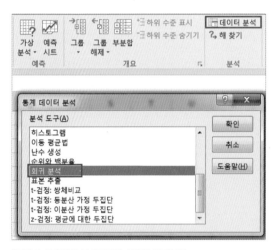

[그림 3-66] 엑셀 분석도구를 사용한 회귀분석

bond price	gold price	KRW/USD	volumn	WTI	Stock Price	volumn^2
1242.11	1107	1157	481348	375.83	2011.63	231,695,897,104
1243.01	1107.47	1152.5	497935	374.82	2027.08	247,939,264,225
1244.13	1114.32	1159.5	599681	367.78	2024.17	359,617,301,761
1244.24	1168.39	1166	404303	356.73	2017.63	163,460,915,809
1244.69	1145.24	1174	443002	357.59	1979.06	196,250,772,004
1243.68	1149.49	1179	439937	357.7	1972.03	193,544,563,969
1243.91	1154.68	1173	376769	354.07	1968.83	141,954,879,361
1244.69	1159.87	1178	438794	341.9	1951.99	192,540,174,436
1244.13	1133.66	1174	485269	353.12	1953.4	235,486,002,361
1242.97	1122.56	1159	391345	363.57	1981.12	153,150,909,025
1243.64	1130.35	1153.5	557437	357.4	1982.7	310,736,008,969
1243.2	1109.8	1152	407435	357.91	1992.58	166,003,279,225
1243.87	1110.98	1146.3	455390	364.26	1986.71	207,380,052,100
1247.03	1166.94	1172	750546	344.96	1925.24	563,319,408,116

[그림 3-67] 거래량의 거듭제곱을 추가한 데이터 (^2은 거듭제곱 산식을 의미한다.)

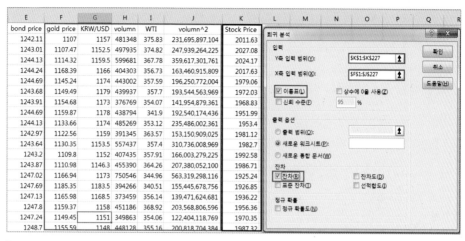

[그림 3-68] 거래량의 거듭제곱을 추가한 회귀분석

요약 출력					
회귀분석 통계량					
다중 상관계수	0.732031271				
결정계수	0.535869781				
조정된 결정계수	0.525321367				
표준 오차	58.17749904				
관측수	226				

분산 분석					
	자유도	제곱합	제곱 평균	F 비	유의한 F
회귀	5	859710.4345	171942.0869	50.80098093	0.000000000
잔차	220	744616.7067	3384.621394		
계	225	1604327.141			

	계수	표준 오차	t 통계량	P-값	하위 95%	상위 95%	하위 95.0%	상위 95.0%
Y 절편	5160.3062	236.6750374	21.80333954	0.0000000	4693.865713	5626.746688	4693.865713	5626.746688
gold price	-1.266859663	0.145832234	-8.687103142	0.0000000	-1.554266646	-0.979452679	-1.554266646	-0.979452679
KRW/USD	-1.808537915	0.196877715	-9.186097672	0.0000000	-2.196545616	-1.420530214	-2.196545616	-1.420530214
volumn	0.000804003	0.000194995	4.123203538	0.0000530	0.000419706	0.0011883	0.000419706	0.0011883
WTI	0.534125631	0.228282846	2.339753694	0.0201923	0.084224523	0.98402674	0.084224523	0.98402674
volumn^2	-8.32478E-10	2.17186E-10	-3.833022386	0.0001652	-1.26051E-09	-4.04447E-10	-1.26051E-09	-4.04447E-10

[그림 3-69] 다중 회귀분석 결괏값

회귀분석 결과로 주가 변화를 예측하는 데 거래량의 제곱 값을 포함한 5개의 변수 모두가 유의한 것을 확인할 수 있다(5개 변수 모두 충분히 작은 P- 값을 갖는다). 그리고 해당 모델의 '유의한 F' 값 역시 충분히 작기 때문에 다음과 같은 회귀분석 모델(식)을 사용해서 주가의 변화를 예측하는 것은 의미가 있다. 특히 거래량의 제곱도 0.05보다 작은 P- 값을 가지므로 거래량이 주가를 예측하는 데 도움이 된다고 말할 수 있다. 또한 결정계수(R^2)가 0.53이므로 해당 변수들이 설명할 수 있는 주가의 변화는 약 53%이고 나머지 47%는 설명하지 못한다는 것도 확인할 수 있다.

잔차 분석을 통한 회귀식 검정

회귀분석에서 또 한 가지 중요한 것이 잔차의 가정과 해석이다. 회귀식의 유의한 F값과 각 변수의 P-값이 아무리 적절해도 잔차의 분포나 형태가 회귀분석을 위한 가정에 어긋나면 그 식의 정확도가 떨어지기 때문에 결과에 대한 다른 해석이 필요하다.

잔차 출력		
관측수	예측치 Stock Price	잔차
1	2060.278179	-48.64817931
2	2067.095466	-40.01546633
3	2030.832085	-6.662085317
4	1950.886712	66.74328843
5	1970.022846	9.037153936
6	1955.443345	16.58665467
7	1949.940695	18.8893051
8	1935.579851	16.41014858
9	1983.625881	-30.22588083
10	2023.424654	-42.30465437
11	2022.55961	-39.85960986
12	2051.463495	-58.88349483
13	2067.779688	-81.06968822

[그림 3-70] 회귀분석의 잔차

우선 잔차의 해석을 위해 해당 회귀분석의 잔차 테이블을 확인해 보자. 위 예에서는 회귀식의 표준오차인 58.17의 2배인 116.35 보다 절댓값이 큰 관측값이 14개가 있는 것을 알 수 있다. 데이터분석 관점에서 이러한 이상점의 해석은 중요하다. 일반적인 범위를 벗어나는 데이터 값들의 존재는 해당 자료를 조금 더 설명해 줄 수 있는 변수가 모형에 포함되지 않았을 가능성을 말해 주기 때문이다. 따라서 가능하다면 해당 날짜의 뉴스나 공시자료를 찾아 평소 움직임과는 다른 움직임을 보였던 원인을 찾아 보는 것이 필요하다. 특히 표준오차의 3배 값인 174.53 보다 큰 3개 값은 따로 분석을 해서 원인 변수를 찾아야 한다. (오차 분석을 통해 찾아낼 수 있는 차이의 원인이 사실 데이터 분석 관점에서 회귀분석의 가장 큰 목적 중 하나이다.)

회귀분석을 통해 찾아낸 회귀식이 실제 데이터 예측에 얼마나 효용이 있을까? 회귀분석을 통해 찾아낸 아래 회귀식이 분석에서 확인한 바와 같이 미래를 예측하는 데, 즉 주가의 변화를 예측하는 데 53%만큼이라도 설명할 수 있다면 이를 활용해서 누구나 돈을 벌 수 있다는 의미가 된다.

회귀식이 얼마만큼 효용이 있는지, 다시 말해 회귀분석을 통해 찾아낸 회귀식이 실제 데이터를 예측하는 데 얼마나 도움이 되는지는 많은 부분 잔차의 분포에 달려 있다. 통계학적으로는 잔차가 일반적으로 관찰될 수 있는 정규분포 형태를 띠어야 회귀분석이 유용하다고 이야기한다.

다중 회귀분석 결과에 따른 회귀식은 아래와 같이 표현할 수 있다.

② Y = 5160.30 − 1.27(gold price) −1.81(KRW/USD 환율) + 0.001(volumn) + 0.53(WTI 원유가격) −0.0000001(volumn^2)

위 회귀식의 Y 값은 실제 관측된 값과 차이가 있는데, 그 차이가 바로 잔차이다. 이러한 잔차를 식에 반영해 회귀식을 다시 쓰면 다음과 같은 형태로 표현할 수 있다. 이 때의 Y 값, 즉 식 ③의 Y 값은 식 ②의 Y 값(식을 통한 예측 값)과는 다른 값이다(③의 Y 값은 잔차를 반영한 실제 관측값).

③ Y= '독립변수로 설명되는 Y값' + '설명되지 않는 Y값(잔차)'

위 회귀식을 통한 예측이 성립되려면 설명되지 않는 Y 값(잔차)이 정말 설명되지 않아야 한다. 어떤 변수로든 '설명되지 않는 Y 값(잔차)'이 설명되거나 예측될 수 있다면(식으로 만들 수 있는 뚜렷한 패턴을 보인다면) 이는 실낳뇌는 Y 값, 즉 회귀식이 완전하지 않다는 것을 의미한다. 결국 이것은 회귀식에 포함되어 Y 값을 설명해야 할 어떤 변수가 회귀식에 포함되지 않았거나 엉뚱한 변수가 포함되어 회귀식이 Y 값을 제대로 예측할 수 없다는 것을 말해 주기 때문이다.

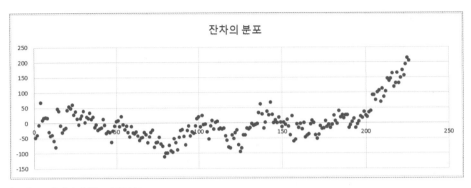

[그림 3-71] 패턴이 있는 잔차의 분포

예제를 통해 만든 회귀분석의 잔차 그림 3-71은 언뜻 보기에도 패턴이 있어 보인다(양의 잔
차가 연속되거나 음의 잔차가 연속되는 등). 그렇기 때문에 위 회귀식에는 포함되어야 하는
변수가 빠져 있거나 불필요한 변수가 포함되어 왜곡된 회귀식이 도출되었다고 결론을 내릴
수 있다.

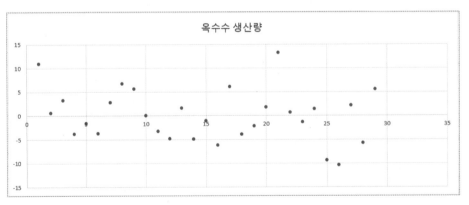

[그림 3-72] 특정한 패턴이 없는 잔차의 분포

그림 3-72는 처음 예로 든 강수량 대비 옥수수 생산량 자료의 회귀분석 잔차의 분포이다.
위 잔차는 특정한 패턴이 없는 형태로 회귀식이 충분히 유용하다는 것을 나타내 준다. (엄격
히 말하자면 위 잔차도 완전한 정규분포를 따른다고는 할 수 없다. 하지만 그림 3-71과 같
이 산점도가 특정 패턴을 명확하게 보여주고 있지는 않기에 상대적으로 유의하다고 볼 수 있
다.)

잔차의 분포를 히스토그램으로 나타내거나 데이터 분석 메뉴의 기술통계를 활용하면 잔차가 정규분포를 따라가는지를 더욱 효과적으로 판단할 수 있다. 그림 3-73의 잔차 히스토그램 은 옥수수 생산량 회귀분석의 잔차가 완전한 정규분포는 아니지만 대략적인 분포와 평균 왜 도 등이 정규분포와 유사한 형태를 보인다는 것을 말해준다. 이를 통해 옥수수 생산량 회귀 분석이 유의미하고 이를 통한 예측을 어느 정도 신뢰할 수 있다는 것을 다시 확인할 수 있다.

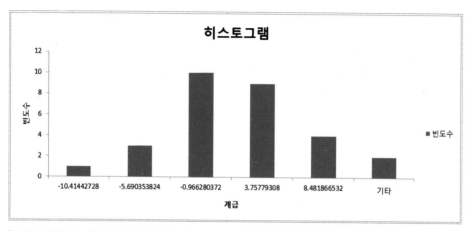

[그림 3-73] 옥수수 생산량 회귀분석의 잔차 히스토그램

하지만 그렇다고 해서 식 ②의 회귀식이 무조건 의미가 없다는 것은 아니다. 잔차의 분포가 정규분포가 아닌 경우에도 변수간의 관계를 찾는 데이터 분석 관점에서는 특정한 패턴을 찾 을 수 있는 회귀식은 관계를 이해하는 데 좋은 출발점이 된다. 또한 정규분포의 가정이 맞지 않더라도 해당 잔차의 분산이 모든 값에서 비슷한 값을 가진다면 변수의 관계를 나타내 주는 회귀 계수는 데이터 예측에 충분히 사용될 수 있다. 그럼에도 불구하고 잔차의 분포가 정규 분포와 멀어지면 멀어질수록 해당 분석의 유효성은 떨어지기에 회귀 분석의 경우 반드시 잔 차를 함께 분석해서 식의 유용성을 검증하는 것은 필요하다.

3.3 엑셀의 해 찾기 기능을 통한 데이터 분석

비즈니스 업계에서 중요한 명제 중 하나는 바로 활용할 수 있는 자원이 유한하다는 사실이다. 어떤 사업을 하던 그 사업을 위해 투입할 수 있는 예산은 일정 한도를 초과할 수 없다. 때문에 얼마나 효율적으로 자원을 배분하는지는 업계에서 자신의 성공과 실패를 가르는 중요한 요인이다.

최적 효율에 맞게 자원을 배분하는 문제는 데이터 분석과도 연결된다. 최적의 해를 찾는다는 것이 결국 주어진 데이터를 해석해 현상을 반영하는 제한 조건과 목적함수를 만드는 과정이기 때문이다. 이는 변수 사이의 관계(회귀식)를 통해 데이터 값을 예측하는 회귀분석과 같이, 주어진 데이터 조합을 분석해 상황을 만족시키는 최적의 데이터 조합을 찾는 과정으로 진행된다.

이때 사용할 수 있는 대표적인 방법은 선형계획법이다. 선형계획법은 예산뿐만 아니라 여러 최적화 문제를 해결하는 데 사용할 수 있는데, 기본적으로 여러 제약 조건하에서 최적 변수 값을 찾아 주는 역할을 한다.

엑셀은 이러한 최적화 문제를 손쉽게 해결할 수 있도록 '해 찾기' 도구를 제공한다. 2010 버전부터 그 기능이 크게 향상된 '해 찾기' 도구는 선형 최적화 문제뿐만 아니라 곡선이나 미분이 불가능한 조건에서까지 최적해를 찾을 수 있게 도와준다.

3.3.1 엑셀의 해 찾기 기능 활용

해 찾기 추가기능 설치

엑셀의 '해 찾기' 도구는 '분석도구'와 마찬가지로 추가기능에서 따로 활성화해야 이용이 가능하다.

[옵션]→[추가기능]→[Excel 추가기능]→[해 찾기 추가기능]을 클릭하면 해 찾기 기능을 활성화할 수 있다. 활성화된 '해 찾기 도구'는 '분석도구'와 마찬가지로 데이터 탭에서 확인할 수 있다.

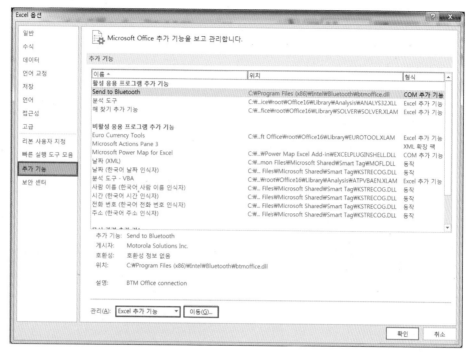

[그림 3-74] 해 찾기 추가기능 활성화

[그림 3-75] 엑셀 추가기능

[그림 3-76] 추가된 '해 찾기' 기능

선형계획법

최적화 문제를 이해하기 위해 우선 간단한 예를 들어 보자.

A 기업은 수영복과 스키장갑을 만드는 회사다. 그런데 독과점법에 의해 A 기업이 한 해 동안 만들 수 있는 수영복과 스키장갑은 각각 80개를 초과할 수 없다. 또한 수영복과 스키장갑을 만드는 데 드는 재료는 같은 종류의 천인데, 해당 천의 공급은 연간 500으로 한정이 되어 있다. 이러한 상황에서 수영복을 만드는 데는 3만큼의 천이 들고 스키장갑을 만드는 데는 5만큼의 천이 들며 수영복과 스키 장갑의 개당 이익은 각각 60원과 80원이라면 몇 개의 수영복과 스키장갑을 만들어야 A 기업이 최대 이윤을 달성할 수 있을까?

최적화 문제를 풀기 위해서는 먼저 제한 조건하에서 달성하고자 하는 목적을 찾아 이를 식으로 나타내야 한다.

위 예의 목적함수(달성하고자 하는 목표를 계산하는 식)는 수영복과 스키장갑의 개수를 각기 X, Y 라고 하면 60 X + 80 Y = P(이윤)와 같이 나타낼 수 있다..

그리고 이때 제약조건은 X =〈 100, Y=〈100과 3X + 5Y =〈 500이라는 식으로 표현할 수 있다. 이를 그림으로 나타내면 다음과 같다.

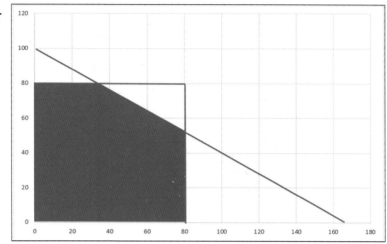

[그림 3-77] 선형계획법 제한조건 그래프

그림에서 알 수 있듯이 제약조건하에서 생산 가능한 수영복과 스키장갑 개수의 조합은 파란색 사각형 안쪽에 있는 X, Y 값의 조합이다. 이중에서 목적함수를 최대로 만들어 줄 수 있는 X, Y의 값은 당연히 목적함수가 생산 가능 면과 만나는 점 중 P를 최대로 할 수 있는 값이다.

목적함수를 Y에 대해서 다시 써 보면

Y = 3/4 X + P/4로 나타낼 수 있고 이를 그림에 나타내면 다음과 같다.

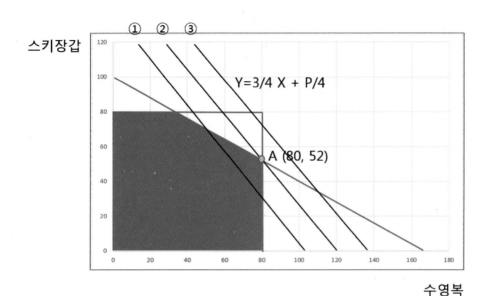

[그림 3-78] 선형 계획법의 제한조건과 목적함수 그래프

이 중 ③번 선은 이익이 (Y/4 절편 값) 가장 크지만 제약조건인 생산 가능 영역을 벗어나므로 달성 불가능한 생산 계획이다. 또한 ①번 선은 생산 가능영역에 있는 여러 X Y의 조합이 있지만 어떤 조합도 ②번 선의 이익(P 값)보다 크지 않다. 따라서 생산 가능 영역 가장 바깥쪽에 접하는 ②번 선이 이익을 최대화할 수 있는 선이며 이는 접점인 A 지점에서 달성된다. 즉, 80개의 수영복과 52개의 스키장갑을 만들어 파는 것이 기업의 이익을 최대화할 수 있는 생산 조합이 된다.

이를 엑셀의 '해 찾기' 기능을 통해서 찾아보자. 엑셀의 해 찾기 기능을 이용하면 2개 이상의 변수를 동시에 최적화할 수 있고 동시에 여러 제한조건을 설정할 수 있어 복잡한 최적화 문제도 쉽게 해결할 수 있다. 또한 엑셀 2010 버전부터는 선형 최적화 문제뿐만 아니라 2차 항 이상의 비선형 조건에서도 최적해 찾기가 가능해 복수의 회귀분석 계수를 찾는 등의 데이터 분석에 유용하게 사용될 수 있다.

엑셀에서 해 찾기 기능을 실행시키기 위해 우선 위 예에서 서술된 제한조건과 목표 값을 우선 다음과 같이 엑셀 시트에 입력하자.

	A	B	C	D
1				
2			수량	천 소비량
3		수영복 생산량	1	3
4		스키장갑 생산량	1	5
5				
6		총 이익	140	
7				
8		천 공급량	500	8

[그림 3-79]

```
총 이익 C6 = C3*60 + C4*80
천 공급량 D8 = C3*D3 + C4*D4
```

각 수량은 우선 최적화 이전에 총 이익과 천 소비량의 산식이 제대로 입력되었는지를 확인하기 위해 각각 1을 입력했다.

이후 [데이터] 탭→[해 찾기]를 클릭해 해 찾기 조건을 다음과 같이 설정한다.

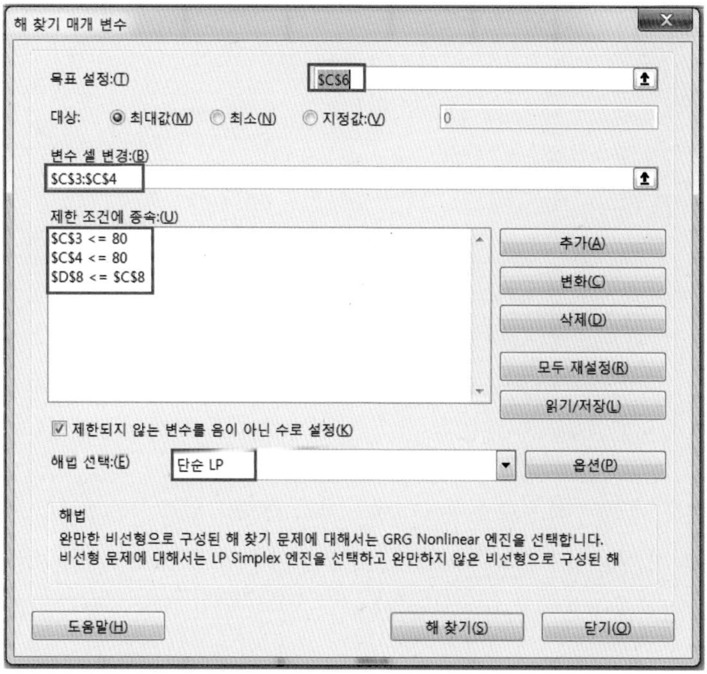

[그림 3-80] 해 찾기 대화 상자

목표는 총 이익의 최대 값이므로 목표설정에 $C6$와 최댓값을 선택하고 제한 조건은 [추가]를 클릭해 그림 3-81과 같이 하나씩 입력하면 된다.

[그림 3-81] 제한조건 설정

해 찾기의 해법 선택 옵션은 세가지가 있는데, 위 예제의 그림 3-78과 같이 선형 조건에서 접선의 해를 찾는 경우에는 '단순 LP'를 선택하면 된다. 위와 같이 입력하고 [해 찾기]를 클릭하면 그림 3-82와 같이 '변수 셀 변경'에 선택한 셀 값이 최적화를 (여기서는 이익의 최대화) 달성하는 값으로 변경된다.

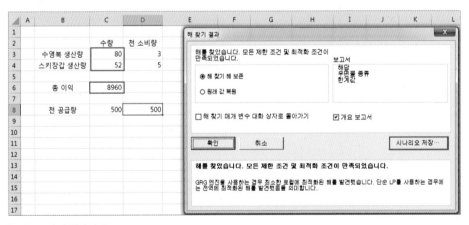

[그림 3-82] 해 찾기 결과

이렇게 최적화한 셀 값은 '해 찾기 보존'을 선택해 그대로 남겨 둘 수도 있고 이전 셀 값으로 되돌릴 수도 있다. 해 찾기 해를 이전 값으로 되돌리는 경우는 이를 시나리오로 저장해 이후 원하는 때에 해당 값을 불러올 수 있게 하는 것이 보통이다.

저장된 시나리오는 그림 3-83에서와 같이 [데이터] 탭→[가상분석]→[시나리오 관리자] 대화상자를 통해 언제라도 불러올 수 있다.

[그림 3-83] 시나리오 불러오기. 저장된 시나리오를 찾아 표시를 클릭하면 셀 값이 이전의 시나리오에 입력된 값으로 변경된다.

해 찾기 해법 선택

참고로 해 찾기 해법 옵션을 살펴보면(이에 대한 설명이 해 찾기 대화상자에 나오는데, 엄밀히 말하면 잘못된 해석이다) '우선 단순 LP'는 선형 모델에서의 최적화 문제에 선택하면 되고, 'GRG 비선형'은 말 그대로 제한 조건이나 목적함수가 비선형인 경우, 그리고 해당 조건 함수가 미분이 가능한 경우에 선택할 수 있는 해법이다.

[그림 3-84] 해 찾기 옵션 선택

예를 들어 다음 그림 3-85와 같이 제한 조건이 2차 항, 즉 비선형의 형태일 경우 만족하는
해를 찾기 위해서는 GRG 비선형을 해법으로 선택해야 정확한 최적해를 찾을 수 있다.

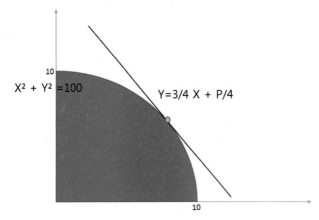

[그림 3-85] 비선형 최적화 문제

그림 3-85의 예는 앞선 예제와 동일한 목적함수하에서 생산제약 조건만 $X^2 + Y^2 = 100$으
로 바뀐 것으로 이때의 최적화해 역시 생산 가능 영역의 접점에서 찾을 수 있는데, 이때는
GRG 비선형 모델을 선택해야 정확한 최적해를 찾을 수 있다. 위와 같은 비선형 제약조건에
서 해법으로 '단순 LP'를 선택하면 오류 메시지가 출력된다.

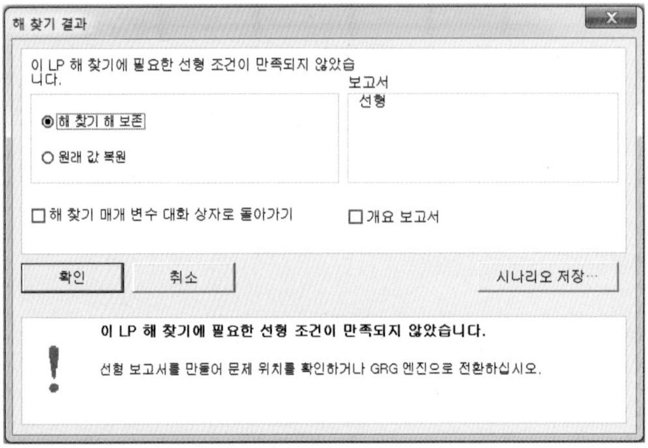

[그림 3-86] 최적화 해법을 잘못 선택한 경우

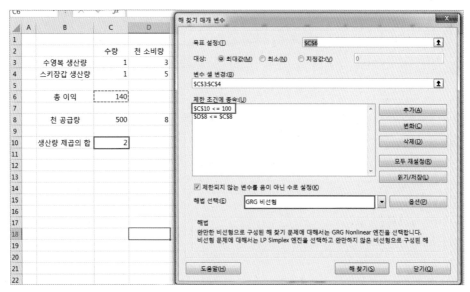

[그림 3-87] GRG 비선형 해법을 통한 최적화

생산량 제곱의 합 C10 셀에 C3^2 + C4^2을 입력하고 다음 해 찾기를 실행하면 비선형 조건에 맞는 최적해를 찾아서 나타내 준다.

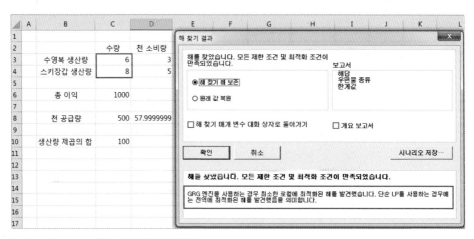

[그림 3-88] GRG 비선형 모델의 해 찾기 결괏값

참고로 GRG 엔진을 사용하면 그림 3-88과 같이 항상 '로컬에 최적화된 해'를 찾았다는 메시지가 나오는데, 이는 비선형 모델의 특성상 해를 만족하는 값이 여러 개가 있을 수 있기 때

문이다. 제약 조건이 3차 비선형인 경우는 그림 3-90과 같이 접선의 개수가 2개 이상이 될수 있다. 따라서 GRG 모델을 사용하는 경우 보통 복수의 해 중에서도 더욱 최적화된 해를 찾기 위해 해 찾기 해법 선택의 [옵션] 창→[GRG 비선형] 탭에서 'Multistart 사용'을 선택하는 것이 좋다. 멀티스타트(Multistart) 알고리즘을 선택하면 미분 즉 접선을 찾을 때 한 곳에서만 출발하지 않고 복수의 지점에서 출발해 접선을 찾고, 이들 만족하는 값들 중 더 적합한 값을 찾아 준다.

[그림 3-89] GRG 비선형 모델 옵션 설정

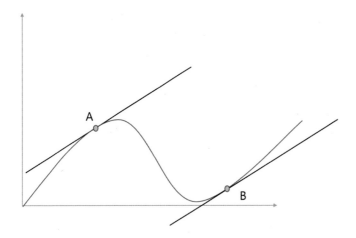

[그림 3-90] 접선의 기울기가 같은 두 개의 최적 해가 존재하는 경우

3차 식 이상의 제약조건에서 최적해가 될 수 있는 조합, 즉 접점이 두 개 이상인 경우 GRG 모델의 멀티스타트 옵션을 선택하지 않으면 최적화되지 않은 해를 선택할 수도 있다.

마지막으로 Evolutionary(진화적) 방법은 GRG 모델과 마찬가지로 제약조건이 비선형인 동시에 연속되지 않은 구간 등이 있을 때 즉 미분이 불가능한 상황에서의 최적해를 찾을 때 사용할 수 있다.

예를 들어 다음과 같은 3차식의 제약 조건이 있고 해당 제약 조건이 연속이 아닌 경우 그래 프상에서 접선의 해를 찾기는 불가능하다. 그러므로 이때는 접선을 찾는 방법 이외에 비교 방법으로 최적해를 구해야 한다. Evolutionary 해법은 복합 비교 방법을 통해서 최적 값을 찾아내는 방법이다. Evolutionary의 구체적인 방법은 통계학에 대한 더 깊은 이해가 필요하 기 때문에 여기서 다루지는 않겠다.

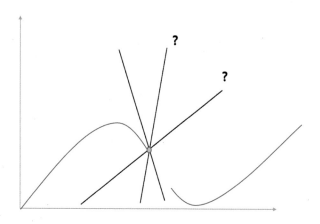

[그림 3-91] 미분이 불가능한 제약 조건에서의 최적화 문제

Evolutionary 방법은 보통 IF 함수가 포함된 제한 조건을 다룰 때 사용된다. 또한 Sumif나 Countif도 연속 함수의 빈 공간을 만들어 낼 수 있기 때문에 이러한 함수가 포함된 제약조건 이나 목적함수를 다룰 때는 Evolutionary 해법을 사용해야 한다.

해 찾기 기능을 활용한 투자 의사결정

해 찾기 기능을 응용해 다음과 같이 개발 사업의 투자 진행의 의사결정을 내려보자.

보통 NGO 개발 사업의 경우 투자 의사결정에 가장 큰 영향을 미치는 요소는 비용과 해당 프로젝트의 수혜자 수이다.

아래 엑셀 테이블은 이러한 의사결정 요소를 반영해 만든 기본 데이터이다. 해당 테이블을 통해 총 예산이 1억원인 경우, 최대의 수혜자가 혜택을 받을 수 있도록 어떤 프로젝트들을 진행해야 하는지 의사결정을 내려보자

아래 모델에서 한 가지 추가로 고려해야 하는 사항은 수혜자 수를 결정할 때 단순히 프로젝트 진행 여부에 따른 해당 프로젝트의 기대 수혜자 수만 합하면 안 되고 같은 지역에서 계획된 사업을 모두 진행했을 경우 추가로 포함되는 간접 수혜자 수도 함께 고려해야 한다는 것이다. 이를 위해 동일 지역의 사업이 모두 선택되면 간접 수혜자 수가 자동으로 포함될 수 있도록 G열에 추가 산식을 입력하였다.

	A	B	C	D	E	F	G	H	I
1	지역	Project	비용	진행여부	투자비용	수혜자	간접 수혜자 포함여부	간접 수혜자	총 수혜자
2	1	A	10000000	0	=C2*D2	1000	=IF((D2+D3)=2,1,0)	300	=F2*D2+H2*G2
3	1	B	15000000	0	=C3*D3	1500	=G2	300	=F3*D3+H3*G3
4	2	C	20000000	0	=C4*D4	1700	=IF((D4+D5)=2,1,0)	250	=F4*D4+H4*G4
5	2	D	16000000	0	=C5*D5	900	=G4	250	=F5*D5+H5*G5
6	3	E	30000000	0	=C6*D6	2000	=IF((D6+D7)=2,1,0)	200	=F6*D6+H6*G6
7	3	F	9000000	0	=C7*D7	500	=G6	200	=F7*D7+H7*G7
8	4	G	13000000	0	=C8*D8	1100	=IF((D8+D9+D10)=.	400	=F8*D8+H8*G8
9	4	H	9000000	0	=C9*D9	400	=G8	400	=F9*D9+H9*G9
10	4	I	8000000	0	=C10*D10	300	=G9	400	=F10*D10+H10*G10
11	5	J	14000000	0	=C11*D11	1600		0	=F11*D11+H11*G11
12					=SUM(E2:E11)				=SUM(I2:I11)

[그림 3-92] NGO개발 사업의 투자 의사결정을 위한 테이블

[그림 3-93] 해 찾기 옵션 설정

[그림 3-94] 제한 조건 추가

첫 번째 세한 조건은 '변수 셀 변경'에 입력한 신행 여부에 해당하는 셀에 바이너리 값 즉, 0 또는 1이 입력되도록 하는 것이다. 제한조건 추가에 해당 열을 입력하고 'bin'을 선택하면 제한조건에 자동으로 2진수가 입력된다.

해 찾기 결과 셀 값에 1이 입력되면 해당 프로젝트를 진행한다는 뜻이 되므로 해당 셀에 비용을 곱해 투자비용을 산출할 수 있다.

두 번째 제한조건은 투자비용의 합계가 1억원 미만이 되도록 \$E12\$ <= 100,000,000을 입력해 준다. 해법은 GRG 비선형을 선택한다.

	A	B	C	D	E	F	G	H	I
1	지역	Project	비용	진행여부	투자비용	수혜자	간접 수혜자 포함여부	간접 수혜자	총 수혜자
2	1	A	10,000,000	1	10,000,000	1,000	1	300	1,300
3	1	B	15,000,000	1	15,000,000	1,500	1	300	1,800
4	2	C	20,000,000	1	20,000,000	1,700	-	250	1,700
5	2	D	16,000,000	-	-	900	-	250	-
6	3	E	30,000,000	1	30,000,000	2,000	1	200	2,200
7	3	F	9,000,000	1	9,000,000	500	1	200	700
8	4	G	13,000,000	1	13,000,000	1,100	-	400	1,100
9	4	H	9,000,000	-	-	400	-	400	-
10	4	I	8,000,000	-	-	300	-	400	-
11	5	J	14,000,000	-	-	1,600	-	-	-
12					97,000,000				8,800

[그림 3-95] 해 찾기 결과

그림 3-95는 해 찾기를 실행한 결과이다. 예산을 1억 미만으로 했을 때 프로젝트 중 A, B, C, E, F, G만 선택이 된 것을 확인할 수 있다. 또한 1번 지역과 3번 지역에 있는 모든 프로젝트가 선택되어 추가로 각기 600명과 400명의 수혜자 수가 추가된 것을 확인할 수 있다. 결과적으로 예산 1억 원으로 최대한 지원할 수 있는 수혜자 수는 8,800명 이 되는 것을 확인할 수 있다.

해 찾기 기능은 특정한 관계를 바탕으로 측정값을 만들 필요가 있는 경우에 유용하게 사용될 수 있는 도구이다. 예를 들어 예산 설정 등 미래의 변수 값 자체를 설정하기 원할 때나 복잡한 산식이 연결된 보고서 작업 등에 특정 관계를 가진 변수들을 포함하기 원할 때 그리고 특정 이벤트의 시나리오를 만들 때 효과적으로 사용할 수 있다.

3.4 정리

데이터 분석이나 데이터 분석 모델 구축은 사실 생각만큼 어려운 개념은 아니다. 하지만 많은 사람이 데이터 분석을 보통 사람은 할 수 없는 전문적인 것으로 생각한다. 이는 '데이터 분석'이라는 용어가 파이썬 또는 R과 같은 프로그래밍 언어를 떠올리게 하기 때문이다. 그런데 이러한 언어들도 결국 테이블과 변수를 어떻게 이해하고 인식하는지에 대한 방법에 대한 차이일 뿐 결코 다른 개념이 아니다. 따라서 데이터 분석 작업을 위해서는 테이블과 변수를 먼저 제대로 이해하는 것이 무엇보다도 중요하다. (물론 머신러닝으로 들어서면 알고리즘과 분석 모델의 원리에 대해서 조금 더 깊게 알아야 하지만 기본이 되어 있다면 혼자서도 결괏값에 대한 의미 등은 충분히 학습할 수 있다.)

엑셀은 이러한 접근법을 실행하기에 가장 좋은 도구다. 엑셀에서는 코드가 아닌 테이블을 중심으로 직접 데이터를 확인하면서 분석을 할 수 있기 때문에 변수와 레코드를 더 잘 이해할 수 있다. 게다가 엑셀의 '데이터 분석' 등의 고급 기능을 잘 활용하면 시각화는 물론 머신러닝의 기초에 해당하는 회귀분석까지 쉽게 실행해 볼 수 있어 데이터 분석 입문자뿐만 아니라 고급사용자에게도 효과적이다. 따라서 데이터 분석을 시작하고자 하는 경우는 물론, 머신러닝 단계로 나아가려는 사용자 모두 엑셀을 통해 데이터를 다루는 방법을 먼저 배울 필요가 있다. 본문에서 소개하지 못한 더 많은 고급 기능들을 스스로 찾아보면서 모델을 하나씩 만들어 나가다 보면 분명 중급 이상의 데이터 분석 실력을 갖출 수 있을 것이다.

04장
데이터 시각화

현상을 이해하는 데 있어서 가장 효과적인 방법은 그림 등의 시각 자료를 이용하는 것이다. 난민을 돕자는 백 번의 운동 구호보다 한 장의 굶주린 난민 사진이 더 큰 공감을 이끌어 내는 것에서 알 수 있듯이, 잘 표현된 시각 자료는 매우 효율적으로 메시지를 전달할 수 있다. 데이터도 마찬가지다. 같은 이야기를 담고 있어도 표로 된 자료보다는 그림으로 된 자료를 통해 더 효과적으로 이야기를 전달할 수 있다. 특히 비전문가에게 데이터가 말하고자 하는 바를 가장 효과적으로 전달할 수 있는 방법은 그림을 활용한 시각적 전달, 즉 데이터 시각화다.

4.1 데이터 시각화 이해하기

4.1.1 데이터 시각화의 의미

데이터 시각화는 '복잡한 변수들의 집합인 데이터를 목적에 맞게 그림으로 표현하는 것'이다. 데이터가 표현되는 일반적인 형태인 테이블은 기계가 데이터를 이해하는 데는 최적의 형태이지만 사람에게는 결코 효율적인 수단이 아니다. 숫자와 항목으로 가득 찬 표를 보고 의미 있는 해석을 바로 이끌어 낼 수 있는 사람은 많지 않다. 이는 행과 열로 구조화된 테이블에서 각 항목과 숫자들의 관계를 파악하기가 쉽지 않기 때문이다. 그런데 그림으로 표현된 데이터는 조금만 노력을 기울이면 누구나 그 의미를 쉽게 파악할 수 있다. 그림 자체가 각 변수의 관계와 이에 따른 계산을 대신해 주기 때문이다. 따라서 사람들이 데이터를 보다 쉽게 이해하게 하려면 변수들의 관계를 계산된 그림 형태로 표현해야 하는데, 이러한 작업이 바로 데이터 시각화다.

그림 4-1은 비영리 기관의 후원금 사용과 관련된 데이터를 생키 다이어그램(Sankey diagram)으로 시각화한 것이다. 이를 통해 후원금의 전체적인 흐름과 현황을 한 눈에 파악할 수 있는데, 이는 테이블 자료만 가지고는 분명 쉽게 이끌어 낼 수 없는 정보다. 그림 아래에 있는 테이블은 같은 정보를 담고 있는 데이터인데, 이것을 가지고 다이어그램이 나타내는 정보를 파악하기는 쉽지 않다.

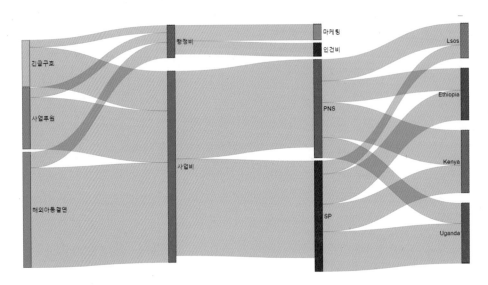

Source	사업비 성격	금액
해외아동결연	사업비	160
해외아동결연	행정비	20
사업후원	사업비	80
사업후원	행정비	10
긴급구호	사업비	60
긴급구호	행정비	6

사업비 성격	집행	금액
사업비	SP	155
사업비	PNS	140
행정비	인건비	16
행정비	마케팅	20

집행	국가	금액
SP	Uganda	60
SP	Kenya	40
SP	Laos	16
SP	Ethiopia	44
PNS	Uganda	28
PNS	Kenya	52
PNS	Laos	30
PNS	Ethiopia	30

[그림 4-1] 데이터의 흐름을 보여주는 생키 다이어그램

데이터 시각화는 요즘 들어 유행하는 인포그래픽 영역 중 하나이지만 이와 꼭 일치하지는 않는다. 인포그래픽에서는 다양한 정보를 그림 형태로 표현하는 데 초점을 맞추는 반면, 데이터 시각화에서는 테이블 형태의 데이터와 변수에 초점을 맞추기 때문이다. 물론 두 가지가 많은 부분에서 일치하지만 '변수'와 관측값에 따라 유기적으로 변화는 데이터에 비해, 인포그래픽은 이미 분석된 자료를 그 대상으로 하고 있기에 그 쓰임에 있어 차이가 있다. 인포그래픽은 주로 정보를 쉽게 전달하는 것만을 목적으로 하는 반면에, 데이터 시각화는 정보전달과 함께 더 깊은 데이터 분석에 목적이 있다.

4.1.2 데이터 시각화 도구

데이터 시각화를 위해서는 소프트웨어 사용이 필수적이다. 복잡한 데이터를 이해하기 쉬운 그림으로 변경하려면 축, 레이블, 도형 등의 서식을 효과적으로 만들어야 하는데, 이는 적절한 도구의 활용 없이는 거의 불가능하다. 다행히 요즘은 엑셀부터 시작해 여러 비즈니스 인텔리전스(business intelligence, BI) 도구들과 R 등의 프로그램 언어들에 이르기까지 시각화를 위한 여러 좋은 소프트웨어들이 많아서 목적에 맞게 잘 선택해 사용하기만 하면 된다.

R

앞 장에서도 언급했듯이 데이터 시각화에 가장 적합한 도구는 R이다. 하지만 R은 함수 기반의 프로그래밍 언어여서 사용법을 익히기가 쉽지 않다. 따라서 처음부터 시각화만을 위해 R을 사용하는 것은 바람직하지 못 하다. R로 복잡한 데이터를 빠르게 시각화할 수는 있지만, 데이터 형태를 제대로 이해하지 못하는 경우라면 사용하지 않는 것만 못한 결과가 나오기도 한다. 따라서 데이터 시각화만을 위해서는 R을 선택하기보다는, 주어진 데이터를 테이블 형태로 직접 다룰 수 있는 도구를 먼저 사용하는 것이 좋다. 그리고 이를 통해 여러 종류의 데이터를 편집해 보면서 테이블과 변수에 대해서 어느 정도 익숙해졌을 때 R을 사용하면 더욱 효율적으로 데이터를 시각화할 수 있다.

엑셀

데이터를 테이블 형태로 직접 확인하면서 시각화할 수 있는 프로그램 중 대표적인 것이 엑셀과 BI 프로그램이다. 그 중 엑셀은 가장 일반적이면서도 효과적인 데이터 시각화 도구다. 엑셀의 가장 큰 장점은 쉽다는 것이다. 게다가 2016년도 버전부터는 데이터 형태에 따라 최적의 시각화 형태를 추천해 주는 기능이 추가되어 이전 버전에 비해 더욱 효과적인 시각화가 가능하게 되었다. 하지만 엑셀의 차트 기능은 테이블 형태의 대규모 데이터에는 적합하지 않다. 이는 엑셀이 데이터를 변수별로 다루는 것이 아니라 셀을 중심으로 다루기 때문이다. 대량의 데이터에서 여러 변수를 조합하고 필터링해 가면서 최적의 시각화 자료를 찾으려면 변수를 유기적으로 다룰 수 있어야 하는데, 엑셀에서는 이것이 쉽지 않다.[1] 대신 엑셀에서는

---

[1] 변수 중심의 데이터 시각화가 엑셀에서 완전히 불가능하지는 않다. 하지만 이를 위해서는 피벗 테이블의 데이터 계산식에 사용되는 DAX 식을 다룰 수 있어야 한다.

셀 값을 손쉽게 편집할 수 있으므로 기초 데이터를 편집하여 그리고자 하는 차트에 적합한
데이터 형태를 만들고 이를 시각화하는 데 있어서는 폭넓게 사용될 수 있다.

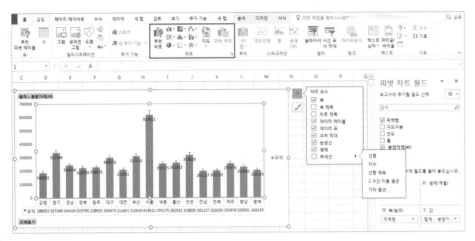

[그림 4-2] 엑셀을 사용한 데이터 시각화

그럼에도 불구하고 엑셀을 통한 데이터 시각화는 그 한계가 분명하다. 엑셀 자체가 100만 행
이 넘는 자료는 불러올 수 없고 활용 가능한 차트의 형태도 현재까지 개발된 것으로만 본다
면 다양하지 않기 때문이다. 따라서 점차 대형화되고 복잡해지는 데이터를 엑셀로만 효과적
으로 시각화하기는 분명 쉽지 않다.

BI 소프트웨어

이러한 엑셀에 비해 데이터 시각화에 좀 더 유연하게 사용할 수 있는 도구가 바로 BI 프로그
램이다. 요즘 들어 경쟁적으로 개발되고 있는 BI 소프트웨어들은 여러 유형의 데이터를 손쉽
게 분석하고 시각화할 수 있는 기능을 가지고 있다. 기본적으로 BI 프로그램은 그 목적이 업
무 현장에서 생성되는 다양한 데이터가 의사결정에 반영될 수 있게 하는 데 쓰이므로, 비전
문가인 의사결정 담당자들이 데이터를 쉽게 이해할 수 있도록 하기 위한 데이터 시각화 기능
이 매우 잘 갖춰져 있다. 따라서 BI 프로그램을 적절히 사용하면 엑셀로 만드는 것과는 비교
할 수 없을 정도로 정교하고 효율적인 시각화 모델을 만들 수 있다.

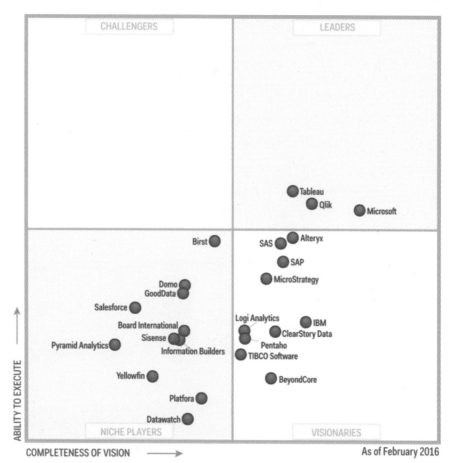

[그림 4-3] 여러 BI 도구 현황. 기능 및 발전 가능성 면에서 태블로(Tableau)와 마이크로소프트 그리고 큐릭(Qlik)의 소
프트웨어가 가장 앞서 나가고 있다(출처: Gartner BI solution analysis).

여러 BI 도구들 중 현재 그 기능과 활용도면에서 가장 앞서 있는 것은 태블로와 마이크로소
프트 파워비아이(Power BI)다. 두 프로그램 모두 편리한 UI를 제공하면서도 강력한 분석
및 시각화 기능을 제공한다. 하지만 결정적으로 태블로는 유료 프로그램으로 사용료를 내야
한다는 단점이 있는 반면 마이크로소프트 파워비아이는 무료이면서도(유로버전도 있지만 개
인용이라면 무료버전으로도 충분하다) 데이터 고급 분석에서부터 다양한 시각화에 이르기까
지 여러 효율적인 기능을 갖추고 있어 더 앞선 소프트웨어로 평가 받고 있다.

4.1.3 마이크로소프트 파워비아이

파워비아이 소개

파워비아이를 통한 데이터 시각화는 매우 쉽고 직관적이다. 변수와 테이블에 대한 기본적인 이해만 있다면 누구나 쉽게 시각화 자료를 만들 수 있다(기본 데이터가 테이블 형태로 되어 있기만 하면 드래그 앤 드롭 방식을 통해 다양한 시각화 차트를 만들 수 있다). 또한 파워비 아이는 기본 차트뿐만 아니라 여러 다양한 형태의 차트들을 필요에 맞게 내려받아 사용할 수 있어서, 사용자의 목적에 맞는 맞춤형 시각화가 가능하다.

[그림 4-4] 파워비아이를 통한 데이터 시각화

파워비아이는 기본적으로 엑셀 기반의 쿼리 편집 모드(데이터 편집 도구)를 지원한다. 따라서 파워비아이에서도 파워쿼리나 파워피벗과 마찬가지로 다양한 형태의 데이터를 불러오거나 편집하는 것이 가능하다. 곧 이전 장에서 사용한 파워쿼리 및 파워피벗 기능 전부를 파워비아이에서 사용할 수 있다. (앞으로의 쿼리 작업은 파워비아이의 쿼리 편집모드를 사용하도록 하겠다.) 게다가 R과도 손쉽게 연동되기 때문에 부족한 분석 및 시각화 기능을 R을 통해 보완할 수 있어 시각화를 통한 고급 분석에도 활용될 수 있다.

파워비아이는 마이크로 소프트 파워비아이 홈페이지에서 무료로 내려받을 수 있다(https://powerbi.microsoft.com/ko-kr/get-started/). 내려받은 파일을 설치하면 로컬에 파워비아이 데스크톱이 설치된다.

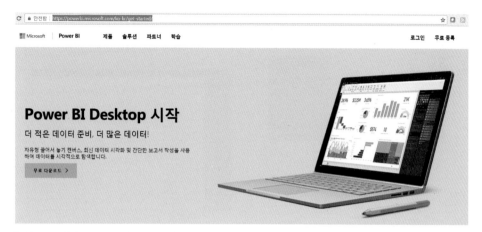

[그림 4-5] 마이크로소프트 파워비아이 홈페이지

파워비아이는 다음과 같이 총 3개의 유닛(unit)으로 구성되어 있다.

1. 파워비아이 데스크톱(Power BI Desktop)

2. 파워비아이 서비스(Power BI Service)

3. 파워비아이 모바일(Power BI Mobile)

우선 이를 간단히 설명하면 파워비아이 데스크톱은 업무 흐름 면에서 엑셀과 비슷한 기능을 한다. 즉, 다양한 형태의 데이터를 실시간으로 연결하거나 불러와 목적에 맞는 시각화 보고서를 작성할 수 있게 해 준다. 파워쿼리와 동일하게 쿼리편집 모드를 지원하며 다양한 기본 차트와 커스텀 비주얼 개체 역시 활용할 수 있다. 데스크톱에서 작업한 자료는 기본적으로 작업자 컴퓨터 내부에 저장된다. 파워비아이 서비스는 데스크톱에서 작성한 자료를 바탕으로 이를 특정 사용자 그룹이 공유하거나 소비할 수 있게 해 주는 웹 서비스이다. 기본적으로 업로드된 자료의 공유 및 보안 설정 그리고 기본 편집 기능을 제공한다. 클라우드 형태로 서비스를 이용할 수 있으며 파워비아이 서비스에서 편집된 보고서는 웹상에 저장된다. 마지막으로 파워비아이 모바일은 파워비아이 서비스와 동일한 기능을 모바일 기계에서도 활용할 수 있도록 디자인된 모바일 애플리케이션이다. 기능은 서비스와 거의 유사하지만 제한된 편집 기능으로 인해 보고서의 생성보다는 소비에 주로 사용된다. 그림 4-6은 파워비아이 각 유닛별 이러한 업무 흐름도를 잘 보여준다.

[그림 4-6] 파워비아이의 업무 흐름도

파워비아이의 업무 흐름은 한마디로 1. 파워비아이 데스크톱을 통해 여러가지 소스의 데이터를 불러와 가공해 시각화하고 2. 이를 파워비아이 서비스를 통해 게시해 3. 특정 그룹의 사람들이 파워비아이 서비스 또는 파워비아이 모바일을 통해 이를 소비할 수 있게 하는 식으로 흐른다. 즉, 전체적인 활용은 데스크톱으로 시작해서 웹 서비스를 거쳐 모바일로 마무리된다. 때로는 웹 서비스에서 마무리될 수도 있다.

파워비아이 기본 화면 구성

파워비아이의 기본 화면은 그림 4-7과 같이 적색으로 두른 테두리 중 중간 부분인 '시각화 영역'과, 오른쪽 편에 있는 '필드 영역', 그리고 왼편에 보이는 '작업 영역'으로 구성된다.

[그림 4-7] 파워비아이 기본 화면 구성

'시각화 영역'은 만들고자 하는 차트를 선택하고 이에 따른 서식을 지정할 수 있는 영역으로 차트 및 기본 데이터의 필터 등을 컨트롤할 수 있는 기본 메뉴들로 구성되어 있다. 그리고 '필드 영역'은 원 데이터 테이블의 변수들이 나타나는 영역으로 시각화를 위해서 해당 변수들을 끌어 시각화 영역에 올려 놓을 수 있도록 변수들이 개별로 표현되는 곳이다. 마지막으로 '작업 영역'은 선택한 차트들이 표현되는 영역으로 여러 가지 차트를 이용해 보고서를 직접 편집할 수 있게 캔버스 형태로 되어 있는 작업 공간이다.

앞서 살펴본 바와 같이 파워비아이를 통한 시각화란 1. 데이터를 불러와 적절한 형태로 가공하고 2. 원하는 차트를 선택해 3. 시각화하고자 하는 변수를 선택한 후 4. 차트의 서식을 지정해 최종 보고서를 만드는 작업이다. 이를 위해서는 위 기본 화면 구성에 나타난 모든 작업 영역의 메뉴를 적절히 활용해야 하며 여기에 파워쿼리 그리고 파워피벗의 데이터 편집 기능 역시 잘 활용할 수 있어야 한다.

4.1.4 파워비아이를 활용한 데이터 시각화 기초

시각화의 핵심은 변수들 사이의 관계를 그림으로 표현해 주는 것이다. 예를 들어 날짜와 수량 변수가 있다면, 각 날짜에 해당하는 수량을 크기가 다른 막대나 선으로 표현해 줌으로써, 두 변수(날짜와 수량) 사이의 관계를 직관적으로 이해할 수 있게 한다. 참고로 이렇게 시간의 흐름에 따라 변수의 변화를 나타내 주는 그래프를 시계열 그래프라고 한다. 또한 숫자로 구성된 변수들의 경우에는, 산점도를 만들어 이차원(변수가 두 개인 경우) 또는 삼차원(변수가 세 개인 경우)의 차트 형태로 관계를 표현함으로써, 변수 사이의 관계를 쉽게 이해할 수 있게 하는 것이 시각화의 기본이다. 이처럼 시각화는 변수 간의 관계를 드러내는 것이 목적이다.

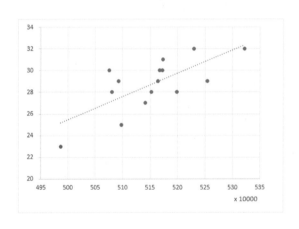

[그림 4-8] 매출액과 기온의 관계를 보여주는 산점도

시각화가 기본적으로 변수 간의 관계를 표현해 주는 것이기에, 시각화 이전에 해당 데이터의 변수에 대해 정확히 파악해야 한다. 즉, 대상이 되는 데이터의 변수의 개수와 데이터 형식 그리고 유형 등에 대한 정보를 먼저 정확히 확인하는 것이 필요하다.

또한 하나의 차트에 몇 개의 변수가 포함되는지에 따라 차트의 종류와 그 복잡성이 달라지므로, 이에 대한 계획을 먼저 세워야 한다. 이때 한 가지 고려해야 할 사항은 하나의 차트에 많은 변수를 포함할수록 데이터 해석에 더 도움이 되는 게 분명하지만, 점점 더 복잡한 차트를 그리게 된다는 것이다. 물론 차트 종류를 잘 선택하면 여러 개의 변수도 효과적으로 표현할 수 있다. 하지만 이를 위해서는 차트에 대한 깊은 이해가 필요하기에 쉽지 않다.

시각화를 위한 데이터 전처리

파워비아이를 활용한 몇 가지 실습을 통해 전체 데이터 시각화 과정을 살펴보자. 예제로 사용할 데이터는 앞 장에서 활용했던 비교적 간단한 형태의 '민간 아파트 분양가격 정보'다. 해당 데이터는 공공데이터 포털 사이트에서 내려받을 수 있다.

① 지역 명	② 규모구분	③ 연도	④ 월	⑤ 분양가격(㎡)
서울	전체	2015	10	5,841
서울	전용면적 60㎡이하	2015	10	5,652
서울	전용면적 60㎡초과 85㎡이하	2015	10	5,882
서울	전용면적 85㎡초과 102㎡이하	2015	10	5,721
서울	전용면적 102㎡초과	2015	10	5,879
인천	전체	2015	10	3,163
인천	전용면적 60㎡이하	2015	10	3,488
인천	전용면적 60㎡초과 85㎡이하	2015	10	3,119
인천	전용면적 85㎡초과 102㎡이하	2015	10	3,545
인천	전용면적 102㎡초과	2015	10	3,408
경기	전체	2015	10	3,138
경기	전용면적 60㎡이하	2015	10	3,126
경기	전용면적 60㎡초과 85㎡이하	2015	10	3,239

[그림 4-9] 민간 아파트 분양가격 정보

먼저 변수를 확인해야 한다. 데이터를 엑셀 또는 파워쿼리를 통해 불러오면 이를 테이블 형태로 볼 수 있어 변수를 직접 확인할 수 있다. 해당 데이터에는 총 5개 변수가 있다.

이는 R을 통해서도 확인할 수 있다. R 스튜디오(R Studio)를 실행해 해당 데이터를 불러온 후 Str()과 Summary() 함수를 각기 실행해 보면 다음과 같이 변수에 대한 일반 정보를 확인할 수 있다.

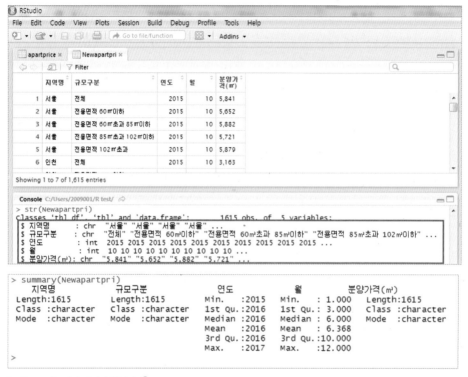

[그림 4-10] R에서 데이터 확인하기[2]

데이터를 살펴보면 우선 마지막 열 변수인 '$분양가격'의 데이터 형식이 Chr(문자형)로 되어 있는 것을 확인할 수 있다. 그런데 가격은 기본적으로 숫자형 데이터가 와야 하기 때문에 분석과 시각화를 위해서는 이를 정수형으로 변경해야 한다.

물론 R에서도 시각화를 위한 데이터 전처리가 가능하나(데이터 형식에 익숙해진다면 R을 사용하는 것이 오히려 더 빠르고 효율적이다) 우선은 테이블을 직접 확인하면서 시각화 과정을 이해해야 하므로 쿼리 편집모드를 사용한다. 파워비아이 데스크톱을 실행한 후 그림 4-11과 같이 [홈] 탭 →[데이터 가져오기]에서 불러오고자 하는 데이터의 파일 형태를 선택하고 해당 파일을 지정하면 데이터를 불러올 수 있다. 위 예에서는 해당 데이터가 CSV 파일로 되어 있으므로 '텍스트/CSV'를 선택해 불러오면 된다.

---

2   사실 굳이 어려운 R로 데이터를 불러올 필요는 없다. 하지만 본문에서는 변수의 데이터 형식을 먼저 파악하고 이를 수정해 주기 위해서 R을 사용했다. 파워쿼리에서는 변수형을 설정할 수는 있지만 R과 같이 모든 변수형의 자료를 하나하나 확인하기는 어렵다.

[그림 4-11] 파워비아이 데스크톱 데이터 가져오기[3]

[그림 4-12] apartprice.csv 파일을 파워비아이로 불러온 화면

---

3   파워비아이는 파워쿼리와 마찬가지로 텍스트 파일에서부터 SQL 서버 데이터 그리고 웹 서비스 및 API 데이터까지 거의 모든 형태
    의 테이블 자료를 가져올 수 있다.

대화상자에서 파일을 선택하면 그림 4-12와 같이 대략적인 데이터 형태를 확인할 수 있는
창이 열리는데, 데이터가 깨져 보이거나 구분이 잘못되어 있는 경우에는 '파일원본' 및 '구분
기호' 값을 변경해 원하는 형태로 출력될 수 있게 해야 한다. 데이터를 확인했으면 '편집'을
클릭하여 쿼리 편집 모드로 들어간다.

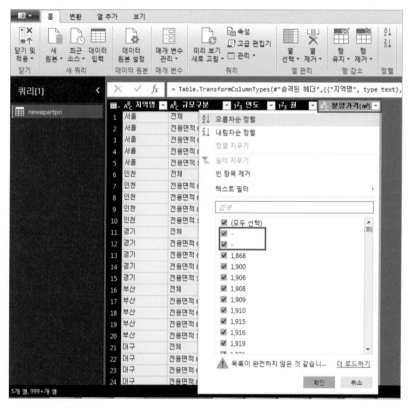

[그림 4-13] 파워비아이 쿼리 편집모드

우선 각 관측값 중 널(null) 값인 데이터를 찾아 해당 행을 제거해 준다. 널 값은 대부분 데
이터의 왜곡을 초래하기 때문에 수정하거나 삭제할 수 있는 경우라면 바로 편집해 주는 것이
좋다. 또한 숫자로 이루어진 변수에서는 널 값 이외에 '0' 값이 의미가 있는 데이터인지 확인
한 후 이 역시 제거하면 좋다. 위 예에서는 아파트 값이 0원이 될 수 없기 때문에 해당 값은
의미 있는 데이터가 아니다. 때문에 이 역시 제거해야 한다. 그림 4-13과 같이 변수 헤더의
오른쪽 확장 버튼을 클릭해 널과 '0' 값의 체크를 해제해 준다.

또한 데이터 편집 단계에서는 변수의 데이터 형식을 반드시 확인해야 한다. 그래야 향후 해당 변수로 다른 변수를 분류하거나 시각화할 때 오류를 피할 수 있다. 앞서 R을 통해서도 확인했듯이 '$분양가격'은 그 값이 가격임에도 불구하고 데이터 형식이 '문자형'으로 되어 있기 때문에 이를 수정해야 한다.

데이터 형식의 수정은 변수를 선택해 [변환] 탭→[데이터 형식]을 클릭해 변경해 줄 수도 있고, 헤더의 변수명 앞에 있는 데이터 형식형 아이콘을 직접 클릭해 변경할 수 도 있다. 분양가격 변수는 현재 데이터 형식이 ABC (문자형)로 되어 있으므로 이를 클릭해 '정수형' 또는 '고정 10진수'로 변경해 준다.

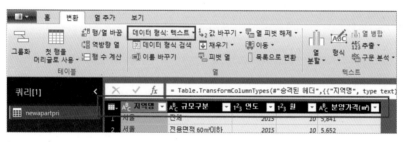

[그림 4-14] 각 변수의 데이터 형식 확인

[그림 4-15] 쿼리 편집 모두에서 선택 가능한 변수의 데이터 형식

마찬가지로 '연도' 열과 '월' 모두 시간에 대한 변수인데, 정수형으로 인식되어 있으므로 이 역시 데이터 형식을 시간 형태인 날짜로 변경해야 한다. 이를 그대로 정수 형식으로 두면 시계

열 차트를 그릴 때 2015년의 1월과 2016년의 1월이 같은 월로 보여지는 오류가 나타나게 된다. 따라서 시간에 대한 변수가 있는 경우에는 이를 되도록이면 날짜나 시간으로 정확히 설정해야 한다. 그런데 위 자료에서 연도와 월 변수 데이터 형식을 모두 시간으로 변경하기 위해서는 일단 두 변수를 하나로 병합해야 한다. 그림 4-16과 같이 두 개의 변수를 선택하고 [변환] 탭→[열 병합]을 클릭해 두 개의 열을 병합한다. 이때 두 변수 사이에 '-' 기호를 삽입해 연도와 월 값을 구분하면 이후 인식하기 편리하다.

[그림 4-16] 열 병합

병합 이후 새로 만들어지는 '날짜' 열(변수)의 데이터 형식을 '날짜'로 변경하면 데이터 편집이 완성된다.

참고로 '날짜' 열의 데이터 형식을 날짜로 변경하면 월에 이어 '일자'도 생성되는데, '일'에 대한 특별한 지정이 없었기 때문에 모두 1로 설정된다.

지역명	규모구분	날짜	분양가격(㎡)
1 서울	전체	2015-10-01	5841
2 서울	전용면적 60㎡이하	2015-10-01	5652

[그림 4-17] 변수별 데이터 형식 설정

데이터 편집이 끝났다면 본격적인 시각화를 위해 [홈] 탭→[닫기 및 적용]을 클릭해 쿼리 편집 모드를 종료해 준다. 파워비아이에서 쿼리 편집 모드를 종료하면 자동으로 시각화 모드로 들어 갈 수 있다.

파워비아이 시각화 모드는 앞에서 설명한 바와 같이 기본적으로 세 개의 화면으로 구성되는데, '필드 영역'을 확인해 보면 쿼리편집기를 통해 편집한 데이터가 변수별로 나타나 있는 것을 확인할 수 있다.

여기까지 잘 진행되었다면 이제는 어려운 부분이 없다. 사실 데이터 시각화나 분석 모두 필요한 데이터를 찾고 이를 적절한 형태로 가공하는 것이 어려운 부분이고 이후 과정은 상대적으로 쉽다.

꺾은선형 그래프로 이해하는 민간아파트 분양가격 정보

시각화 타일을 '작업 영역'에 만들어 주기 위해서는 원하는 차트 형태를 '시각화 영역'에서 선택하면 된다. 이때 몇 개의 변수를 차트에 포함할지 결정한 후 이를 가장 잘 표현해 줄 수 있는 차트를 선택해야 한다. 우선 '$분양가격'과 '날짜' 변수를 선택해 시계열 자료를 만들어 준다. 시계열 자료를 나타낼 수 있는 대표적인 차트는 '꺾은선형 차트'다.

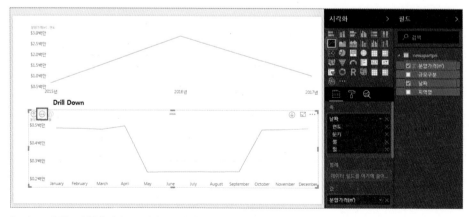

[그림 4-18] 연도별 월별 아파트 분양가격의 변화를 보여주는 꺾은선형 그래프

파워비아이는 날짜 변수가 차트에 포함되었을 경우 날짜별로 데이터를 확인할 수 있도록 드릴다운 메뉴을 제공한다. 이를 활용하면 날짜에 해당하는 변수를 연도별, 분기별, 월별 그리

고 일자별로 계층화를 하여 볼 수 있어 매우 편리하다. 그림 4-18은 동일한 두 개의 꺾은선 그래프를 연도별과 월별로 표현한 것이다. 드릴다운 기능은 날짜변수 이외에도 변수를 그룹화해 보여 줄 때도 유용하게 사용할 수 있다.

그런데 그래프를 보면 2016년에는 아파트 가격이 급격히 상승했다가 2017년에 급격히 하락한 것으로 나오는데, 이를 그대로 해석하는 것은 무리가 있다. 사실 이는 파워비아이의 계산 형태에 따른 문제인데, 데이터의 기간이 2015년 10월부터 2017년 2월까지인데, 단순히 2015년과 2016년 그리고 2017년의 모든 거래를 더해서 보여 주기 때문이다. 이렇게 되면 당연히 많은 측정값이 있는 2016년의 가격이 가장 높게 나타나게 된다. 이를 해결하기 위해서는 값에 해당하는 '분양가격'의 계산방식을 변경해야 한다. 그림 4-19와 같이 확장 화살표를 클릭해 계산 값을 합계 대신 '평균'으로 설정하면 제대로 된 결괏값을 얻을 수 있다.

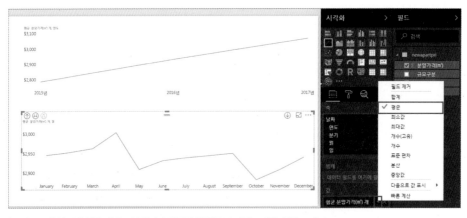

[그림 4-19] 연도별 월별 아파트 분양가격 평균의 변화를 보여주는 꺾은 선형 그래프

위 그래프를 통해 연도별로 아파트 가격이 지속적으로 상승해 왔음을 확인할 수 있다. 그런데 월별 자료를 보면 여전히 이상한 형태의 그래프를 그리는 것을 볼 수 있다. 이는 앞의 경우와 비슷한 문제인데, 그래프가 온전히 시계열 형태로 되어 있지 않고 월별로 합산해 보여지고 있기 때문이다. 즉, 2016년 1월과 2017년 1월 가격의 평균이 1월 가격으로 보여지고 있고 10월 가격은 2015년 10월과 2016년 10월 가격의 평균이 보여지고 있어 그래프의 왜곡을 가져오고 있다. 이를 해결하기 위해서는 위 방법과 마찬가지로 '축' 영역의 날짜의 확장 화살표를 클릭해 '날짜 계층' 대신 '날짜'를 선택하면 된다.

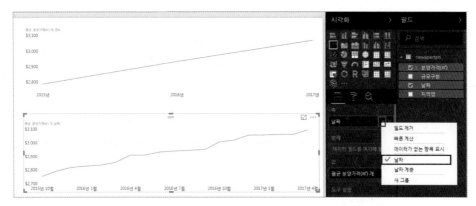

[그림 4-20] 연도별 월별 아파트 분양가격 평균의 변화를 보여주는 꺾은선형 그래프, 시계열 자료

수정된 그래프를 보면 아파트 분양 가격은 정부의 정책이나 금리와 상관 없이 지속적으로 상승해 왔다는 것을 알 수 있다. 이를 통해 향후 아파트 가격의 변동도 특단의 조치나 사건이 없는 한 계속 상승할 것이라고 예측할 수 있다.

그래프에 변수 추가하기

이번에는 분석을 확장해 위 그래프에 변수를 하나 더 포함해 차트를 그려보도록 하겠다. 그림 4-21은 '규모구분' 변수를 '범례' 값에 포함해 세 개의 변수로 그래프를 그린 것이다. 이는 앞선 그래프에 비해 조금 더 복잡하지만 '날짜', '규모', '가격'을 한눈에 확인할 수 있는 자료를 만들 수 있어 더 유용하다.

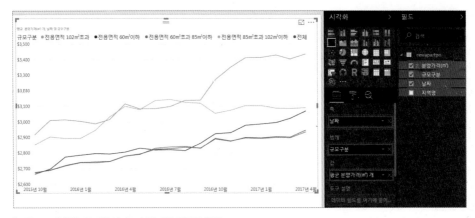

[그림 4-21] 월별, 규모별 아파트 분양가격 평균의 변화

이를 통해 아파트 가격의 상승은 거의 모든 평형대에서 나타났으며 전용면적 102m² 이상인 대형 아파트와 60m² 이하인 소형 아파트에서 가격 상승이 두드러지게 나타났다는 것을 알 수 있다. 또한 상대적으로 중형크기의 아파트는 2016년 하반기부터 가격 변화가 거의 없거나 소폭 하락했다는 것 역시 파악할 수 있다.

이처럼 여러 개의 변수를 동시에 시각화하면 조금 더 깊이 있는 분석이 가능하다. 분석 대상인 가격을 여러 변수에 의해서 나누어서 볼 수 있어 다양한 방향에서 해석할 수 있게 하기 때문이다. 그런데 하나의 차트에 무조건 여러 개의 변수를 포함하는 것은 좋은 방법이 아니다. 너무 많은 변수로 인해 차트가 복잡해지면 쉽게 알 수 있었던 변수 사이의 관계 조차 파악하기 어렵게 될 수도 있기 때문이다.

슬라이서 기능 활용하기

그럼 최대한 많은 변수를 포함시키면서도 복잡하지 않은 차트를 만들 수 있는 방법은 없을까? 이때 사용할 수 있는 방법이 '슬라이서'다. 엑셀 차트에서도 사용할 수 있는 '슬라이서'는 더이상 변수를 차트에 포함하는 것이 불가능하거나 바람직하지 않을 때(차트의 복잡성을 증가시킬 때) 추가 변수를 차트 외부에 위치시켜 간접적으로 이를 차트에 포함될 수 있게 해 주는 방법이다.

[그림 4-22] 파워비아이 슬라이서

시각화 영역에서 '슬라이서'를 선택하고 지역별 변수를 선택하면 다음과 같이 지역을 선택할 수 있는 슬라이서를 삽입할 수 있다. 슬라이서는 차트의 복잡성을 증가시키지 않으면서도 변수를 추가할 수 있는 방법으로 잘 활용하면 여러 변수를 동시에 표현할 수 있다.

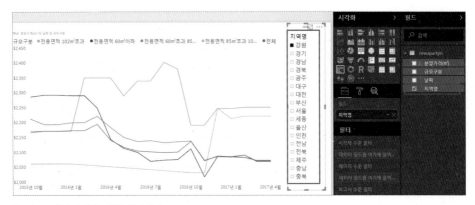

[그림 4-23] 슬라이서로 변수 추가하기

추가된 슬라이서로 지역 변수 들 중 '강원'만 선택해 보면 해당 지역의 아파트 가격 변화가 전체와는 또 다른 패턴을 보이는 것을 확인할 수 있다. 소형 아파트의 가격은 하락하고 대신 중대형 아파트의 가격은 상승하는 것을 볼 수 있는데, 이는 전국의 아파트값 변화와는 반대되는 현상으로 추가 조사나 연구가 필요하다는 결론을 얻을 수 있다.

참고로 파워비아이는 앞에서 사용한 일반적인 형태 이외에 여러 가지 다른 기능을 지원하는 슬라이서 역시 비주얼 갤러리를 통해 제공하고 있다. 기타 다른 형태의 슬라이서나 시각화 개체는 '저장소'에서 내려받아 사용할 수 있다.

아래는 스마트필터(Smartfilter)라는 슬라이서를 내려받아 활용한 것인데, 선택한 여러 변수들을 시각적으로 확인하면서 분석할 수 있다는 장점이 있다.

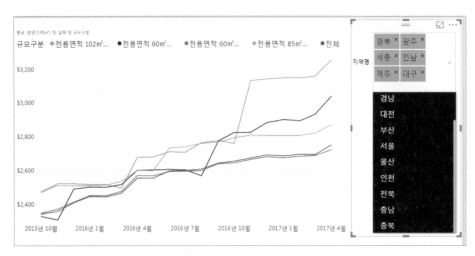

[그림 4-24] 스마트필터를 활용한 데이터 시각화

그런데 파워비아이를 잘 활용하면 굳이 슬라이서를 사용하지 않더라도 여러 개의 변수를 한 화면에 나타낼 수 있는 방법이 있다. 이는 기본적으로 파워비아이의 모든 시각적 개체가 서로 연결된 반응형 개체이기 때문에 가능한데, 이를 잘 사용하면 시각화 효과를 극대화할 수 있다. [4]

앞의 예제에서 '지역명' 변수를 슬라이서로 추가하는 대신 새로운 시각적 개체를 만들어 같은 화면에 배치해 보자. 지역별 변수와 가격 변수를 상자 수염 그림(box and whisker chart)[5] 으로 만들면 슬라이서만으로는 포함할 수 없었던 지역별 가격에 대한 정보를 추가할 수 있다. 이때 상자 수염 그림을 이루는 각 상자는 지역별 변수의 슬라이서와 같은 역할을 한다.

---

[4] 파워비아이는 기본적으로 하나의 페이지에 여러 개의 시각화 개체를 담을 수 있다. 따라서 하나의 차트에 모든 변수를 넣는 대신 두 개 또는 세 개로 나누어서 개체를 만들고 이를 한 화면에서 보여 방법으로 마치 하나의 차트에 여러 변수를 포함하는 것과 같은 효과를 낼 수 있다.

[5]   상자 수염 그림은 오피스 스토어 또는 저장소에서 내려받은 후에 사용할 수 있다.

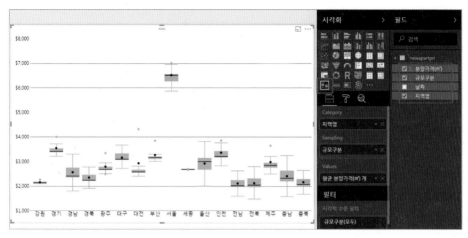

[그림 4-25] 지역별 상자 수염 그림 차트

우선 그림 4-26과 같이 상자 수염 그림을 그려보자. 내려받은 시각화 개체를 활성화시킨 후 세개의 변수를 선택하면 지역별 가격 변수의 형태를 파악할 수 있는 상자 수염 그림을 그릴 수 있다. 상자 수염 그림은 숫자 변수의 분포와 중간 값 등을 나타내 주는 그래프로 탐색적 데이터 분석에 널리 활용되는 방법이다.

 상자 수염 그림

상자 수염 그림은 숫자 변수의 분포를 한 눈에 확인할 수 있도록 시각화해 주는 차트이다. 상자의 상하 크기는 전체 숫자의 분포를 사분위로 보았을 때 첫 번째 사분위(1Q)부터 세 번째 사분위(3Q)까지의 분포를 나타낸다. 그렇기 때문에 상자가 작을수록 중간값을 중심으로 분포가 모여 있다는 의미이다. 밖으로 뻗어 나온 수염은 3Q와 1Q에서 보통 ±1.5 IQR에 해당하는 분포를 나타낸다. 그리고 이를 벗어나는 값을 가지는 관측값은 이상점(outlier)이라고 해서 상자 밖에 따로 점으로 표시한다. IQR는 사분위(간) 범위(inter-quartile range) 분산이 개념으로 사분위수 중 75%(3Q)와 25%(1Q)의 차이 값이다.

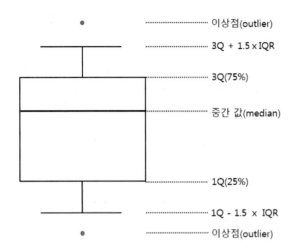

[그림 4-26] 상자 수염 그림

상자가 위아래로 긴 경우는 관측값의 분포가 넓게 퍼져 있다는 것을 의미하고, 짧은 경우는 중간 값을 중심으로 모여 있다는 것을 말한다. 일반적으로 숫자 변수에서 정규분포를 가정하기 위해서는 양쪽 수염의 길이가 비슷해야 하고, 점으로 표현된 극단 값이 없거나 아래 위에 비슷한 위치에 찍혀야 한다. 물론 그렇다고 해서 무조건 정규분포라고 말할 수는 없지만, 대략적인 그래프의 모양이 중간을 중심으로 대칭이고 극단 값이 없을 때 정규분포에 가까운 분포라고 이야기할 수 있다.

그리고 이를 앞에서 그렸던 시계열 차트와 한 화면에 위치시키면 지역별 분포와 날짜에 따른 가격 변동을 동시에 확인할 수 있는 시각화 자료를 만들 수 있다. 파워비아이에서는 두 개의 시각화 개체가 기본적으로 연결되어 있기 때문에 하나의 그래프를 클릭하면 다른 그래프에서는 그에 해당하는 데이터만 따로 표시된다.

그림 4-27과 4-28은 완성된 시각화 자료에서 각기 '서울'과 '강원'을 선택했을 때 변화되는 그래프를 보여준다.

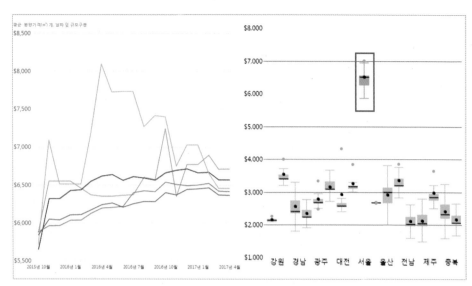

[그림 4-27] 서울 지역의 데이터 값만 나타내 주는 시계열 그래프

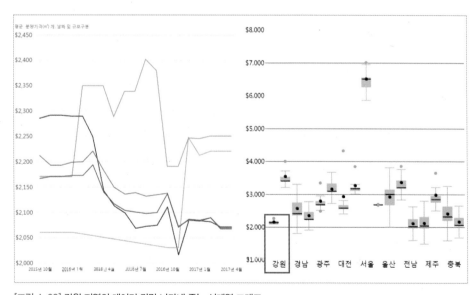

[그림 4-28] 강원 지역의 데이터 값만 나타내 주는 시계열 그래프

이와 같이 복수의 개체로 표현된 시각화 자료는 여러 변수에 따른 데이터의 변화(예에서는 시간과 지역에 따른 가격의 변화)를 한 번에 파악할 수 있어 데이터를 여러 방향으로 이해하는 데 도움이 된다. 또한 파워비아이의 쿼리 기능을 통해 데이터를 시각화하게 되면 변수 자

체를 가공하지 않고 구조화하기 때문에 추가적인 관측값에 대해서도(데이터의 변화) 같은 형태의 그래프를 지속적으로 그릴 수 있어 데이터에 대한 연속적인 이해가 가능하다는 장점이 있다.

4.1.5 파워비아이를 활용한 데이터 시각화 심화

파워비아이에서 '슬라이서'와 같이 시각화 자료를 더 효과적으로 만들어 주는 방법으로는 추가변수를 만드는 방법과 변수 값을 그룹화하는 방법이 있다.

추가 변수 만들기

먼저 추가 변수를 만드는 방법은 일반적인 데이터 분석에서도 많이 사용되는데, 기존 변수들을 조합하거나 특정 공식을 활용해 새로운 변수(새 열)를 생성하고 이를 기존의 변수화 함께 시각화해 주는 방법이다. 그림 4-29는 가격과 원가 정보를 활용해 '마진율'이라는 새로운 열을 만들어 준 것인데, 이를 기존의 가격 또는 원가 정보와 함께 시각화하면 상품별 또는 상품그룹별 손익 기여율을 알 수 있어 유용하다.

상품그룹	가격	상품명	원가
우유	100	딸기우유	65
우유	90	초코우유	43
우유	80	바나나우유	37
우유	70	버터우유	30
우유	60	산딸기우유	25
우유	50	커피우유	20
우유	40	그냥우유	19
라면	100	비빔면	75
라면	90	짬뽕면	54
라면	80	자장면	35
라면	70	쉰라면	30
라면	60	빨간라면	22
라면	50	그냥라면	15
라면	40	라면사리	10

상품그룹	가격	상품명	원가	새 열
우유	100	딸기우유		=([가격]-[원가])/[가격]
우유	90	초코우유	43	52.22%
우유	80	바나나우유	37	53.75%
우유	70	버터우유	30	57.14%
우유	60	산딸기우유	25	58.33%
우유	50	커피우유	20	60.00%
우유	40	그냥우유	19	52.50%
라면	100	비빔면	75	25.00%
라면	90	짬뽕면	54	40.00%
라면	80	자장면	35	56.25%
라면	70	쉰라면	30	57.14%
라면	60	빨간라면	22	63.33%
라면	50	그냥라면	15	70.00%
라면	40	라면사리	10	75.00%

[그림 4-29] 테이블에 새 열을 추가하기

파워비아이에서 새 열을 추가하는 방법은 두 가지가 있다. '새 측정값'을 만드는 것과 '새 열'을 만드는 방법이 그것인데 두 가지 모두 기존의 변수 값을 계산해 새 열 또는 값을 만들어 주지만 그 방법과 쓰임에 있어 차이가 있으므로 구분해서 사용해야 한다.

새 열을 만들기 위해서는 그림 4-30에서와 같이 데이터 창을 선택하고 [모델링] 탭 →[새 측
정값] 또는 [새 열]을 클릭하면 된다.

[그림 4-30] 열 추가

먼저 새 열을 만들기 위해 [모델링]→[새 열]을 클릭해 다음 식을 입력한다.

파워비아이에서의 테이블 작업은 파워쿼리와 마찬가지로 열을 기준으로 한다. 따라서 식을
만들 때는 변수, 즉 열 값을 가지고 수식을 작성해야 한다. 그림 4-31은 새로 계산된 '마진'
열이 추가된 테이블이다.

상품그룹	가격	상품명	원가	마진
우유	100	딸기우유	65	35.00 %
우유	90	초코우유	43	52.22 %
우유	80	바나나우유	37	53.75 %
우유	70	버터우유	30	57.14 %
우유	60	산딸기우유	25	58.33 %
우유	50	커피우유	20	60.00 %
우유	40	그냥우유	19	52.50 %
라면	100	비빔면	75	25.00 %
라면	90	짬뽕면	54	40.00 %
라면	80	자장면	35	56.25 %
라면	70	쉰라면	30	57.14 %
라면	60	빨간라면	22	63.33 %
라면	50	그냥라면	15	70.00 %
라면	40	라면사리	10	75.00 %

[그림 4-31] '마진' 열이 추가된 데이터

새 열이 추가되었다면 상품 그룹별 마진율을 보여주기 위해 추가된 새 변수('마진')와 '상품그룹' 변수로 시각화 개체를 만들어 보자.

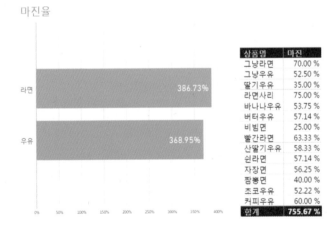

상품명	마진
그냥라면	70.00 %
그냥우유	52.50 %
딸기우유	35.00 %
라면사리	75.00 %
바나나우유	53.75 %
버터우유	57.14 %
비빔면	25.00 %
빨간라면	63.33 %
산딸기우유	58.33 %
쉰라면	57.14 %
자장면	56.25 %
짬뽕면	40.00 %
초코우유	52.22 %
커피우유	60.00 %
합계	755.67 %

[그림 4-32] 마진율 시각화 그래프

추가된 열을 시각화한 그림 4-32를 보면 상품별, 그룹별 마진율을 확인할 수 있다. 그런데 결괏값이 원하는 값이 아닐 것이다. 구하고 싶은 것은 전체 우유와 라면의 마진율인데, 새 열을 시각화하면 위와 같이 모든 상품의 마진율 합계가 결괏값으로 나온다. 그 이유는 기본적으로 모든 데이터 분석 프로그램이 열 값을 독립 개체로 인식하기 때문이다. 쉽게 설명하면

'상품구분' 우유에 해당하는 모든 우유 종류의 마진율(값)이 '우유'라는 공통분모로 그룹화되지 않고 각기 독립적인 값으로 인식되어 더해지기 때문에 나타나는 현상이다. 이를 해결하기 위해서 등장한 것이 바로 '새 측정값' 개념이다.

'새 측정값'이라는 개념은 쿼리 개념과 비슷하다. 식을 추가하면 이를 열 값으로 추가하기보다는 사용자가 지정하는 조건에 맞게 기존 변수들의 값을 그룹화하고 다시 계산해 이를 열의 형태로 테이블에 추가해 준다.

설명이 조금 어려운데, '추가 열'과 '새 측정값'의 차이점을 이해하기 위해 일단 그림 4-33과 같이 '새 측정값'을 클릭하고 다음의 식을 입력한다.

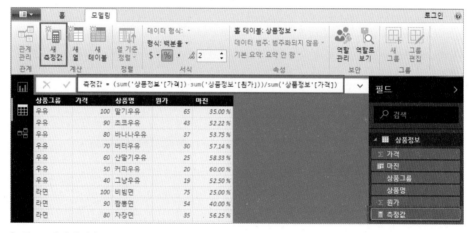

[그림 4-33] 새 측정값

위 식은 데이터 분석 언어인 DAX[6] 식을 사용해 만든 것이다. 새 측정값을 만들기 위해 입력한 위 식은 겉으로 보기에는 첫 번째 식과 크게 다른 것 같지 않지만 그 계산 구조는 크게 다

---

6 DAX(Data Analysis Expression)는 그 이름에서 알 수 있듯이 데이터 분석에 특화된 함수 언어이다. DAX를 사용하면 우리가 보통 엑셀의 피벗 기능과 함수 또는 VBA를 사용해 만들어 왔던 데이터 분석 테이블들을 쉽고 빠르게 만들어 낼 수 있다. DAX의 문법은 엑셀 함수와 유사해 처음 배우기는 쉽지만 데이터를 구성하는 테이블과 그 관계 그리고 변수와 데이터 형식 등을 이해해야 정확한 구문을 작성할 수 있어 초보자에게는 그리 쉽지 않은 언어이다. .
   파워비아이와 파워피벗 그리고 파워쿼리 모두 데이터를 다루는 툴이기 때문에 DAX 언어를 통해 좀 더 다양한 분석이 가능하도록 설계되어 있다. 따라서 데이터 분석을 전문적으로 하고자 하는 경우에는 기본적인 문법은 배워 두는게 좋다.
   DAX에 대한 더 자세한 사항은 https://msdn.microsoft.com/en-us/library/gg413422.aspx(MS 공식 문서)를 참조하면 된다.

르다. 간단히 살펴보면 SUM 함수를 통해 각 열([가격]과 [원가])을 원하는 형태로 그룹화해 더한 후 그 차이를 계산하고 같은 기준에 의해 그룹화된 [가격]으로 나누어 마진율을 계산하라는 뜻이다. 이때 어떤 형태로 그룹화하는지는 위 데이터를 시각화하거나 분석할 때마다 다른 조건을 설정할 수 있다. 참고로 열 앞에 있는 '상품정보'는 해당 테이블 명칭이다.

한가지 특이한 점은 그림 4-33에서 확인할 수 있듯이 '새 측정값'은 테이블에 새로운 열을 직접 만들지는 않는다는 사실이다. 대신 오른쪽 '필드' 값을 보면 "측정값"이란 필드가 추가된 것을 볼 수 있는데, 이는 사용자가 원하는 형태로 계산 값을 추가할 수 있도록 하기 위한 형식적 열이다. 즉, 엄밀히 말하자면 새 측정값은 열 자체를 추가해 주는 것은 아니고 메모리에서 함수 식을 계산해 사용자가 원하는 형태로 돌려 줄 때 표현하는 역할을 한다.

위에서 입력한 새 측정값을 위와 동일한 방법으로 시각화하면 다음과 같은 형태의 그래프를 얻을 수 있는데, 처음 의도했던 대로 상품 그룹별 마진율이 각기 계산된 것을 확인할 수 있다.

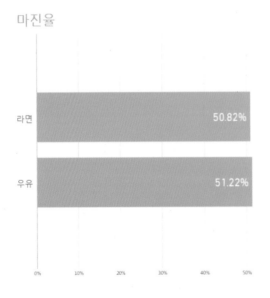

[그림 4-34] 새 측정값으로 계산한 마진율 시각화 그래프

'새 열'과 '새 측정값'의 차이에 대해서 조금 더 설명하자면 첫 번째 '새 열'에서의 식은 조건에 상관없이 일괄적으로 같은 레코드의 행 대 행이 계산이 되어지는 식이고 '새 측정값'에서의 식은 조건 또는 필터에 따라서 열 내의 SUM을 먼저 실행하고 이후 식에 따른 계산 결괏값을 돌려주는 형태이다. 즉, 열 자체의 형태로 값이 계산되는 것이 아니라 조건에 맞는 행을 계산한 후 이를 열 형태로 계산한다는 차이가 있다.

보통 데이터 분석 작업에서는 원 테이블(원 데이터 소스) 자체를 조작하는 것을 지양해야 한다. 따라서 대부분의 경우 데이터에 직접 열을 추가하기보다는 '새 측정값'으로 원하는 변수 형태를 만들어 주는 것이 바람직하다. 더욱이 시각화 작업에 있어서도 앞에서 확인한 것과 같이 '측정값'을 사용할 때 더 유기적으로 그래프를 그릴 수 있기에, 데이터 자체를 수정하는 것이 필요하지 않은 경우에는 분석 목적이든 시각화 목적이든 '새 측정값'을 만들어 주는 것이 효과적이다. 단, 분석 목적의 다양한 '새 측정값'을 만들기 위해서는 DAX에 대한 이해가 필수적이라는 단점이 있는데, 데이터의 기본 구조를 이해한다면 엑셀 함수를 배우듯이 손쉽게 배워 나갈 수 있다.

변수의 그룹화

변수 값을 그룹화하는 두 번째 방법은 디멘션 값을 기준으로 데이터에 대한 새로운 분류 기준을 정해주는 방법으로 데이터를 원하는 형태로 재 분류할 수 있어 시각화뿐만 아니라 탐색적 데이터 분석에서도 효과적으로 쓰이는 방법이다.

그룹화 작업을 위해 앞서 작업한 민간아파트 분양가격 정보 테이블을 다시 불러온다.

파워비아이에서 변수 값을 그룹화하기 위해서는 그림 4-35와 같이 그룹화하기 원하는 변수를 필드 값에서 찾아 마우스의 오른쪽을 클릭한 후 '새 그룹'을 선택하면 된다(변수의 그룹화는 데이터 분석 프로그램에서는 없어서는 안 되는 핵심적인 기능이다). 그리고 그림 4-36과 같이 그룹 대화 상자가 나타나면 이름을 지정해 주고 원하는 변수 값을 선택해 그룹을 만들어 주면 된다. 그룹화를 할 때는 왼쪽 '그룹화되지 않은 값'에서 먼저 하나의 변수 값을 선택하고 그룹 이름을 설정해 준 다음, 해당 그룹에 포함하고자 하는 변수 값을 다시 왼쪽 상자에서 선택한 후 오른쪽 '그룹 및 구성원' 상자의 원하는 그룹을 클릭해 옮기면 된다.

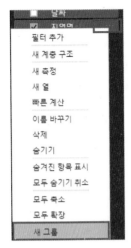

[그림 4-35] 변수의 그룹화

그룹

이름	지역 재분류	필드	지역명

그룹 유형 목록

그룹화되지 않은 값

강원
경북
광주
대전
세종
전남
전북
제주
충남
충북

그룹 및 구성원

▲ ⊞ 경남지역
　　경남
　　대구
　　부산
　　울산
▲ ⊞ 수도권
　　경기
　　서울
　　인천

그룹　　그룹 해제

☐ 다른 그룹 포함 ⓘ

확인　　취소

[그림 4-36] 그룹화 대화 상자

변수를 원하는 형태로 그룹화하게 되면 필드 영역에 '지역 재분류'라는 필드가 생성되는데,
이는 실제 열이 생성된 것은 아니고 '새 측정값'과 같이 그룹화에 의해 시각화와 분석 등의 추
가 작업이 가능하도록 개체가 생성된 것이다. 이렇게 생성된 그룹은 시각화니 데이터 분석
작업에서 하나의 열과 같이 사용할 수 있다.

새로 만든 그룹을 기준으로 '아파트 분양가격' 데이터는 다음과 같이 시각화할 수 있다.

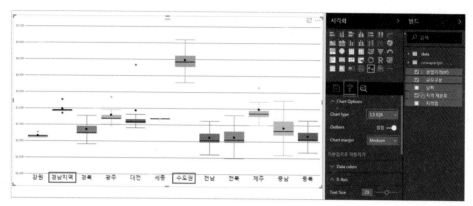

[그림 4-37] 그룹화된 변수의 시각화

그림 4-37과 같이 시각화 필드에서 상자 수염 개체를 선택하고 '지역 재분류'와 '분양가격' 및 '규모구분'을 선택하면 그림 왼쪽과 같은 그래프를 그릴 수 있다. 참고로 그래프의 세부 설정은 앞의 예에서와 마찬가지로 설정 창에서 Chart Type(그림 형태)은 1.5IQR로 Chart Margin(그림 여백)은 Medium(중간)으로 설정했다.

그리고 위와 같이 재분류된 지역별 비교를 통해 서울뿐만 아니라 경기도 전체의 평균 분양가격이 다른 지역에 비해 월등히 높은 것을 알 수 있다. 또한 '경남지역'의 경우에는 세 지역의 데이터 값이 합쳐졌지만 분양가격 분포의 상자 크기가 크지 않은 것으로 보아 그룹화된 지역들의 분양가격 차이가 크지 않다는 것도 알 수 있다.

이렇게 변수를 그룹화하고 시각화하게 되면 기존과는 다른 기준을 바탕으로 새로운 해석을 할 수 있어 데이터의 다양한 특성을 이해할 수 있다. [그림 4-38]은 새로운 기준을 바탕으로 앞의 예와 같이 시계열 자료를 만들어 본 것인데, 이전과는 또 전혀 다른 그래프를 그리는 것을 볼 수 있다.

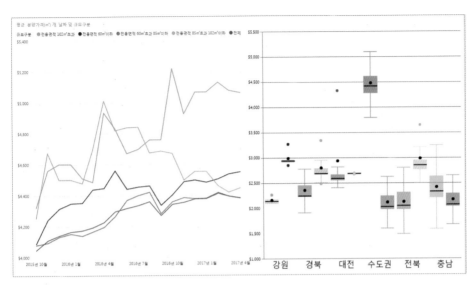

[그림 4-38] 변수의 그룹화에 따른 새로운 시각화 보고서

지금까지 살펴본 바와 같이 시각화도 결국은 테이블(데이터)의 변수들을 어떻게 효율적으로 정리하고 표현해야 하는지가 핵심이다. 따라서 분석과 마찬가지로 시각화도 그래프의 종류나 기법을 이야기하기 이전에 데이터를 테이블 형태로 잘 정리하고 연결해 분석이 가능한 형태로 가공하는 것이 무엇보다도 중요하다.

4.1.6 엑셀[7] 차트기능을 활용한 데이터 시각화

엑셀은 기본적인 테이블 작업에는 매우 효과적인 도구이지만 데이터의 크기가 어느 정도 이상으로 커지기 시작하고 변수들의 관계가 복잡해지는 시점부터는 그 효용가치가 급격하게 떨어진다. 그럼에도 불구하고 엑셀은 사람들이 가장 많이 사용하는 데이터 분석 프로그램이며 데이터 시각화와 관련해서도 여러 훌륭한 기능들을 가지고 있다.

---

7 이번 장에서는 엑셀 2016버전을 기준으로 설명했다. 이전 버전과 비교해 2016의 일부 차트 기능과 디자인이 바뀌기는 했지만 기본 기능과 차트 설정 방법 등은 크게 차이가 없어 다른 버전에 대해 따로 설명하는 것은 생략했다.

분할표 시각화

엑셀을 통한 시각화 역시 파워비아이와 마찬가지로 정해져 있는 기본적인 차트 디자인 중에서 하나를 선택해 서식 등을 수정해 나가는 방법을 적용하고 있다. 그런데 엑셀은 파워비아이와 다르게 구조화(정형화)된 테이블이 아닌 형태의 데이터도 자유자재로 차트로 표현할 수 있다. 때문에 작은 규모의 비정형 데이터의 시각화에는 엑셀이 효율적이다.

다음과 같은 분할 표를 시각화해 보자.

대리점 / 판매물품	일시	2017-01-01	2017-01-02	2017-01-03	2017-01-04	2017-01-05	2017-01-06	2017-01-07
A	수박	521	784	335	526	335	430	584
	딸기	411	823	667	950	502	391	454
	참외	417	537	850	886	481	371	722
	토마토	837	523	796	72	502	637	110
B	수박	600	155	486	444	550	856	757
	딸기	706	736	765	789	359	293	216
	참외	162	426	604	737	985	695	734
	토마토	328	518	544	902	178	128	79
C	수박	801	493	345	287	259	846	507
	딸기	81	235	554	748	216	228	979
	참외	469	256	245	983	975	740	282
	토마토	226	581	706	328	768	118	443

[그림 4-39] 분할표 형태의 데이터 배열

위 배열은 구조화(정형화)된 테이블 데이터가 아니다. 따라서 이를 파워비아이나 기타 BI 프로그램으로 시각화하기 위해서는 변수 형태의 테이블로 먼저 만들어야 한다. 이를 위해서는 이전 장에서 다루었던 'Unpivot' 기능과 '채우기' 기능을 활용하면 된다.

하지만 엑셀은 이러한 비정형 데이터도 편집과정 없이 바로 시각화가 가능하다.

위 분할표를 선택하고 엑셀 2016의 [십입]→[추천 차트]를 선택하면 엑셀이 다음과 같이 데이터의 형태에 맞는 여러 그래프를 추천해 준다.

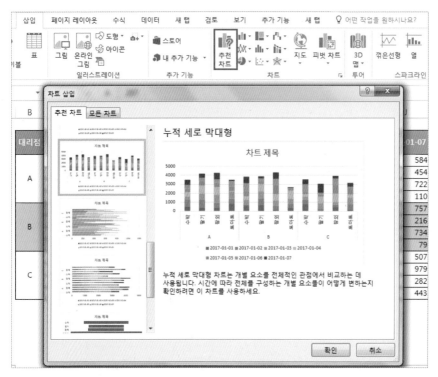

[그림 4-40] 엑셀 추천 차트

이 중 원하는 차트를 선택하면 엑셀이 자동으로 기본적인 형태의 차트를 그려 주는데, 이는 [그림 4-41]과 같이 '요소', '스타일', '필터' 옵션을 통해서 원하는 형태로 변경할 수 있다.

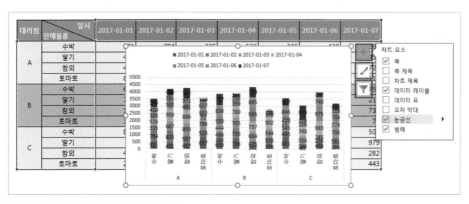

[그림 4-41] 엑셀 차트 '요소'를 통한 설정 변경

엑셀이 그려주는 차트는 사용법이 간단하면서도 정교해서, 작은 규모의 데이터 분석 목적에 매우 효과적이다. 앞서 언급한 '요소'와 '스타일' 그리고 '필터'라는 세 가지 옵션을 통해 차트의 여러 서식과 필터는 물론 이중 축과 눈금선 등도 하나하나 분석에 맞게 설정할 수 있다.

또한 엑셀에서는 관측값 원본인 셀 값을 손쉽게 변경할 수 있어서 데이터 변화와 다양한 요청에 손쉽게 대응할 수 있다.

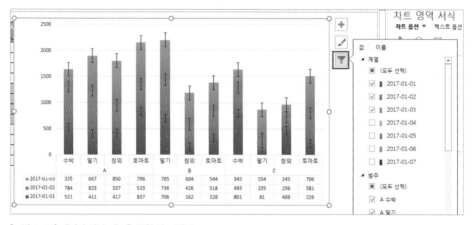

[그림 4-42] 데이터 필터 기능을 통한 차트 변경

그림 4-42는 데이터 필터 기능을 활용해 원하는 날짜의 매출만 표시되도록 한 그래프이다. 이를 통해 원하는 항목 또는 값만 시각화할 수 있다. 참고로 그래프 아래 데이터 표는 '요소' 옵션에서 '데이터 표' 값을 선택하면 자동으로 나타난다. 이렇듯 엑셀 차트는 구조화(테이블화)되지 않은 데이터를 손쉽게 시각화해 주고 여러 서식을 유연하게 적용할 수 있다는 점에서 장점을 가진다.

하지만 이러한 도구의 유연함이 데이터 시각화와 분석에 꼭 효과적인 것만은 아니다. 사실 엑셀 차트를 다룰 때 야기되는 많은 문제점들이 대부분 테이블이 아닌 데이터를 시각화를 하려고 할 때 나타난다. 물론 엑셀의 유연함을 잘 활용해 다양한 형태의 데이터를 시각화는 것은 의미가 있다. 하지만 시각화의 목적이, 단순히 읽기 좋은 인포그래픽이나 데이터 아트가 아닌, 추가적인 분석과 데이터 확장을 위한 것이라면, 먼저 데이터를 테이블화해 여러 변수들을 잘 표현할 수 있는 그래프를 그려야 한다.

요약된 데이터 형식인 위 테이블은 기초자료를 요약해서 보여주는 피벗 테이블과 유사한 형태인데, 보통의 피벗 테이블과는 다르게 원본이 존재하지 않아 행과 열을 원하는 형태로 설정해 볼 수 없다. 때문에 현재 보여지는 형태로만 데이터를 봐야 한다는 불편함이 있다. 그리고 이러한 불편함은 이를 시각화한 자료에서도 동일하게 나타난다.

위 데이터를 선택한 상태에서 피벗 차트를 클릭해 보자.

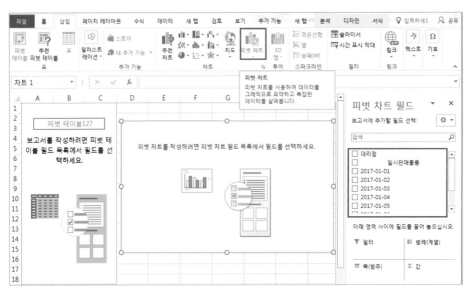

[그림 4-43] 피벗 차트

테이블화되지 않은 데이터를 피벗 차트로 만들면 변수가 와야 하는 필드 위치에 요약된 값(날짜) 등이 나타나는 것을 확인할 수 있다. 물론 이 상태에서도 각 필드를 끌어서 값이나 축에 놓는 식으로 그래프를 그릴 수는 있지만 변수별로 분석 가능한 그래프는 그릴 수 없다. 대신 원래 요약된 데이터 형태(원본) 그대로 피벗 차트를 만들면 분석 가능한 그래프를 만들 수는 있으나(그림 4-44) 이는 원본 숫자로 된 데이터 그대로를 단순히 그림으로 바꿔 놓은 것이어서 추가적인 분석이나 의미를 찾기는 쉽지 않다.

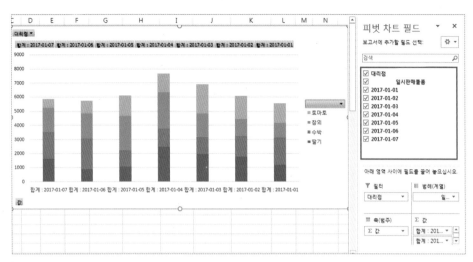

[그림 4-44] 테이블 형태가 아닌 데이터의 피벗 차트 시각화

이번에는 위 자료를 테이블 형태로 구조화한 후 피벗 차트를 만들어 보자. 정형화된 테이블은 앞 장에서 설명한 것과 같이 파워쿼리의 'Unpivot'과 '채우기' 기능을 활용해 만들 수 있다.

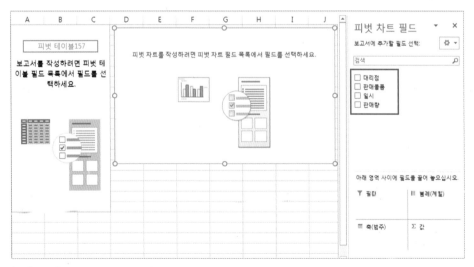

[그림 4-45] 정규화된 테이블의 피벗 차트

그림 4-45처럼 데이터를 테이블화하고 피벗 차트를 선택하면 정확히 원하는 변수 값만 필드 값으로 나타난다. 이때의 피벗 차트는 변수 값을 하나하나 선택해 가면서(몇 개의 변수를

그래프에 포함시킬지는 분석 목적에 따라서 결정할 수 있다) 여러 종류의 그래프를 그릴 수 있어 분석 측면에서 효율적이다.

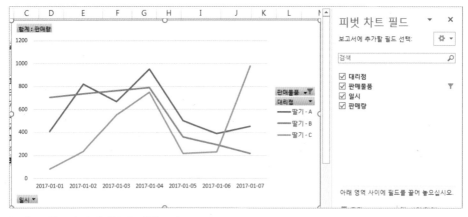

[그림 4-46] 필터 기능을 활용해 표현한 그래프

그림 4-46은 피벗 차트의 필터 기능을 활용해 일자별 딸기 판매량을 대리점별로 표현한 그래프이다. 이는 대리점과 물품 그리고 판매량이 모두 변수화되어 피벗 차트로 표현되기에 가능한 형태이다. 이와 같이 테이블 기반의 데이터를 피벗 차트로 표현하면 변수별로 여러 가지 조건 및 필터를 손쉽게 지정할 수 있어 효과적인 분석이 가능하다.

4.1.7 파워비아이와 R을 활용한 데이터 시각화

R은 앞서 언급했던 것처럼 데이터 시각화를 위한 최적의 도구이다. 프로그래밍 언어형태로 다소 배우기 어렵다는 점만 제외하면 R은 데이터 시각화 영역에서뿐만 아니라 데이터 분석 전 영역에서 사용할 수 있는 가장 좋은 도구 중 하나이다

그런데 R을 능수능란하게 사용하기 위해서는 상당한 시간이 소요된다. 아무리 R이 C++이나 파이썬 등의 다른 프로그래밍 언어에 비해 쉽다고 해도 코딩을 접해 보지 않은 사람들에게 어렵기는 매 한가지이다. 하지만 R의 여러 기능 중 시각화 기능만 활용하는 것은 크게 어렵지 않다. 물론 데이터와 변수 그리고 테이블에 대한 기본적인 전제가 있다는 가정하에서의 이야기지만 프로그래밍 언어를 새로 배우는 것만큼의 노력이 들어가지는 않는다. 그리고 그

결과물인 시각화 그래프와 분석 값들은 기존의 엑셀 등으로는 만들어 낼 수 없는 훌륭한 것들이기에 이 정도의 어려움은 감수할 만한 가치가 있다.

R은 보통 R 스튜디오(R Studio)와 함께 사용된다. R 스튜디오는 R 사용자들이 손쉽게 프로그래밍을 할 수 있도록 여러 가지 편의 기능을 제공하는 역할을 한다. R 자체가 함수형 언어이므로 함수와 인수를 적절히 조화해 프로그램을 작성해야 하는데, R 스튜디오를 사용하면 조금 더 편하게 함수와 인수를 사용할 수 있으며 오류를 찾고 수시로 실행해 볼 수 있는 등의 장점이 있다.

데이터 시각화를 통한 보고서 작성에는 R과 파워비아이를 함께 사용하면 효율적이다. 파워비아이 모듈에서 R을 사용해 시각화 개체를 만들면 이를 기존에 만든 다른 개체들과 함께 반응형 보고서를 만들어 분석할 수 있고, 파워비아이의 공유 기능을 통해 다른 사용자와 손쉽게 결과물을 공유할 수 있기 때문이다. 따라서 코딩을 할 때는 R 스튜디오를 사용해서 데이터 분석 코드를 만들고 이를 보고서 형태로 공유할 필요가 있을 때는 코드를 그대로 복사해와 파워비아이에서 시각화하는 방법으로 R을 사용하면 효과적이다.

파워비아이에서 R 스크립트를 사용하기 위해서는 [그림 4-47]과 같이 시각화 메뉴에서 R 개체를 선택하면 된다.

[그림 4-47] 파워비아이에서 R을 통해 시각화 개체 만들기

참고로 파워비아이에서 처음으로 R 스크립트를 실행하면 [그림 4-48]과 같이 '스크립트 시각적 개체'를 사용할 것인지를 묻는 대화상자가 나타난다. 보안에 크게 민감한 자료가 있지 않는 한 '사용'을 선택해 이를 허가하면 된다.

스크립트 시각적 개체 사용

R 스크립트 작성을 시작하려면 스크립트 시각적 개체를 사용하도록 설정해야 합니다. 스크립트 시각적 개체는 보안 또는 개인 정보에 대한 위험 요소가 포함되어 있을 수 있는 스크립트 코드를 실행할 수 있습니다.

[사용] [취소]

[그림 4-48] 파워비아이 스크립트 개체 사용 대화상자

파워비아이에서 R 사용을 위한 옵션 설정

파워비아이에서 R을 사용하기 위해서는 당연히 컴퓨터에 R 프로그램이 설치되어 있어야 한다(R 설치는 부록 참조). 또한 보통은 파워비아이에서 자동으로 R 디렉터리와 사용가능한 IDE 프로그램을 지정해 주지만 간혹 경로 설정이 제대로 되어 있지 않은 경우에는 어떤 스크립트도 실행되지 않으므로, 옵션 창에서 R과 관련된 기초 설정을 수정해야 한다.

파워 비아이의 R 스크립트 옵션 설정을 위해서는 [옵션 및 설정]─[옵션]─[R 스크립팅]을 선택하고 R 홈 디렉터리(R 이 설치되어 있는 경로)와 IDE(R 스튜디오 등) 프로그램을 지정하면 된다.

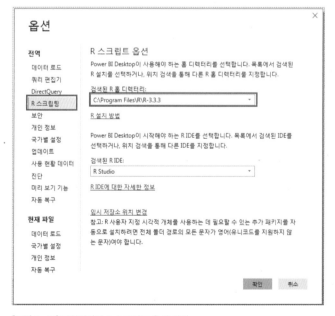

[그림 4-49] 파워비아이 R 스크립트 옵션 설정

R 개체를 선택하면 그림 4-47과 같이 시각화 개체 아래쪽에 R 스크립트 편집기가 열리는데, 여기에 직접 R 코드를 입력하거나 IDE 등에서 작업한 코드를 그대로 복사해서 붙여 넣으면 된다.

데이터 시각화를 통한 주가지수 상관관계 분석

보통 주식시장 등락에 영향을 미치는 요인은 너무 다양해 특정할 수 없다고 알려져 있다. 하지만 사후적으로 어떤 요인에 의해서 주식시장이 영향을 받았는지 분석하는 것은 가능하다. 이번 예에서는 몇 가지의 변수들(환율, 금리, 원유 가격, 금 현물가격, 거래량 등)을 조합해 분석 테이블을 만들고 이를 바탕으로 어떤 변수가 주가지수의 등락에 가장 큰 영향을 미쳤는지 R과 파워비아이를 활용한 시각화와 분석을 통해 알아 보자.

예제에서 사용할 원본 자료는 이전 장에서 사용했던 주가지수 자료 이외에 환율 등락 자료(KEB 하나은행 환율정보를 참조)와 금리(한국거래소(www.krx.co.kr)에서 공시하는 국채지수) 그리고 오피넷(http://www.opinet.co.kr/glopcoilSelect.do)에서 제공하는 유가 자료를 통합해 작성했다. 이처럼 여러 곳에 흩어져 있는 정보를 잘 조합해 분석하면 하나의 데이터셋을 통해 분석하는 것보다 좀 더 의미 있는 분석 결과를 만들어 낼 수 있다.

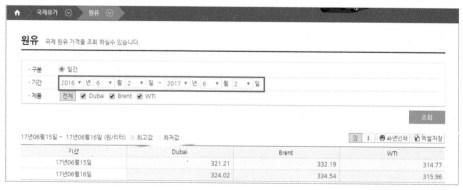

[그림 4-50] 오피넷 유가 조회 화면(원유 종류별 기간별 가격 자료를 내려받을 수 있다)

환율 및 원유 가격 등 내려받은 대부분의 자료는 시계열 데이터이다. 따라서 날짜를 기준으로 쉽게 데이터를 병합할 수 있다. 문제는 관측값이 없거나 (휴일 등으로 인해) 에러가 난 경

우인데, 이를 그대로 두었을 경우는 상관계수 등을 계산할 때 오류가 반환되므로 적절히 수
정해야 한다.

먼저 외환은행에서 내려받은 환율정보를 쿼리 편집 모드에서 열어 테이블 형태로 만든다. 그
림 4-51과 같이 두 번째 열의 확장 화살표를 클릭해 널(null) 값에 대해 선택 해제를 하고
'날짜' 열과 '매매기준' 열을 제외한 나머지 열은 삭제한다.

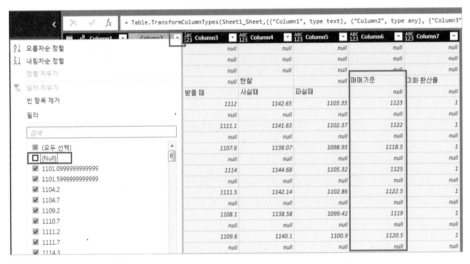

[그림 4-51] 환율 데이터 편집

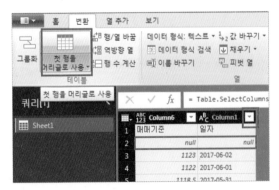

[그림 4-52] 환율 데이터 편집

그리고 그림 4-52와 같이 첫 행을 '머리글로 사용'을 선택해 테이블 헤더를 만든다. 마지막으로 다시 한번 '일자' 열 필터를 통해 널 값 행을 삭제하면 원하는 테이블이 만들어진다. 최종적으로 그림 4-53과 같이 각 열에 맞는 '데이터 형식형 설정'을 하면 분석을 위한 최종 환율 테이블을 완성할 수 있다.

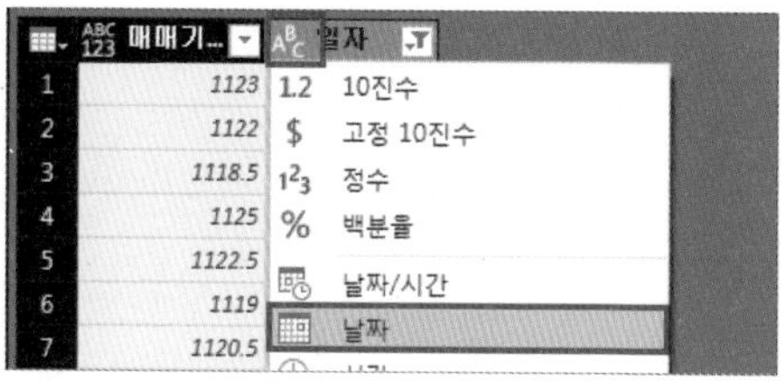

[그림 4-53] 각 열의 데이터 형식형 설정

동일한 편집 과정을 금리, 유가 등의 자료에도 적용해 각 테이블을 완성한다. 참고로 유가 테이블을 만들 때는 관측값이 없는 경우가 있는데, 이를 무조건 삭제하지 말고 그림 4-54와 같이 채우기 기능을 이용해 전날의 거래 금액을 그대로 사용할 수 있도록 해 준다. 그리고 마찬가지로 "0" 값은 삭제한다.

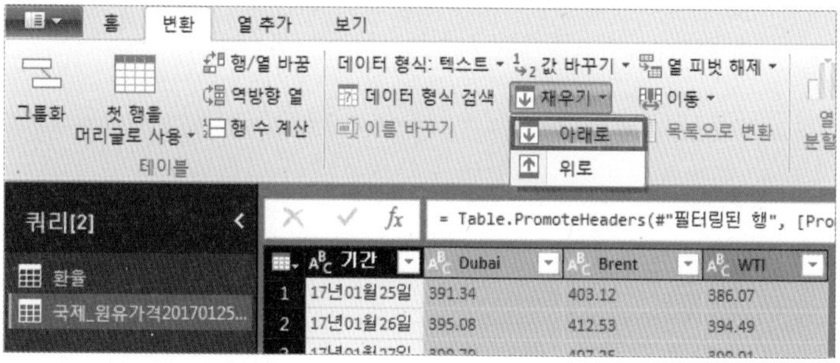

[그림 4-54] 쿼리 편집기이 채우기 기능

모든 테이블이 준비되었다면 이제 '쿼리 병합'기능을 사용해 이를 하나의 테이블로 만들어 준다. 각 테이블을 병합하는 방법에는 여러 가지가 있는데, 그 중 가장 편리한 것은 각 테이블 사이에 관계를 만들고 필요한 변수를 포함하는 새로운 테이블을 쿼리하는 방법이다. 이는 파워비아이가 파워피벗처럼 관계 설정을 통한 쿼리를 지원하기에 가능한 방법이다.

관계를 설정해 주기 위해 우선 '닫기 및 적용'을 클릭해 쿼리 편집모드를 빠져 나온다. 그리고 그림 4-55와 같이 관계 설정 창으로 들어가 쿼리모드에서 불러온 모든 테이블이 있는지 확인한다. 각 테이블은 하나의 상자로 표현되며 상자 안의 리스트는 각 테이블의 변수를 나타낸다. 테이블 간의 관계 설정은 앞서 설명했듯이 엑셀의 Vlookup 함수와 같이 일치하는 열을 지정해 주는 것이라고 생각하면 되는데, 예에서는 모든 테이블이 명칭은 다르지만 '날짜' 변수를 포함하고 있으므로 이를 통해 관계를 설정하면 된다.

관계 창에서 '코스피' 테이블의 '년/월/일' 열을 선택해 각 테이블의 '날짜' 또는 '기간' 열에 끌어 놓으면 파워비아이가 알아서 관계를 설정해 준다.

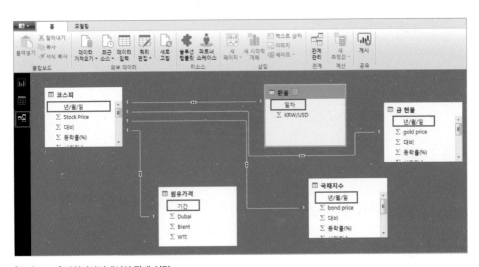

[그림 4-55] 파워비아이에서의 관계 설정.

관계를 모두 설정했으면 이제 [보고서] 탭으로 돌아와 원하는 테이블을 만들면 된다. 그림 4-56과 같이 시각화 영역에서 '테이블'을 선택하고 값 영역에 각 테이블로부터 원하는 열을 끌어 놓는다. 여기서는 코스피 테이블의 지수 및 거래량 그리고 환율 및 채권가격 등 분석하고자 하는 열만 불러왔다. 단, 모든 관계가 '코스피' 테이블의 '년/월/일'을 기준으로 하기 때문에 해당 열은 반드시 끌어 놓아야 한다. 그래야 각 날짜를 기준으로 데이터가 끌어 올 수 있다.

[그림 4-56] 연결된 테이블로부터 원하는 열만 추출해 새 테이블 만들기

완성된 테이블은 다음과 같이 날짜를 기준으로 서로 다른 5개의 테이블 특정 열이 포함된 데이터이다.

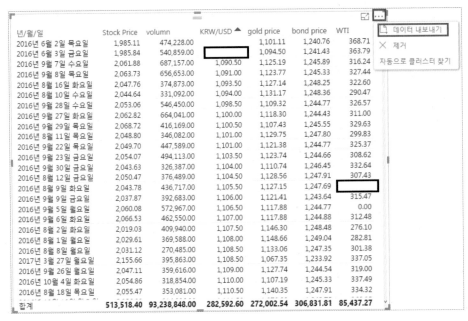

년/월/일	Stock Price	volumn	KRW/USD ▲	gold price	bond price	WTI
2016년 6월 2일 목요일	1,985.11	474,228.00		1,101.11	1,240.76	368.71
2016년 6월 3일 금요일	1,985.84	540,859.00		1,094.50	1,241.43	363.79
2016년 9월 7일 수요일	2,061.88	687,157.00	1,090.50	1,125.19	1,245.89	316.24
2016년 9월 8일 목요일	2,063.73	656,653.00	1,091.00	1,123.77	1,245.33	327.44
2016년 8월 16일 화요일	2,047.76	374,873.00	1,093.50	1,127.14	1,248.25	322.60
2016년 8월 10일 수요일	2,044.64	331,092.00	1,094.00	1,131.17	1,248.36	290.47
2016년 9월 28일 수요일	2,053.06	546,450.00	1,098.50	1,109.32	1,244.77	326.57
2016년 9월 27일 화요일	2,062.82	664,041.00	1,100.00	1,118.30	1,244.43	311.00
2016년 9월 29일 목요일	2,068.72	416,169.00	1,100.50	1,107.43	1,245.55	329.63
2016년 8월 11일 목요일	2,048.80	346,082.00	1,101.00	1,129.75	1,247.80	299.83
2016년 9월 22일 목요일	2,049.70	447,589.00	1,101.00	1,121.38	1,244.77	325.37
2016년 9월 23일 금요일	2,054.07	494,113.00	1,103.50	1,123.74	1,244.66	308.62
2016년 9월 30일 금요일	2,043.63	326,387.00	1,104.00	1,110.74	1,246.45	332.64
2016년 8월 12일 금요일	2,050.47	376,489.00	1,104.50	1,128.56	1,247.91	307.43
2016년 8월 9일 화요일	2,043.78	436,717.00	1,105.50	1,127.15	1,247.69	
2016년 9월 9일 금요일	2,037.87	392,683.00	1,106.00	1,121.41	1,243.64	315.47
2016년 9월 5일 월요일	2,060.08	572,967.00	1,106.50	1,117.88	1,244.77	0.00
2016년 9월 6일 화요일	2,066.53	462,550.00	1,107.00	1,117.88	1,244.88	312.48
2016년 8월 2일 화요일	2,019.03	409,940.00	1,107.50	1,146.30	1,248.48	276.10
2016년 8월 1일 월요일	2,029.61	369,588.00	1,108.00	1,148.66	1,249.04	282.81
2016년 8월 8일 월요일	2,031.12	270,485.00	1,108.50	1,133.06	1,247.35	301.38
2017년 3월 27일 월요일	2,155.66	395,863.00	1,108.50	1,067.35	1,233.92	337.05
2016년 9월 26일 월요일	2,047.11	359,616.00	1,109.00	1,127.74	1,244.54	319.00
2016년 10월 4일 화요일	2,054.86	318,854.00	1,110.00	1,107.19	1,245.33	337.49
2016년 8월 18일 목요일	2,055.47	353,081.00	1,110.50	1,140.35	1,247.91	334.32
합계	513,518.40	93,238,848.00	282,592.60	272,002.54	306,831.81	85,437.27

[그림 4-57] 각 테이블로부터 원하는 열만 추출해 만든 새 테이블

최종 데이터가 완성되었으면 이제 해당 데이터를 엑셀로 내보내 다시 쿼리 모드로 불러온다. 이렇게 하는 이유는 예에서 상관분석(correlation analisys)을 실행하기 때문이다. 일반적인 분석이나 시각화에서는 굳이 물리적인 테이블을 생성하지 않고 관계가 설정된 상태에서 원하는 열을 불러와서 그때 그때 필요한 테이블을 만드는 것이 보통이다. 하지만 상관분석은 변수의 관측값 중 하나라도 널(Null) 값이 있으면 에러가 날 수 있고 원본 데이터가 하나의 독립된 테이블 형태로 되어 있어야 분석이 쉽기 때문에 다시 한번 편집을 해 주는 것이 좋다. 오른쪽 상단의 데이터 내보내기를 클릭하면 원하는 데이터 형태를 선택해 내보낼 수 있다. 기본값은 CSV 파일로 되어 있다.

내보낸 파일을 다시 파워비아이를 통해 불러온다. 그리고 새로운 데이터를 불러왔을 때와 마찬가지로 쿼리편집기능을 활용해 다시 한번 각 열의 널 값을 제거해 주고 데이터 형식을 확인하면 최종 원하는 테이블을 만들 수 있다. 최종 테이블의 이름은 'Correlation 분석'으로 지정해 주고 '닫기 및 로드'를 선택해 쿼리 편집모드를 빠져 나온다.

[그림 4-58] 널 값 및 0 값 제거하기

[그림 4-59] R을 통한 시각화

R을 통한 시각화를 위해서는 '시각화 필드'에서 'R'을 선택한 후 그림 4-59와 같이 분석 대상이 되는 열을 모두 '값' 영역으로 끌어 와야 한다. R은 값 영역으로 끌고 온 변수들을 기본 데이터로 해 분석을 실행한다. 분석 또는 시각화를 위한 코드는 R 스크립트 영역에 입력하면 되는데, 보통 R 스튜디오에서 코딩한 구문을 복사해 붙여 넣는 방법으로 코드를 입력한다.

[그림 4-60] 파워비아이가 작성한 데이터 import 코드

R의 가장 기본적인 분석 소스는 데이터프레임(dataframe)이다. 이는 테이블이라고 생각하면 되는데, R에서는 테이블보다는 조금 더 넓은 개념으로 쓰인다. 하지만 간단히 테이블이라고 생각해도 크게 다르지는 않다. 그림 4-59와 같이 분석을 위한 열을 '값' 영역으로 끌어 오면 파워비아이는 해당 변수를 데이터 프레임으로 만드는 코드를 자동으로 생성해 준다. 위 코드는 파워비아이 창에서 분석하고자 하는 변수를 선택했을 때 이를 데이터프레임 형식으로 변환해 dataset이라고 이름을 붙인 변수에 할당하는 구문이다.

이제 다음과 같은 코드를 R 스크립트 편집기에 작성해서 붙여 넣는다

```
library(corrplot)
M <-cor(dataset)
corrplot(M, method="circle", tl.cex=1, tl.srt=45, tl.col="black", order="hclust", ad-
drect=3)
```

R이 효율적인 이유는 바로 다양한 종류의 패키지(package)들 때문이다. 패키지를 통해 사용자는 굳이 따로 코딩을 하지 않더라도 원하는 기능과 알고리즘을 사용할 수 있다. 이러한 다양한 기능의 패키지들은 또한 손쉽게 내려받을 수 있고 간단한 선언을 통해 사용할 수 있기 때문에 분석의 범위를 원하는 만큼 확장할 수 있다.

참고로 R의 기본 사용법에 대해서는 구글을 참조해도 되지만, http://cran.r-project.org/
manuals.html 페이지에 잘 정리되어 있으므로 이를 참조하는 것이 좋다. 또한 패키지 안에
포함된 함수의 사용법은 R Studio 명령어 입력창에서 'help.search("함수명")'을 입력하면
손쉽게 불러 내 확인할 수 있어 영어에 거부감만 없다면 초보자도 쉽게 배울 수 있다.

첫 줄의 library(corrplot)은 'corrplot'라는 패키지를 사용하겠다고 선언하는 구문이다.
보통 R에서는 install.package()를 통해 원하는 패키지를 설치하고 이를 library() 또는
require()를 통해 선언하고 사용한다. 파워비아이에서는 해당 패키지를 모듈에 알아서 로드
해 주기 때문에 굳이 install.package를 따로 사용할 필요가 없이 바로 사용하고자 하는 패
키지를 선언하면 된다. corrplot 패키지의 자세한 사용법은 아래 문서를 참조한다.

https://cran.r-project.org/web/packages/corrplot/vignettes/corrplot-intro.html

두 번째 줄의 M 〈-cor(dataset) 코드는 변수에 값을 할당하는 과정인데, 변수인 M을 선언
하고 해당 변수에 cor() 함수 값을 대입하는 구문이다. cor() 함수는 변수들의 상관계수를 계
산하는 함수로 보통 테이블을 인수 값으로 받는다. 예에서는 dataset을 인수로 대입했기 때
문에 dataset의 각 변수 즉, 그림 4-59에서 선택된 변수들 간의 상관계수가 M에 할당된다.

마지막 줄의 corrplot(M, method="circle", tl.cex=1, tl.srt=45, tl.col="black",
order="hclust", addrect=3) 구문은 corrplot() 함수에 여러 가지 인수를 대입한 것으로
시각화의 여러 옵션들을 설정해 준 것이다.

이를 하나씩 살펴보면 먼저 시각화 대상 값은 M, 즉 dataset의 상관계수이다. 그리고
method는 그래프를 그리는 방법으로 예에서는 원형으로 시각화 개체를 표현하도록 지정하
고 있다. 참고로 corrplot 패키지의 참조 문서를 보면 표현 방법은 총 7가지가 있다. tl.xxx
는 축 레이블의 서식을 지정하는 인수이다. 마지막으로 order와 addrect는 상관계수의 정
렬 방법을 지정하고 있는데, 간단히 각 숫자들을 군집화(clustering)해서 표현해 주는 방법
이라고 생각하면 된다. addrect는 그룹의 개수를 지정하는 인수로 예에서는 총 3개의 그룹
으로 나누어 나타내도록 하고 있다.

뒷장의 머신러닝에서 조금 더 자세히 다루겠지만 정렬방법 'hclust'와 관련해 부연 설명을 하자면 hclust(hierarchical clustering)는 k 평균(k means)과 함께 변수들을 군집화하는 기계학습의 한 종류이다. 보통 k 평균으로 군집화할 그룹 개수를 지정해야 하는 데 비해 hclust는 그룹의 개수를 최종 결과를 보고 선택하면 되기 때문에 사전에 이를 지정할 필요가 없다. (이는 생각보다 큰 장점이다. 대체로 군집화와 관련해 난해한 주제가 변수를 몇 개의 군집으로 나누어야 하는지에 대한 질문이기에, 이를 자동으로 해결해 주는 hclust 방법은 분명 매력적인 알고리즘이다.) 위의 예에서는 addrect 값을 3으로 지정해 3개의 군집으로 시각화하도록 했지만 이를 2나 4로 선택해도 문제가 되지 않는다. (K 평균 방법을 쓰는 경우에는 이를 미리 지정해야 하며, 이를 수정할 경우 전체 계산 과정에 영향을 미치므로 처음부터 다시 계산해야 한다.)

모두 입력했다면 이제 이를 실행해 보자. R 스크립트 편집기 우측 상단에 있는 '실행' 버튼을 클릭하면 해당 코드가 파워비아이에서 실행된다.

[그림 4-61] R 스크립트 코릴레이션 분석 시각화 코드

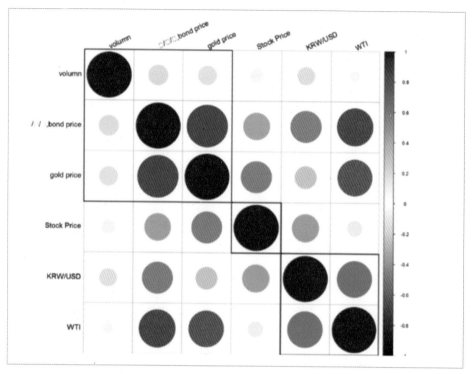

[그림 4-62] 상관계수 분석 시각화 그래프

간단히 이를 분석해 보면 그래프에서 가운데 대각선 라인은 변수 자신과의 상관계수이므로 정확히 1 인 양의 상관을 나타낸다. 그리고 네 번째 줄의 Stock Price(주가)를 보면 양의 상관을 가지는 변수가 Volumn(거래량)과 국제 WTI(유가) 밖에 없는 것을 알 수 있는데, 그나마도 원의 크기로 봐서 그 상관이 강하지 않다는 것도 알 수 있다. 즉, 거래량이 많으면 대체로 주가가 올라가지만 항상 그렇지는 않다는 것을 알 수 있다. 또한 유가도 이와 마찬가지로 작은 숫자의 상관계수를 가지고 있으므로 주가와 유가 사이에 특정 관계를 찾기 어렵다는 것을 확인할 수 있다.

이에 반해 선명하고 큰 원이 있는 변수들 예를 들어 채권 가격(bond price)과 금 가격(gold price)은 강한 양의 상관으로 보아 자산가치 움직임의 방향성이 같다는 것을 알 수 있고 채권 가격(bond price)과 국제 유가(WTI)는 강한 음의 상관으로 보아 채권 가격이 하락하면 유가은 상승한다는 해석을 내릴 수 있다.

이번에는 조금 더 분석을 확장시켜 보자. R의 시각화 개체를 파워비아이에서 사용하면 효율적인 이유가 다른 시각화 개체들과 반응형 보고서를 만들 수 있기 때문인데, 이러한 점을 활용해서 기간별 주가 변동의 상관 분석 보고서를 만들어 보도록 하겠다.

그림 4-63과 같이 슬라이서와 꺾은선 그래프를 보고서에 추가하고 각기 correlation 테이블의 '년/월/일'과 '년/월/일' 및 'Stock price'를 선택한다.

[그림 4-63] 시각화 개체 추가

그리고 이를 [그림 4-64]와 같이 기존에 만든 상관계수 분석 그래프와 함께 위치시키면 반응형 분석 리포트가 만들어진다. 이를 활용하면 슬라이서로 기간을 조정해 가면서 기간별 주가의 움직임과 각 지표들 간의 상관분석 결과를 확인할 수 있고 특정 시기별로 상관이 컸던 변수를 찾아냄은 물론 해당 기간 주가 변화에 따른 상관 변화도 동시에 파악할 수 있다.

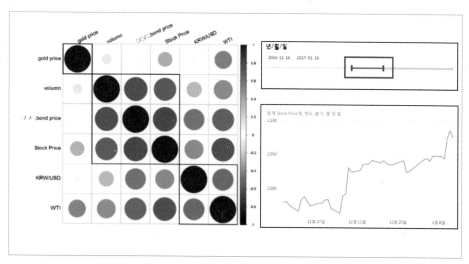

[그림 4-64] 파워비아이를 통한 시각화 분석 보고서

그림 4-64와 같이 특정 기간(2016년 11월 ~ 2017년 1월)에는 모든 자산가격이 양의 상관을 가지고 상승한 것을 볼 수 있는데, 이는 일반적인 이론과는 다른 결괏값으로 이에 맞는 다른 해석을 고민할 필요가 있다는 것을 알려 준다.

4.2 정리

데이터 시각화는 어떻게 보면 기술적인 면이 많은 부분을 차지한다. 그만큼 시각화를 잘 하기 위해서는 도구에 익숙해져야 한다. 특히나 데이터를 잘 정리하고 이를 테이블화하는 능력은 데이터 시각화에 없어서는 안 될 핵심적인 능력이다. 그런데 데이터 시각화도 큰 틀에서 보면 결국 데이터 분석의 일부다. 따라서 데이터 시각화를 따로 생각히기보다는 분석 과정 중의 하나로 생각하고 접근해야 한다. 이런 점을 고려할 때, 데이터 시각화 방안보다는 데이터 자체에 대한 해석 방안을 더 고민해야 한다.

05장

데이터 활용:
쉽게 배워보는 머신러닝

4차 산업 혁명을 이끄는 핵심 기술인 머신러닝은 이미 사람들의 실생활에 깊게 자리잡고 있다. 이메일 스팸 처리부터 쇼핑몰의 상품 추천기능 그리고 외국어 통번역 기능 등은 모두 머신러닝 알고리즘을 통해 탄생한 인공지능이다. 최근에는 데이터 수집 및 저장 능력의 비약적인 발달로 더욱 발전된 형태의 인공지능 소프트웨어가 탄생하고 있다. 자율주행시스템과 언어 인지 기능을 활용한 인공지능 스피커 등이 이에 해당하는데 이러한 신기술의 바탕에는 비단 하드웨어의 발달뿐 만 아니라 머신러닝 알고리즘으로 대표되는 소프트웨어의 발달에 기인한 바가 크다.

이번 장에서는 이러한 머신러닝이 어떤 이론적 원리를 가지고 있는지 살펴보고 실제 머신러닝을 활용한 간단한 모델을 만들어 봄으로써, 머신러닝을 통한 기술들이 어떻게 만들어지고 활용될 수 있는지 배워보도록 하겠다.

5.1 머신러닝이란 무엇인가?

5.1.1 머신러닝의 실체

머신러닝(machine Learning), 즉 기계학습의 사전적 의미는 컴퓨터가 학습할 수 있도록 하는 알고리즘과 기술을 일컫는다. 왠지 공상과학 영화에만 등장할 것 같은 이러한 기술은 현재 빅데이터(big data)와 하드웨어 기술의 발달을 바탕으로 급속히 발전하고 있으며 점차 실생활에 깊게 스며들고 있다. 특히 최근에는 머신러닝 기술로 탄생한 인공지능, [1]알파고가, 컴퓨터는 결코 정복할 수 없을 것 같아 보였던 바둑의 세계에서, 프로 기사인 이세돌과 커제를 상대로 연승하면서 대중에게도 실제적인 고민으로 다가오고 있는 상황이다. 그런데 이러한 기술적 발전과 대중의 관심에도 불구하고 머신러닝이 정확히 무엇이며 어떠한 방향으로 발전해 나가고 있는지 그리고 실생활에는 어떤 영향을 미칠지에 대한 고민을 하는 사람들은 많지 않은 것 같다. 이는 아마도 '머신러닝'이라는 이질적인 단어의 위압감 때문이 아닐까? 머신러닝이라고 하면 너무 거창하고 지금 내가 살고 있는 세계와는 왠지 다른 세계의 일일 것 같은 느낌을 받는다는 것은 비록 저자만의 생각은 아닐 것이다.

하지만 모르는 사람에게는 한없이 어려울 것 같은 머신러닝도 사실 그 실체를 알고 보면 그렇게 대단한 것이 아니다. 물론 머신러닝 알고리즘이 해결하는 많은 문제들을 보았을 때 그리고 알파고가 이세돌 9단의 공격을 간단히 막아내는 것을 보면 머신러닝이 무척이나 가치 있는 것이라는 사실을 부정할 수는 없다. 그럼에도 불구하고 머신러닝이 마냥 어렵고 일반인들이 상상할 수 없는 복잡한 이론적 배경을 바탕으로 하고 있는 것은 아니다. 누구나 조금만 관심을 기울이고 학습한다면 충분히 이해하고 쉽게 적용할 수 있는 개념이 바로 머신러닝이다.

---

1   정확하게 이야기하자면 알파고는 머신러닝의 한 종류인 '딥 러닝(deep learning)'을 그 기술적 기반으로 한다.

5.1.2 머신러닝과 데이터

머신러닝은 데이터로부터 출발한다. 중간중간 복잡한 계산과정이 필요하긴 하지만 결국 지금까지 학습했던 테이블과 변수 그리고 통계학적 지식을 결합해 특정 변수 값을 예측하거나 패턴을 찾아내는 것이 머신러닝의 핵심이다. 간단한 예를 들어보도록 하겠다.

예를 들어 그림 5-1과 같은 데이터가 있다고 하자.

이름	후원종류	월 후원금	후원지속 여부
김보겸	아동결연 후원	30,000	중단
김지혜	아동결연 후원	30,000	지속
옥성빈	긴급구호 후원	50,000	중단
김예준	사업 후원	50,000	중단

[그림 5-1] 후원자 데이터 1

그리고 이를 통해 어떤 후원자가 후원을 지속할지 아니면 그만둘지 예측해야 한다고 가정하자(즉 마지막 열의 값을 유추해야 한다). 어떤 방법으로 문제를 해결할 수 있을까?

우선 데이터를 하나씩 훑어 보자. 적은 양의 데이터가 주는 이점은 테이블을 한 눈에 들여다볼 수 있어 쉽게 패턴을 찾을 수는 있다는 것이다. 그림 5-1에서 찾을 수 있는 패턴은 '후원을 중단한 사람들은 마지막 이름에 모두 받침이 있다'는 점이다. 그런데 문제는 이러한 패턴이 다른 경우에도 적용될 수 있을까? 아마도 적용되기 힘들 것이다. 즉, 데이터가 적은 경우에는 패턴을 찾기는 상대적으로 쉽지만 그것이 보편적으로 적용할 수 있는 의미 있는 패턴일 확률은 상대적으로 작다. 따라서 이를 통해 효과적인 예측은 불가능하다.

그렇다면 이번에는 조금 더 크기가 큰 그림 5-2의 데이터로 동일한 예측 작업을 해 보자.

이름	후원종류	월 후원금	후원 시작일	나이	성별	후원지속여부
김보겸	아동결연 후원	30,000	2009.01.01	35	남	중단
김지혜	아동결연 후원	30,000	2010.08.03	28	여	지속
옥성빈	긴급구호 후원	50,000	2005.08.15	21	남	중단

이름	후원종류	월 후원금	후원 시작일	나이	성별	후원지속여부
김예준	사업 후원	50,000	2005.02.13	22	남	중단
김선혜	사업 후원	50,000	2015.03.15	26	여	지속
유명해	아동결연 후원	30,000	2011.02.13	39	남	지속
최고로	아동결연 후원	10,000	2015.03.14	45	여	지속
정 상	아동결연 후원	10,000	2015.12.01	48	여	지속
홍길동	긴급구호 후원	50,000	2004.12.03	24	남	중단

[그림 5-2] 후원자 데이터 2 (더 많은 데이터가 있을수록 유의미한 패턴을 찾을 확률이 높다)

변수와 관측값이 늘어난 이번 데이터에서는 의미 있는 패턴을 찾을 수 있을까?

그림 5-2의 데이터는 기존 데이터보다 관측값과 변수가 많아 한눈에 패턴을 찾기가 쉽지는 않다. 하지만 자세히 들여다보면 몇 가지 패턴을 찾을 수 있는데, 우선 후원을 중단하는 사람들의 후원 시작일이 모두 2009년 이전에 후원을 신청한 사람들이란 것을 알 수 있다. 또한 중단된 후원이 하나의 경우를 제외하면 모두 아동 결연 후원 이외의 후원이며 그 금액이 30,000에서 50,000원 사이에 있다는 것도 알 수 있다.

이렇게 찾아낸 패턴이 다른 경우에도 적용될 수 있을까? 아마도 높은 확률로 적용될 수 있을 것이다. 그렇다면 곧 이는 새로 추가되는 데이터도 동일한 패턴을 따를 확률이 높다는 것이고 이를 통해 특정 후원자가 후원을 해지할 확률이 얼만큼 되는지 예측할 수 있다는 것을 의미한다.

이와 같이 일정한 형태의 데이터가 주어지면 경험적 방법이나 수학적 방법으로 패턴을 찾아 새로 추가되는 데이터의 결괏값을 예측할 수 있는데, 이러한 일련의 과정이 바로 머신러닝이다. 머신러닝이란 데이터를 바탕으로 '추정'하는 일이다. 따라서 일반적으로 머신러닝을 통해 예측된 데이터는 실제와 다소 차이가 있을 수 있다. 하지만 앞서 확인했듯이 관측값과 변수의 개수가 많아질수록 예측의 정확도가 높아진다. 이는 빅데이터 기술이 발달할수록 머신러닝의 예측은 더욱 정확해 질 것이고 활용 범위도 늘어난다는 것을 의미한다. 급속도로 발달하고 있는 현재의 기술 상황을 감안한다면 결국 가까운 미래에 여러 의사결정과 서비스 등이 머신러닝 모델로 대체될 것이라는 것을 쉽게 예상할 수 있다.

5.1.3 알고리즘과 기계 학습 방법

머신러닝과 항상 함께 언급되는 알고리즘은 무엇일까? 머신러닝에서 알고리즘이란 패턴 즉 모델을 찾기 위해 적용 가능한 방법론을 말한다. 그림 5-2에서는 패턴을 그냥 눈으로 찾을 수 있었지만, 수많은 변수가 추가되고 그것보다 많은 행이 추가되는 데이터에서는 눈으로만 패턴을 찾기가 쉽지 않다. 이때 여러 가지 방법을 적용해 시행착오(trial and error) 방식으로 패턴을 찾을 수 있는데, 이때 적용해 볼 수 있는 방법들이 바로 알고리즘이다. 우리가 흔히 들어본 뉴런 네트워크나 결정 트리 모델 같은 것들이 이에 해당한다.

머신러닝에 대해 좀더 깊게 배우고자 한다면 사실 각 알고리즘의 원리와 이론적 배경에 대해 학습해야 한다. 하지만 알고리즘의 원리를 익히는 것은 고난이도의 수학 지식과 통계학 지식이 요구된다. 따라서 비전공자인 경우에 머신러닝을 이해하기 위해서는 무조건 알고리즘을 학습하기보다 우선 데이터에 대한 전체적인 이해를 높이고 라이브러리 형태로 머신러닝 알고리즘을 제공해 주는 머신러닝 플랫폼(구글의 텐서플로우나 마이크로소프트 애저 머신러닝 등)을 활용하는 것이 효율적이다.

머신러닝 알고리즘의 종류

머신러닝의 알고리즘은 예측하고자 하는 변수 값에 따라 크게 지도 학습과 비지도 학습으로 나뉜다. 크게 어려운 개념은 아니지만 기계학습을 이해하는 데 기초가 되는 개념이므로 한번 짚고 넘어가도록 하겠다. [2]

지도 학습

지도 학습은 예측하고자 하는 변수 값(라벨)이 미리 주어진 상태에서 데이터를 학습해 새로운 데이터가 추가되었을 때 동일한 변수 값을 예측해내는 것이다. 앞에서 예로 든 '후원 중단 여부' 문제도 처음부터 후원 중단과 지속 여부가 주어져 있으므로 지도 학습에 해당한다. 지도 학습으로 예측해내야 하는 변수 값은 대부분 그 범위 또는 범주가 정해져 있다.

---

2   엄밀하게 구분하자면 지도 학습 과 비지도 학습과 뿐만 아니라 강화 학습과 준 지도 학습도 머신러닝 알고리즘의 분류 기준이 된다.

지도 학습은 분류 또는 회귀 기법을 적용해 변수 값을 예측한다. 우리가 알게 모르게 접하는 스팸 메일 자동 필터, 음성인식, 신용평가는 분류 기법의 지도 학습을 그 기반으로 한다. 또한 주가지수 예측과 같은 문제는 회귀 기법을 바탕으로 예측 값을 계산한다.

비지도 학습

비(非)지도 학습은 데이터를 통해 예측하고자 하는 것이 단순히 변수 값이 아니라 데이터의 전체 정보 형태일 때 사용한다. 보통 데이터 분석의 구체적인 목표가 없거나 데이터에 포함된 변수에 대한 정보가 명확하지 않을 때 사용할 수 있다.

비지도 학습은 유사성을 바탕으로 데이터를 묶는 군집화(clustering) 기법을 이용한다. 데이터의 기존 정보를 바탕으로 유사한 그룹끼리 데이터를 군집화하고 이를 통해 새로운 데이터가 추가될 때 이미 군집화된 데이터들의 특징을 바탕으로 이에 대한 군집을 정해 분류해 준다. 이때 군집의 개수는 임의로 정해 줄 수도 있고, 데이터의 특징을 바탕으로 알고리즘 스스로가 정하게 할 수 도 있다. 마케팅 목적으로 소비자 집단을 나눠야 할 경우 이러한 비지도 학습이 활용될 수 있으며 지도 학습 데이터의 전 처리 과정에서 비지도 학습을 활용해 더욱 정교한 지도 학습 모델을 만들 수도 있다.

5.1.4 투자 의사결정을 위한 데이터 군집화

머신러닝의 비지도 학습 기법 중 하나인 군집화는 특정 정보를 바탕으로 대상을 구분해 각 대상별로 다른 접근 방법을 사용해야 하는 상황에 유용하게 사용될 수 있다. 예를 들어 판매 데이터를 가지고 고객을 분류해 고객별로 맞춤 서비스를 제공해야 하는 마케팅 상황이나, 기저귀나 맥주처럼 묶어 팔 때 잘 팔리는 상품 조합을 찾아서 진열하고자 할 때 군집화가 유용하게 사용될 수 있다.

군집화는 또한 투자 분석에서도 효과적으로 사용될 수 있다. 보통 투자 의사결정을 위해 상장 기업들을 분류할 때는 산업별 또는 규모별로 구분하는 것이 일반적이다. 이는 주가의 움직임이 산업별로 그리고 시가총액별로 유사한 형태를 보이기 때문이다. 그런데 주식 시장이 복잡해질수록 이러한 단순 분류법보다는 개별 주식의 특성을 반영한 분류법이 필요하다. 포트폴리오의 리스크를 관리하고 원하는 방향으로 자산의 변동성 지표, 즉 베타를 조정하기 위해서는 주가 변동의 직접적인 원인이 될 수 있는 다양한 추가 정보를 기준으로 분류하는 것이 더 효과적이기 때문이다

이때 사용할 수 있는 방법이 군집화 방법이다. 군집화는 여러 정보를 바탕으로 비슷한 움직임을 보이는 항목끼리 군집을 만들어 주는 기법이다. 예를 들어 각 기업별 고유 데이터인 매출액, 영업이익, 법인세 그리고 주가의 움직임이 비슷한 기업들을 묶어 주면 군집화가 만들어진다. 이렇게 만들어진 기업 분류와 군집은 포트폴리오 관리를 위한 투자 분석뿐 아니라 신용평가를 포함한 여러 기업 분석에 효과적으로 사용될 수 있다.

상장회사 손익계산서 데이터를 불러와 가공하기

실제 데이터를 바탕으로 군집화를 실행해 보자. 예제로 사용할 데이터는 금융감독원 공시정보 제공 사이트인 DART(http://dart.fss.or.kr/dsext002/main.do)에서 내려받은 상장법인의 2016년 3분기 손익계산서다. 이를 기업별로 군집화하면 매출액 등을 기준으로 유사한 형태를 보이는 기업끼리 그룹을 만들 수 있어 투자 의사결정을 위한 리스크 분석 등에 유용하게 사용할 수 있다. 참고로 DART에서는 상장법인의 사업계획서를 포함해 일자별 공시자료와 분기별 재무자료(손익계산서, 재무 상태 표, 현금 흐름 표 등)를 내려받을 수 있다.

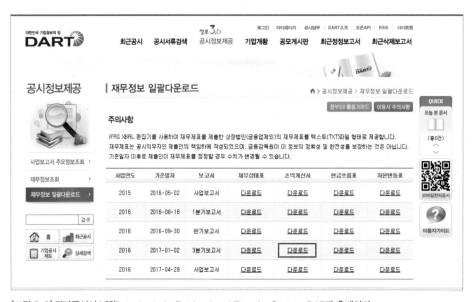

[그림 5-3] 전자공시시스템(Data Analysis, Retrieval and Transfer System, DART) 홈페이지

머신러닝 적용을 위한 데이터 작업도 기본 데이터 분석이나 시각화와 마찬가지로 이를 구조화하는 과정이 중요하다.

파워비아이 또는 엑셀의 쿼리 편집 모드로 자료를 불러와 보면 해당 자료가 일반적인 테이블 형태로 되어 있지 않다는 것을 확인할 수 있다.

[그림 5-4] 쿼리 편집 모드로 불러온 기업별 손익계산서 자료

이를 테이블 형태의 테이블로 만들기 위해 우선 모든 변수 값이 동일한 '결산 월', '결산기준일', '보고서 종류', '통화' 열은 삭제한다. 그리고 재무제표 종류 중 비교분석을 위해서는 한 종류의 재무제표를 선택해야 하므로 재무제표 종류 열의 성격별 분류를 체크 해제해 '기능별 분류' 재무제표만 남을 수 있도록 정리해 준다.

마찬가지로 '당기 3분기 누적' 열 이외의 열은 모두 삭제한다(물론 이를 남겨서 분석에 활용해도 되지만 변수가 너무 많을 경우에는 분석이 복잡해지므로 이번 예에서는 최대한 데이터를 작게 만들어 먼저 개념을 쉽게 익힐 수 있도록 했다).

또한 '항목코드'는 손익 계산서 항목의 공통적 항목을 지정해 주는 것으로 이해할 수 있는데, 특히 "ifrs_"로 시작하는 항목은 국제 회계기준상 공통 항목이므로 이를 활용해 데이터를 구조화할 수 있으므로 다음과 같이 "ifrs_"로 시작되는 열만 남길 수 있도록 항목코드 열을 필터링해 준다.

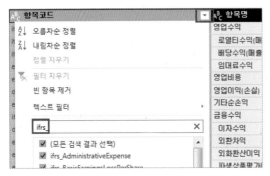

[그림 5-5] 데이터 필터링

그리고 해당 테이블을 '회사명' 기준으로 그룹화해 회사명 변수 값이 중복되지 않는 테이블을 만들어 준다. 데이터 그룹화는 그림 5-6과 같이 쿼리편집 모드에서 [홈] 탭→[그룹화]를 선택하면 된다.

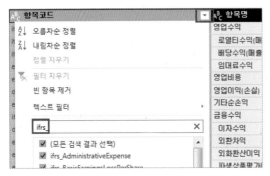

그룹화

⦿ 기본 ○ 고급

그룹화 기준으로 사용할 열과 원하는 출력을 지정합니다.

그룹화

| 회사명 | ▾ |

새 열 이름   연산   열

| ▦ | | | 모든 행 | ▾ | | | ▾ |

확인   취소

[그림 5-6] 데이터 그룹화

그룹화 대화상자가 나타나면 그림 5-6과 같이 그룹화 기준 열 [회사명]과 새 열 이름 [표] 그리고 연산 방법 [모든 행]을 입력하고 '확인'을 클릭한다. 원 테이블을 그룹화하게 되면 기업명을 값으로 갖는 '회사명' 변수와 각 그룹화된 테이블을 셀 값으로 갖는 '표'라는 변수로 자료를 단순화할 수 있다.

이를 바탕으로 최종 완성하려고 하는 데이터의 형태는 다음과 같다.

회사명	Revenue	Gross Profit	Tax
CJ대한통운	3,569,928,731,470	341,557,351,939	2,312,572,124
CJ헬로비전	839,092,609,212	310,240,316,205	13,539,751,566
DSR	116,448,076,971	20,856,787,638	2,803,384,537
GS건설	7,167,805,906,310	511,093,348,844	9,852,668,373
GS홈쇼핑	783,962,917,718	712,350,927,802	22,201,131,183
KB오토시스	115,128,479,365	15,130,134,233	1,402,835,016
KTH	138,454,825,908	11,401,005,722	1,573,621,367
LG상사	2,144,562,263,235	165,354,441,716	-799,178,162
LG생활건강	2,807,806,918,158	1,689,149,240,263	94,638,254,908
LG유플러스	8,319,859,000,000	6,529,438,000,000	112,443,000,000
LG이노텍	3,378,290,326,353	292,537,946,238	-32,127,651,815
LG전자	21,866,114,000,000	4,756,064,000,000	63,670,000,000

[그림 5-7] 테이블 형태로 정리된 자료

그림 5-7과 같은 형태의 테이블로 위 데이터를 확장하기 위해서는 각 셀 값에 저장되어 있는 테이블에서 Revenue(매출액) 항목과 Gross Profit(매출이익) 그리고 Tax(법인세) 항목을 새 열로 만들어 주어야 한다. 물론 더 정확한 분석을 위해 기타 다른 손익 계정도 추가 열로 만들어 분석할 수 있지만 해당 자료가 만들어질 때 각 기업들이 동일한 손익계산서 항목을 사용하지 않았기 때문에 많은 추가적인 작업이 필요하기에 생략했다.

테이블에 저장되어 있는 항목 값들을 가져와 열로 만들기 위해서는 앞선 예제와 마찬가지로 '사용자 지정 열 추가' 기능을 사용해야 한다. [열 추가] 탭 →[사용자 지정 열]을 클릭해 해당 항목을 불러오는 식을 입력하면 된다.

그림 5-8과 같이 맨 위의 테이블의 첫 번째 셀을 더블 클릭해 확장하고 해당 식을 확인한다.

	회사명	표
1	CJ	Table
2	CJ대한통운	Table
3	CJ헬로비전	Table
4	DSR	Table
5	GS	Table
6	GS건설	Table
7	GS홈쇼핑	Table

	= #"그룹화된 행 수"([회사명="CJ"])[표]							

	재무제표...	종...	회사명	시장구...	업종	업종명	항목코드	항목명
1	손익계산서, 기능...	[001040]	CJ	유가증권시장...	715	회사본부, 지주...	ifrs_Revenue	영업수익
2	손익계산서, 기능...	[001040]	CJ	유가증권시장...	715	회사본부, 지주...	ifrs_RevenueFromRoyalties	로열티수익(매출액)
3	손익계산서, 기능...	[001040]	CJ	유가증권시장...	715	회사본부, 지주...	ifrs_RevenueFromDividends	배당수익(매출액)
4	손익계산서, 기능...	[001040]	CJ	유가증권시장...	715	회사본부, 지주...	ifrs_FinanceIncome	금융수익
5	손익계산서, 기능...	[001040]	CJ	유가증권시장...	715	회사본부, 지주...	ifrs_FinanceCosts	금융원가
6	손익계산서, 기능...	[001040]	CJ	유가증권시장...	715	회사본부, 지주...	ifrs_ProfitLossBeforeTax	법인세비용차감전순...
7	손익계산서, 기능...	[001040]	CJ	유가증권시장...	715	회사본부, 지주...	ifrs_IncomeTaxExpenseContinuingOperations	법인세비용(수익)
8	손익계산서, 기능...	[001040]	CJ	유가증권시장...	715	회사본부, 지주...	ifrs_ProfitLoss	당기순이익(손실)
9	손익계산서, 기능...	[001040]	CJ	유가증권시장...	715	회사본부, 지주...	ifrs_EarningsPerShareAbstract	주당이익 [abstract]
10	손익계산서, 기능...	[001040]	CJ	유가증권시장...	715	회사본부, 지주...	ifrs_BasicEarningsLossPerShare	기본주당이익(손실)
11	손익계산서, 기능...	[001040]	CJ	유가증권시장...	715	회사본부, 지주...	ifrs_DilutedEarningsLossPerShare	희석주당이익(손실)

[그림 5-8] M 코드 수식 확인하기

그림과 같이 첫 번째 셀 값을 더블 클릭하면 해당 셀에 저장되어 있는 테이블이 나타나는데, 이때 수식 입력 창에서 셀을 테이블로 확장하는 수식을 확인할 수 있다. 수식란에 입력된 수식을 복사한다. 그리고 해당 테이블에서 '항목코드' 열을 선택해 'ifrs_Revenue'로 필터링하고 같은 방법으로 필터링 수식도 복사한다.

	= Table.SelectRows(CJ, each ([항목코드] = "ifrs_Revenue"))							

	재무제표...	종...	회사명	시장구...	업종	업종명	항목코드	항목명
1	손익계산서, 기능...	[001040]	CJ	유가증권시장...	715	회사본부, 지주...	ifrs_Revenue	영업수익

[그림 5-9] M 코드 수식 확인하기

이제 위 작업을 'CJ'뿐만 아니라 모든 열 값에 적용해 주기 위해 적용된 작업을 취소해 준다.

[그림 5-10] 적용된 쿼리 작업 취소

그리고 다시 [사용자 지정 열 추가]를 클릭해 수식 입력 대화 상자를 열고 앞서 복사한 수식을 편집해 붙여 넣는다.

수식 편집을 위해 먼저 복사한 식을 살펴보면 첫 번째 수식은 셀 값으로 저장되어 있는 테이블을 확장하는 것이고 두 번째 식은 이렇게 만들어진 테이블에서 ifrs_Revenue 값을 기준으로 필터링 하는 식이다.

새로 만들 열에 들어가야 하는 값은 필터링된 테이블 이므로 필터링을 위한 수식을 먼저 입력해야 한다. 그런데 복사한 식은 'CJ' 테이블에서 '항목코드' 열이 'ifrs_Revenue'인 행을 필터링을 하라는 뜻인데, CJ 테이블이 아직 만들어지지 않았으므로 이를 만드는 수식을 입력해 주어야 한다.

```
=Table.SelectRows(CJ, each ([항목코드] = "ifrs_Revenue"))
=Table.SelectRows(#"그룹화된 행 수"{[회사명="CJ"]}[표], each ([항목코드] = "ifrs_Revenue"))
```

그리고 우리가 필요한 테이블은 회사명이 "CJ" 테이블뿐만 아니라 모든 회사의 테이블이 필요하므로 [회사명="CJ"] 부분을 [회사명=[회사명]]으로 변경해야 한다. 최종 완성된 수식은 다음과 같다.

```
=Table.SelectRows(#"그룹화된 행 수"{[회사명=[회사명]]}[표], each([항목코드] = "ifrs_Revenue"))
```

이를 사용자 지정 열 추가 대화상자에 입력하고 '확인'을 클릭해 준다.

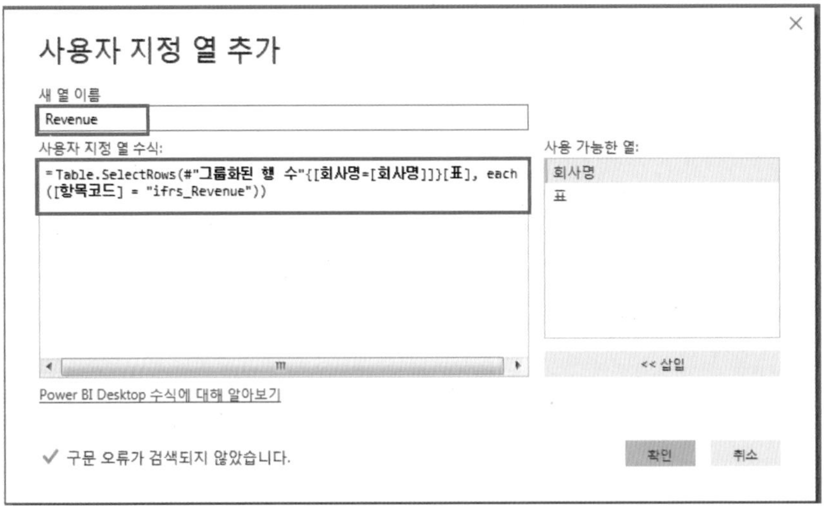

[그림 5-11] 사용자 지정 열 추가

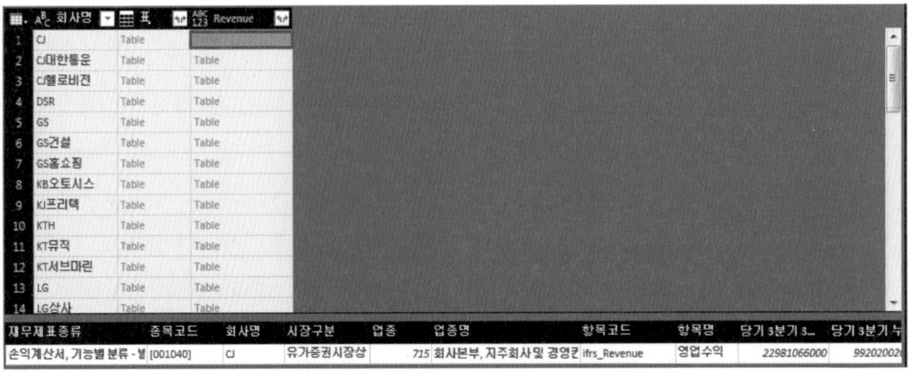

[그림 5-12] Revenue 항목만 추가된 새로운 열

식이 제대로 입력되었다면 수식에 의해 그림 5-12와 같이 새로 만들어진 Revenue 열이 테이블에 포함된다. Revenue 열의 값은 그림 5-12의 아래 상세 화면에서 볼 수 있듯이 기존 '표' 열의 테이블에서 '항목코드'를 "ifrs_Revenue"로 필터링한 테이블이다.

동일한 방법으로 Gross Profit과 Tax 열 역시 추가한다.

'사용자 지정 열 추가' 대화 상자에 각기 다음과 같은 식을 입력해 열을 추가하면 된다.

```
=Table.SelectRows(#"그룹화된 행 수"{[회사명=[회사명]]}[표], each ([항목코드] = "ifrs_Gross-
Profit"))
```

```
=Table.SelectRows(#"그룹화된 행 수"{[회사명=[회사명]]}[표], each ([항목코드] = "ifrs_Incom-
eTaxExpenseContinuingOperations"))
```

그림 5-12와 같은 테이블이 완성되었으면 이제 '표' 열은 삭제해 주고 나머지 열의 테이블을 확장시켜 준다.

	회사명	표	Reven...	Gross Profit	Tax
1	CJ	Table	Table	Table	Table
2	CJ대한통운	Table	Table	Table	Table
3	CJ헬로비전	Table	Table	Table	Table
4	DSR	Table	Table	Table	Table
5	GS	Table	Table	Table	Table
6	GS건설	Table	Table	Table	Table
7	GS홈쇼핑	Table	Table	Table	Table
8	KB오토시스	Table	Table	Table	Table
9	KJ프리텍	Table	Table	Table	Table
10	KTH	Table	Table	Table	Table
11	KT뮤직	Table	Table	Table	Table
12	KT서브마린	Table	Table	Table	Table
13	LG	Table	Table	Table	Table
14	LG상사	Table	Table	Table	Table
15	LG생활건강	Table	Table	Table	Table
16	LG유플러스	Table	Table	Table	Table

[그림 5-13] 원하는 항목이 모두 열 형태로 추가된 테이블

데이터를 확장할 때는 그림 5-14와 같이 셀 값에 들어있는 테이블 값들 중 분석을 위해 필요한 '당기 3분기 누적' 열만 선택하면 된다. 그리고 '원래 열 이름을 접두사로 사용' 옵션을 선택 해제함으로써, 알아 보기 쉬울 만큼 짧은 변수명이 되게 하는 것이 좋다.

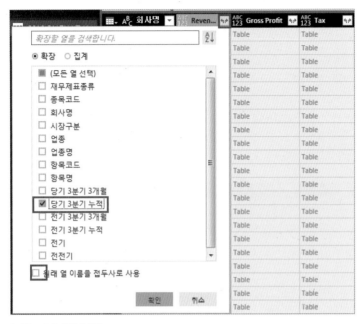

[그림 5-14] 데이터 확장

마지막으로 확장된 테이블에서 각 열 값이 널(null)인 항목을 삭제해 주고 '회사명' 열의 중복 열을 삭제하면 최종 분석 가능한 테이블이 완성된다. 중복 행은 사실 있으면 안 되는 값인데, 원 데이터에서 수익 또는 총 이익 등을 동일한 회사에서 두 번 이상 입력한 경우 나타날 수 있다. 이러한 중복 값들은 분석 및 시각화의 결과들을 왜곡시키기 때문에 반드시 정리해 주어야 한다. 마찬가지로 널 값의 경우는 원본 데이터에서 해당 항목 값이 없는 경우 발생하는 데(당연히 있어야 할 수익 등이 누락되었을 리는 없고 아마도 다른 항목 값으로 잘못 입력되었을 가능성이 높다), 이 역시 분석 결과에 영향을 미치므로 정리해 주어야 한다. 또한 최종 테이블의 각 열 이름과 데이터 유형 역시 알맞게 설정해야 향 후 자료를 다룰 때 편리하므로 잊지 않고 설정해 준다.

[그림 5-15] 변수의 헤더 및 데이터 형식 설정

최종 완성된 테이블의 형태는 [그림 5-6]과 같다. 이제 데이터가 준비가 모두 되었으므로 '닫기 및 적용'을 클릭해 쿼리 편집 모드를 빠져 나온다.

피벗 테이블 대 파워쿼리

위 예에서 만든 테이블은 사실 엑셀의 피벗 테이블을 통해서도 만들 수 있다. 하지만 쿼리 편집기를 통해 작성하면, 원본 자료가 업데이트되거나 변경될 때 이를 바로 반영할 수 있을 뿐만 아니라, 각 기업에 해당하는 정보를 압축된 테이블 형태로 저장함으로써 파일 크기를 크게 줄일 수 있다. 또한 언제라도 압축된 테이블만 따로 떼어내서 분석할 수 있으므로, 복합적인 분석이 목적이라면 쿼리 편집기를 통해 자료를 작성해 주는 것이 좋다.

완성된 데이터를 머신러닝 기법을 활용해 군집화하는 방법은 여러 가지다. 우선 가장 손쉬운 방법으로는 파워비아이로 데이터이 산점도를 그리고, 산점노 ᅳ래프에서 군집화 옵션을 선택해 주는 방법이다. 이렇게 하면 파워비아이가 알아서 산점도 상의 점들을 유사성이 있는 것끼리 묶어서 군집을 만들어 다시 표시해 준다.

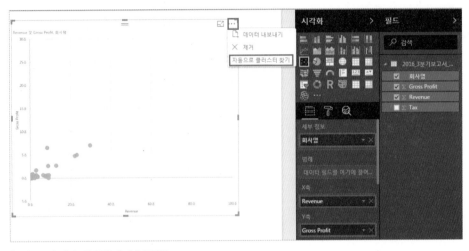

[그림 5-16] 산점도를 통한 데이터 군집화

파워비아이로 앞서 작업한 데이터 쿼리를 불러온다. 시각화 메뉴에서 분산형 차트(산점도)를 선택하고 'Gross Profit'과 'Revenue' 열을 선택해 산점도를 그리면 그림 5-16과 같이 '자동으로 클러스터 찾기' 옵션을 선택할 수 있다. (오른쪽 위 확장 옵션 클릭) 이후 군집(cluster) 설정을 위한 대화상자가 나타나면 군집 이름을 정해 주고 군집의 개수를 입력해 군집을 만들어 주면 된다. 참고로 '클러스터 수' 즉, 군집 개수는 선택 옵션이기에 이를 지정하지 않으면 파워비아이가 최적의 군집 개수를 찾아 이를 기준으로 데이터를 군집화해 준다.

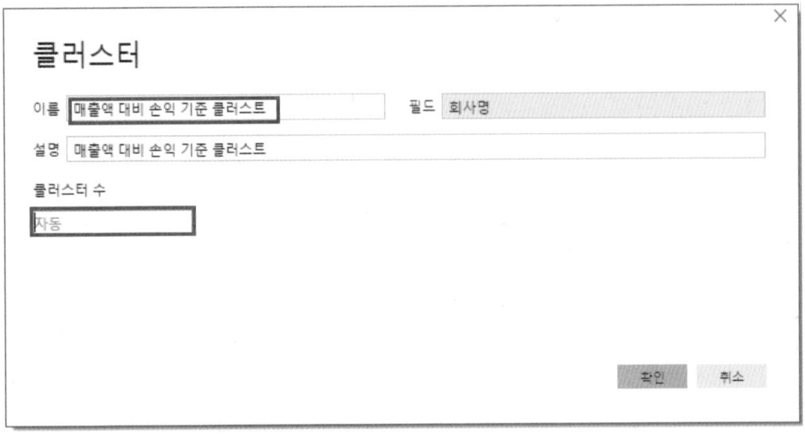

[그림 5-17] '클러스터' 설정 대화상자

[그림 5-18] 군집화된 데이터

파워비아이가 위 데이터에서 찾은 군집 개수는 12이다. 각 군집은 고유의 색으로 표현된다. 군집화된 그룹은 그림 5-18과 같이 필드 영역에서 확인할 수 있다. 자세한 군집화 내역을 보기 위해서는 필드 영역의 '매출액 대비 손익 기준 클러스터' 필드 확장을 클릭하고 '클러스터 편집'을 선택하면 된다.

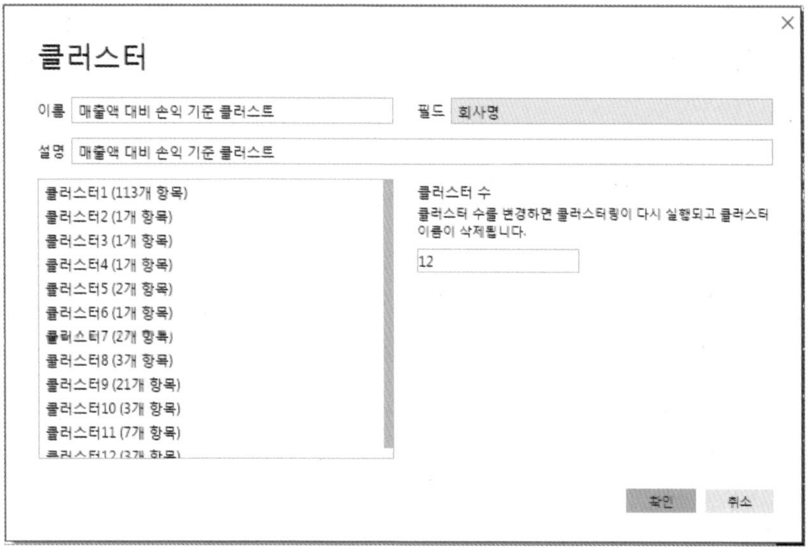

[그림 5-19] '클러스터 편집' 화면

분산형 차트로 군집화 내역을 표시하면, 눈으로 직접 데이터의 위치를 보면서 군집을 확인할 수 있다는 장점이 있지만 2차원 변수에 해당하는 데이터만 군집화할 수 있다는 단점이 있다.

파워비아이에서 3차원 이상의 변수 값을 가지고 군집화하기 위해서는 시각화 개체에서 '테이블'을 활용하면 된다. 그림 5-20과 같이 시각화 개체에서 테이블을 선택한 다음 모든 변수를 선택해 개체를 만들고 위와 동일한 방법으로 '자동으로 클러스터 찾기'를 클릭하면 된다.

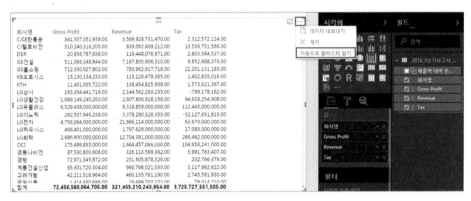

[그림 5-20] 시각화 개체 '테이블'을 통한 군집화

이렇게 생성된 군집은 2개 변수 값만을 고려해 군집화한 첫 번째 예와는 다른 형태의 군집을 만든다.

마찬가지 방법으로 '클러스터 편집' 메뉴를 통해 그 결과를 확인해 보면 그림 5-21과 같이 3개 군집으로 데이터가 군집화된 것을 볼 수 있는데, 이는 첫 번째 군집(두 개의 변수만 대상으로 한 군집)과는 상당히 다르다.

그런데 파워비아이를 통한 군집화에는 어떤 알고리즘을 사용했는지에 대한 정보는 제공해 주지 않는다는 단점이 있다. 그러므로 군집화 과정에 대한 탐색이 필요한 경우에는 파워비아이에서 제공하는 자동 군집화보다는 알고리즘을 직접 선택할 수 있는 다른 방법을 사용하는 것이 좋다.

[그림5-21] 테이블 개체를 통한 다차원 변수 군집화

데이터를 군집화하는 또 다른 방법은 R을 사용하는 방법이다. 사실 R은 군집화뿐만 아니라 다양한 머신러닝 알고리즘 패키지를 보유하고 있어 사용법만 익힌다면 머신러닝 알고리즘을 활용한 다양한 분석 작업을 수행할 수 있다.

특히 대표적인 군집화 알고리즘인 k 평균 분석은 몇 가지 기본 함수만으로도 손쉽게 구현할 수 있어 활용도가 높다. k 평균 함수의 경우 보통 군집 개수를 함수의 인자로 받는데, 생략할 수 없는 값이어서 사전에 반드시 정해야 한다. 해당 값은 임의의 값을 사용해도 되고 NBclust 패키지를 이용하거나 제곱합(sum of square) 방법으로 최적 군집 개수를 따로 계산해도 된다. 또한 k 평균이 변수들 간의 거리를 활용해 군집화를 실시하므로 변수들의 단위가 다르다면 이를 표준화하는 작업도 필요한데, 이는 Scale 함수를 통해 가능하다.

그런데 R을 통한 데이터 분석은 R의 문법을 이해해야 하고 더 나아가 알고리즘의 계산 원리를 어느 정도 이해해야 하기 때문에 비전공자가 접근하기에는 쉽지 않다. 본서에서도 해당 코딩은 범위를 벗어나기에 더 이상 자세하게 기술하지는 않고 대신 R을 활용해 만든 파워비아이의 k 평균 군집 시각화 개체를 통해 군집화 분석을 실행해 보도록 하겠다. 관심이 있는 독자는 따로 R 언어와 관련된 서적을 참고하기 바란다.

우선 오피스 스토어(Office Store)에서 파워비아이 군집 시각화 파일(즉, Clustering)을 다운로드하고 이를 새로운 시각화 개체에 추가한다.

[그림 5-22] 파워비아이의 k 평균 군집 시각화 파일

한 가지 주의할 점은 아직까지 파워비아이의 많은 시각화 파일들이 한글 지원이 되지 않기 때문에 한글이 포함된 데이터를 분석 값으로 사용할 때는 이를 먼저 영문으로 적절히 변환해야 한다는 것이다. 또한 R로 만들어진 시각화 개체 파일을 사용하기 위해서는 R은 물론 여러 가지의 시각화 패키지 역시 설치되어 있어야 한다. 기본적으로 설치해야 하는 패키지는 ggplot2, plotly, XML, Nbclust, Redmonder다. R 스튜디오를 실행해 Install.packages("패키지명") 형태로 명령어를 입력하는 식으로 위 패키지들을 모두 설치해 준다.

- ▫ Install.packages("ggplot2")

- ▫ Install.packages("plotly")

- ▫ Install.packages("XML")

- ▫ Install.packages("Nbclust")

- ▫ Install.packages("Redmonder")

다시 파워비아이로 돌아와 그림 5-23과 같이 새로 설치한 Clustering 개체를 선택하고 Gross Profit, Revenue, Tax 열을 모두 선택해 준다.

[그림 5-23] 파워비아이의 추가 시각화 개체를 통한 군집화

R로 만들어진 위 군집화 개체는 파워비아이의 기본 산점도를 통한 군집화와는 다르게 2차원 그래프를 통해 데이터의 위치를 나타내면서도 3개 이상의 변수를 모두 고려한 군집을 만들어 준다. 또한 서식 설정 옵션을 통해 군집 개수나 데이터 색 그리고 단위 표준화 등도 손쉽게 설정할 수 있어서 여러 변수가 포함된 복잡한 데이터를 특정한 조건으로 군집화해야 하는 경우 유용하다.

(참고로 그림 5-23에서 보이는 시각화 그래프의 X, Y 축은 가장 먼저 선택된 변수를 기준으로 해 선택되기 때문에 Value 창에 끌어 놓은 변수의 순서를 변경할 경우 새로운 그래프를 그려준다.)

그림 5-24는 추가 서식 설정을 통해 각 군집의 중심 위치와 경계선을 그래프에 표현한 것이다. 그림을 보면 각 군의 중심(center) 위치 값과 경계 그리고 군집의 범위 등이 설정에 따라 표현된 것을 확인할 수 있다. 이를 간단히 해석하면 손익계산서 값을 바탕으로 했을 때 기업들은 3개의 그룹으로 나눌 수 있고 각 그룹은 유사한 형태의 매출 및 이익 규모를 가지고 있어 비슷한 주가의 움직임을 보일 것이라고 이야기할 수 있다.

이처럼 파워비아이의 시각화 개체를 잘 활용하면 R을 사용해 따로 코딩을 해 주지 않고도 여러 가지 형태의 분석 및 시각화가 가능해 머신러닝을 처음 접하는 사용자가 데이터로부터 이어지는 분석의 기초 개념을 익히는 데 도움이 된다.

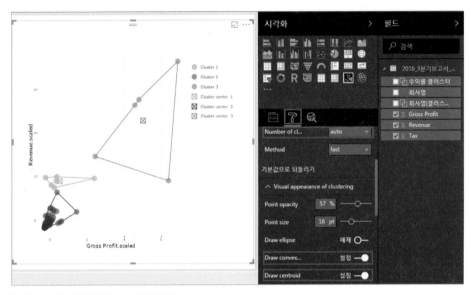

[그림 5-24] 군집화를 통한 추가 분석 시각화

5.2 머신러닝 모델 만들기

앞서 언급했듯이 머신러닝이 무턱대고 어려운 개념은 아니다. 하지만 이를 구현하기 위해서는 통계학 및 수학 그리고 데이터에 대한 깊은 이해가 필요하다. 물론 계산이나 시각화는 R이나 파이썬이 대신 해 줄 수 있지만 이마저도 코딩에 익숙하지 않은 경우 결코 쉬운 일이 아니다. 이러한 어려움은 사실 데이터 과학자는 물로 데이터 분석에 입문하는 많은 사람들이 공통적으로 겪는 어려움이다.

그런데 요즘에는 복잡한 코딩 없이도 손쉽게 머신러닝을 구현할 수 있는 다양한 프레임워크가 공개되고 있어 이러한 어려움을 해결할 수 있는 좋은 해법이 되고 있다. 대부분의 머신러닝 프레임워크는 알고리즘의 원리만 이해한다면 손쉽게 이를 활용할 수 있도록 디자인되어 있어 누구나 이를 통해 머신러닝 알고리즘을 활용할 수 있도록 하고 있다. 이번 장에서는 이러한 머신러닝 프레임 워크에 대해서 살펴보고, 그 중에서도 마이크로소프트에서 공개한 애저 머신러닝 기술을 바탕으로 실제 모델을 만들어 봄으로써, 실제 머신러닝이 적용되는 과정에 대해서 배워보도록 하겠다.

5.2.1 머신러닝 프레임워크

구글 텐서플로우와 마이크로소프트 애저 머신러닝

구글의 텐서플로우(Tensorflow)는 2015년부터 공개되어 데이터 과학자들 사이에서 이미 널리 사용되고 있는 머신러닝 프레임워크다. 텐서플로우를 활용하면 여러 가지 알고리즘을 병렬 처리해 빠르게 실험을 만들 수 있을 뿐만 아니라, 여러 언어를 통해 분석 모델을 손쉽게 확장할 수 있어 머신러닝을 위한 애플리케이션 작성에 매우 유용하다. 현재 애플리케이션 배포와 관련해 과금 논란이 있기는 하지만 여전히 가장 보편적이고 유용한 머신러닝 도구다. 하지만 텐서플로우는 또 하나의 프로그래밍 언어와 같아서 이를 제대로 배우고 활용하기가 생각만큼 쉽지 않다. 또한 파이썬 등의 프로그램 언어와 함께 사용되기 때문에 어느 정도의 코딩 지식이 있어야 제대로 활용할 수 있다는 단점이 있다. 기본 학습서를 https://tensorflowkorea.gitbooks.io/tensorflow-kr/content/g3doc/tutorials/에서 구할 수 있다.

마이크로소프트 애저 머신러닝(Microsoft Azure Machine Learning)은 클라우드 형태로 지원되는 머신러닝 종합 툴이다. 기존에 발표된 마이크로소프트 머신러닝 툴킷(Computational Network Toolkit)을 손쉽게 사용할 수 있게 해 줄 뿐 아니라 텐서플로우와 마찬가지로 직접 실험을 만들고 배포할 수 있는 기능을 가지고 있다. 특히 사용법 면에 있어 코딩을 바탕으로 하는 텐시플로와는 다르게 윈도우의 드래그 앤 드롭 방식으로 모델을 구축할 수 있어 보다 손쉽게 알고리즘을 활용하거나 애플리케이션을 작성할 수 있다. 이러한 머신러닝 실험 및 모델 구축은 애저 머신러닝 스튜디오를 통해 실행할 수 있다.

[그림 5-25] 애저 머신러닝 스튜디오(https://azure.microsoft.com/ko-kr/)

애저[3] 서비스는 이러한 실험 모델 구축 기능뿐만 아니라 코타나(Cortana)로 대표되는 데이터 기반 인식(cognitive) 기능도 API 형태로 제공하고 있는데, 이를 활용하면 다양한 플랫폼에서 감성 인식, 시각 및 음성 인식, 그리고 언어 이해와 같은 지능형 기능들을 사용할 수 있다.

---

3 Microsoft Azure는 클라우드 컴퓨팅 서비스로서 가상 머신을 통한 복합 서버 기능뿐만 아니라 빅데이터 웨어 하우스 및 분석은 물론 머신러닝과 인식 분석 기능 등을 제공하는 하이브리드 IT 솔루션이다. Azure에 대한 자세한 사항은 공식 홈페이지에서 확인할 수 있다. https://azure.microsoft.com/ko-kr

[그림 5-26] 애저 코그니티브 서비스 홈페이지 https://azure.microsoft.com/ko-kr/services/cognitive-services/

5.2.2 애저 코그니티브 서비스를 활용한 워드 클라우드 보고서 만들기

애저 머신러닝 기능을 사용하는 방법은 여러 가지가 있는데, 그 중에서도 코그니티브 기능을 이용하기 위해서는 API를 사용해 머신러닝 애플리케이션을 만드는 방법이 일반적으로 사용된다. 이러한 방법은 간단한 코드를 통해 이미 검증된 마이크로소프트의 알고리즘(코타나로 대표되는 인지 및 분석 알고리즘 등)을 활용할 수 있는 방법으로 전문적인 코딩 기술이나 소프트웨어가 없는 경우 효율적이다.

API를 통한 머신러닝 알고리즘의 활용 방법을 간단한 예제를 통해 구현해 보자. (아래 실습 예제는 파워비아이 공식 블로그에 게시되어 있는 코드와 설명을 바탕으로 했다.) 최종 결과물은 마이크로소프트 코그니티브 서비스 API(Cognitive Service API)를 활용하여 페이스북 데이터를 분석해 만든 워드 클라우드 보고서이다. 이를 위해 파워비아이의 쿼리 기능과 페이스북 커넥터 그리고 마이크로소프트 스토어에서 내려받은 워드 클라우드 커스텀 비주얼 파일을 활용했다.

페이스북 포스트 데이터 가져오기

만들고자 하는 최종 보고서는 그림 5-27과 같은 페이스북 메시지 '워드 클라우드 보고서'
이다.

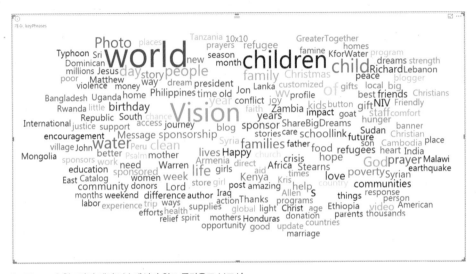

[그림 5-27] 월드비전 페이스북 메시지 워드 클라우드 보고서

해당 보고서는 월드비전 페이스북 계정에 사용자들이 남긴 메시지의 키워드를 추출하여 공
유 수를 바탕으로 워드 클라우드로 표현한 것으로, 월드비전과 관련되어 어떤 키워드들이 사
용자들 사이에서 많이 언급되고 공유되었는지에 대한 정보를 나타내 주는 보고서이다. 이는
반복되는 명사만 추출하여 워드클라우드 리포트를 만들어 주는 다른 서비스와는 달리 코그
니티브 서비스를 활용하면 핵심 키워드를 추출하고 이를 기반으로 보고서를 만들 수 있어 그
효용 면에서 훨씬 유용하다.

보고서를 만들기 위해 먼저 파워비아이를 통해 분석하고자 하는 페이스북 계정의 정보(기본
데이터)를 불러온다. 파워비아이는 여러 웹 서비스의 자료를 바로 연결해서 가져올 수 있도
록 전용 커넥터를 제공한다. 그림 5-28과 같이 [데이터 가져오기]→[온라인 서비스]를 선택
하면 페이스북(Facebook) 커넥터를 실행시킬 수 있다.

[그림 5-28] 파워비아이 페이스북 커넥터

대화 상자가 나타나면 그림 5-29와 같이 '사용자 이름 또는 개체 ID'에 분석하고자 하는 계정의 ID 또는 사용자 이름을 입력해 준다.

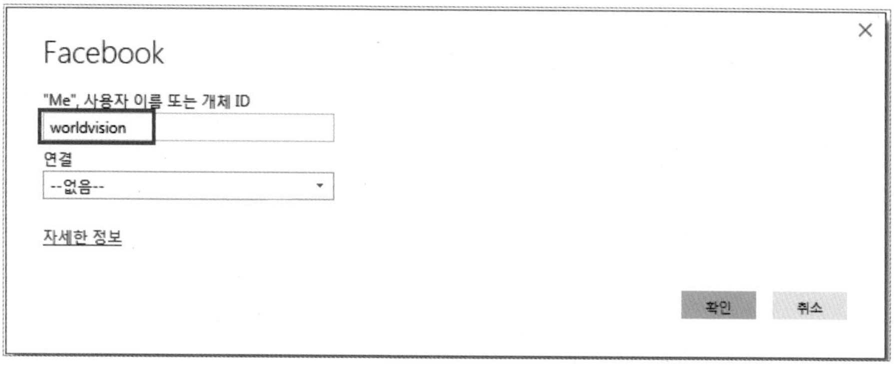

Facebook

"Me", 사용자 이름 또는 개체 ID
worldvision

연결
--없음--

자세한 정보

확인   취소

[그림 5-29] 페이스북 커넥터 대화상자

'확인'을 클릭하면 파워비아이는 입력한 ID에 대해 그림 5-30과 같이 해당 계정의 일반 정보 테이블을 쿼리해 보여준다.[4]

---

4 해당 쿼리를 실행하기 위해서는 자격증명이 필요할 수 있다. 자격증명은 페이스북 ID로 가능하며 없는 경우 계정을 만들어야 정보를 받아 올 수 있다.

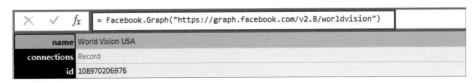

[그림 5-30] 페이스북 월드비전 계정 일반 정보

그런데 우리가 필요한 것은 포스트의 메시지 정보이므로 입력창에서 /posts?limit=100를 worldvision 뒤에 입력해 쿼리 식을 다음과 같이 수정해 준다.

```
=Facebook.Graph("https://graph.facebook.com/v2.8/worldvision/posts?limit=100")
```

페이스북 그래프 API

위 예제는 파워비아이의 웹 커넥터와 '페이스북'에서 제공하는 '그래프 API 서비스'를 바탕으로 하고 있다. 페이스북 API에 대한 자세한 사용 방법은 '페이스북' 개발자 공식 페이지에서 확인할 수 있다(https://developers.facebook.com/docs/graph-api/using-graph-api). 페이스북 그래프 API는 현재 2.9 버전까지 나와 있는데, 해당 서비스를 통해 불러올 수 있는 필드가 조금씩 변경되기 때문에 위 식이 에러 메시지를 반환한다면 위 페이지를 확인해 보고 정확한 필드명을 식에 포함시켜 주어야 한다.

수정된 쿼리 식을 실행하면 그림 5-31과 같이 전체 월드비전의 전체 포스트 메시지와 작성 날짜, 작성 아이디 등에 대한 데이터를 불러올 수 있다.

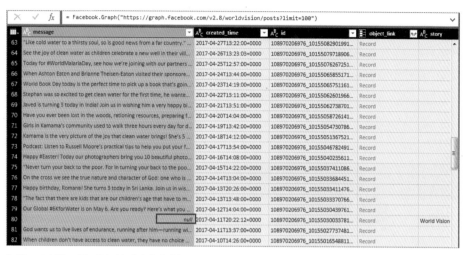

[그림 5-31] 월드비전 페이스북 메시지 테이블

이렇게 불러온 자료를 마이크로소프트 애저 코그니티브 서비스(Azure Cognitive Service)로 보내 키워드 분석을 하기 위해서는, 지금까지 해온 데이터 분석 작업과 마찬가지로 기본적인 데이터 전처리 작업을 해야 한다.

가장 먼저 'Message' 열의 필터(화살표)를 선택해 Null(값 없음) 값을 선택 해제해 주고 'Id' 열을 선택해 마우스 오른쪽 버튼을 클릭하고 그림 5-32와 같이 중복 값은 제거해 준다. 이 때의 ID는 사용자의 ID가 아닌 글 자체의 ID로 포스트마다 고유 값을 가진다.

[그림 5-32] 데이터 전처리 중복 값 제거

코그니티브 서비스 API 키 생성

마이크로소프트 코그니티브 서비스 API를 사용하기 위해서는 먼저 계정을 만들고 API 키 값을 받아야 한다. https://azure.microsoft.com/ko-kr/try/cognitive-services/?mode=NewTrials로 접속해 애저 계정을 만들고 키워드 분석에 사용할 'Text Analytics API 만들기'를 선택해 API 키를 생성한다.

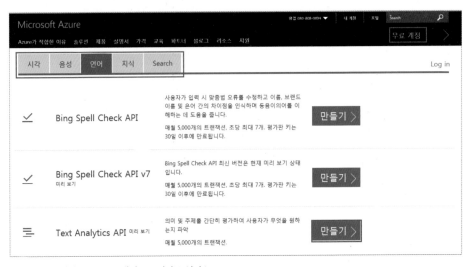

[그림 5-33] 마이크로소프트 애저 코그니티브 서비스

위 사이트에서 확인할 수 있는 것처럼 마이크로소프트 애저 머신러닝 코그니티브 서비스는 텍스트 분석을 통한 키워드 선정뿐만 아니라 이미지 인식과 음성인식 그리고 맞춤법 확인 등의 기능을 수행하는 머신러닝 알고리즘도 무료로 제공하고 있다. 따라서 기본 코딩 지식만 있으면 이를 마음껏 활용해 여러 가지 서비스를 손쉽게 만들고 배포할 수 있다. 물론 요청 트래픽에는 한계가 있으므로 상업용 애플리케이션 배포를 위해서는 일정 금액을 지불해야 하지만 그 동안 전문가 영역에만 갇혀 있던 머신러닝을 일반인들도 손쉽게 활용할 수 있게 해준다는 점에서 혁신적인 서비스라고 할 수 있다.

계정을 만들고 원하는 서비스를 선택하면 그림 5-34와 같이 요청 API 주소와 키 값을 받을 수 있다.

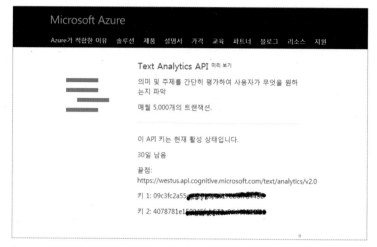

[그림 5-34] 애저 코그니티브 서비스 API

코그니티브 서비스 키워드 선정 알고리즘 활용하기

API 정보를 확인했다면 이제 다시 파워비아이로 돌아와 앞서 확인한 API 키 값을 가지고 매 개변수를 만들어 준다. API 키 값을 매개변수로 관리하면 향후 키워드 분석이 필요할 때마다 이를 손쉽게 불러와 활용할 수 있어 편리하다.

그림 5-35와 같이 파워비아이 쿼리 편집모드에서 '매개변수 관리'를 클릭해 위에서 발급 받 은 키 값으로 매개변수를 만들어 준다.

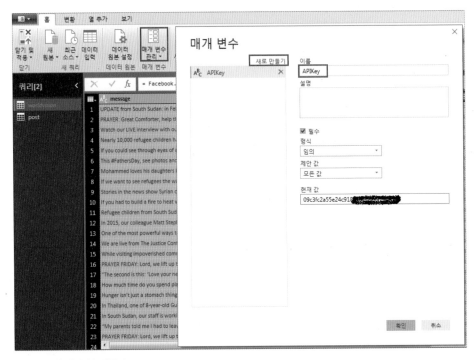

[그림 5-35] 매개변수 만들기

그리고 원본 테이블을 마이크로소프트 코그니티브 서비스로 보내고 받을 때 사용할 플랫폼 (함수)을 JSON을 이용해 만들어 주면 된다. 아래 코드를 파워비아이 쿼리 모드에서 [홈]탭 →[새원본]→[빈 쿼리]→[고급 편집기] 창을 열고 입력해 연결 함수를 만들어 준다.

```
(Source as table) as any =>
let
#"Removed Other Columns" = Table.SelectColumns(Source,{"language","id", "text"}),
#"To Records" = Table.ToRecords(#"Removed Other Columns"),

JsonRecords = Text.FromBinary(Json.FromValue(#"To Records")),
JsonRequest = "{""documents"": " & JsonRecords & "}",

JsonContent = Text.ToBinary(JsonRequest, TextEncoding.Ascii),
Response =
Web.Contents("https://westus.api.cognitive.microsoft.com/text/analytics/v2.0/keyPhras-
es?",
```

```
[
Headers = [#"Ocp-Apim-Subscription-Key"= APIKey,
#"Content-Type"="application/json", Accept="application/json"],
Content=JsonContent
]),
JsonResponse = Json.Document(Response,1252)
in
JsonResponse
```

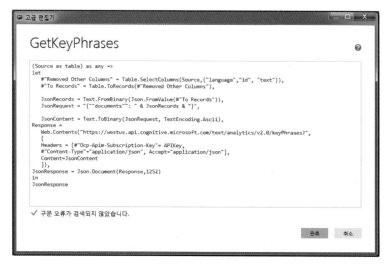

[그림 5-36] 코그니티브 서비스 연결 JSON 코드

위 코드가 제대로 입력되었다면 아래와 같이 방금 만든 새 쿼리 앞에 Fx (함수값) 표시가 되는 것을 확인할 수 있다.

애저 샘플 코드

코그니티브 서비스뿐만 아니라 애저의 여러 서비스 및 기능을 사용하기 위해서는 작성한 애플리케이션과 애저의 알고리즘을 연결하는 코드와 알고리즘을 제어할 수 있는 코드를 작성할 수 있어야 한다. 마이크로소프트는 개발자나 일반인들이 쉽게 이러한 코딩을 할 수 있도록 여러 경우에 있어서의 코드 샘플을 잘 정리해 공유하고 있다.

[그림 5-37] 마이크로소프트 애저 샘플코드(https://azure.microsoft.com/ko-kr/resources/samples/?service=cognitive-services)

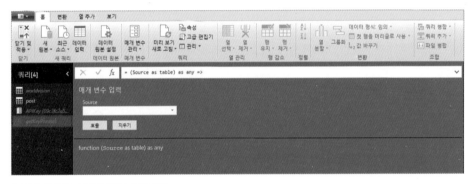

[그림 5-38] 코그니티브 서비스 연결 함수

이제 원본 데이터로 돌아가 위에서 작성한 코드에 맞게 데이터를 정리해 코그니티브 서비스로 데이터를 보내주기만 하면 된다.

페이스북에서 가져온 기본 데이터에서 분석을 위해 필요한 열은 'Message' 열과 각 열의 고유 키 값인 'Id' 열이므로 아래와 같이 [열 선택]을 클릭해서 위 두 개의 열만 남겨 준다. 그리고 위에서 작성한 코드와 일치하도록 'Message' 열의 이름을 'text'로 변경해 준다.

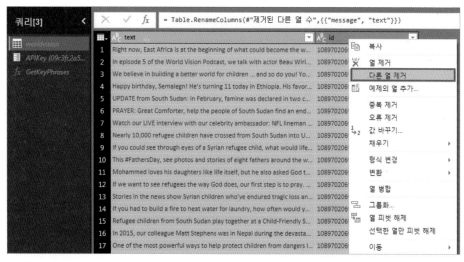

[그림 5-39] 열 제거

코그니티브 서비스의 키워드 추출 기능을 사용하기 위해서는 해당 데이터가 어떤 언어로 되어 있는지를 알고리즘에 우선 알려 주어야 한다. 참고로 텍스트 분석(text analysis) 기능은 아직까지는 영어, 독일어, 스페인어, 일본어 등의 한정된 언어만 지원된다. (안타깝게도 한국어는 지원되지 않는다. 하지만 코타나(Cortana)의 한국어 인식 및 번역 등에 대한 지원이 가능해진 것으로 보아 조만간 한국어에 대한 텍스트 분석이 가능해질 것이라고 생각한다.)

분석 대상 데이터의 언어를 지정해 주기 위해서는 원본 테이블에 언어 정보 열을 추가해야 한다. 그림 5-40과 같이 '사용자 지정 열 추가'를 클릭하고 편집 창에 아래와 같이 ="en"을 입력해 코그니티브 서비스가 분석 대상 언어가 영어라는 것을 인식할 수 있도록 해 준다. 그리고 새 열의 이름은 JSON 코딩과 일치하도록 "language"로 지정한다.

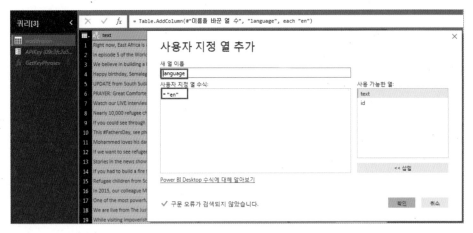

[그림 5-40] 분석 대상 언어 종류 지정

 코그니티브 서비스 텍스트 분석

코그니티브 서비스의 Text Analysis API에 대한 더 자세한 사항은 마이크로소프트 애저 설명서 페이지에서 확인할 수 있다(https://docs.microsoft.com/ko-kr/azure/cognitive-services/text-analytics/overview).

Supported Languages

Language	Language code	Sentiment	Key phrases	Topics
Danish	da	✔ *		
German	de	✔ *	✔	
Greek	el	✔ *		
English	en	✔	✔	✔
Spanish	es	✔	✔	
Finnish	fi	✔ *		
French	fr	✔		
Japanese	ja		✔	
Italian	it	✔ *		
Dutch	nl	✔ *		

[그림 5-41] 마이크로소프트 코그니티브 서비스 Text Analysis 지원 언어

이렇게 완성된 테이블은 최종적으로 1,000개의 행으로 그룹화를 해야 한다. 그 이유는 코그니티브 서비스가 한번에 1,000개 행만 인식할 수 있기 때문이다.

그림 5-42와 같이 [열추가]→[인덱스 열]을 클릭해서 인덱스 열을 추가해 주고 [변환]→[표준]→[정수로 나누기]를 선택해서 인덱스 값을 1,000으로 나눈다.

[그림 5-42] 인덱스 값 추가

[그림 5-43] 정수로 나누기

그리고 1000으로 나눈 인덱스 값을 기준으로 [변환] 탭 →[그룹화]를 선택해 행 값을 그룹화하면 된다. 새 열 이름은 'sub-table'로 지정해 준다.

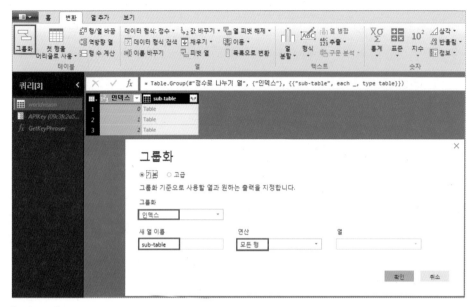

[그림 5-44] 그룹화

이렇게 그룹화를 하면 위와 같이 각각 1,000개의 행을 가진 3개 행의 'sub-table' 열을 얻을
수 있다. 이제 인덱스 열은 삭제하고 이를 앞에서 작성한 함수를 이용해 코그니티브 서비스
로 보내면 된다.[5] 그림 5-45와 같이 사용자 지정 함수를 호출해 'Source'란에 sub-table을
입력하고 '확인'을 클릭해 정보를 보낸다.

---

5   코그니티브 서비스에 접속할 때는 접속에 대한 '개인 정보 수준'을 설정해야 한다. 보통 '공용'으로 설정해야 추가적인 데이터에 접근
할 수 있으며 자세한 내용은 https://support.office.com/ko-kr/article/%EA%B0%9C%EC%9D%B8-%EC%A0%95%EB%B3%B4-
%EC%88%98%EC%A4%80-%ED%8C%8C%EC%9B%8C-%EC%BF%BC%EB%A6%AC-cc3ede4d-359e-4b28-bc72-
9bee7900b540?ui=ko-KR&rs=ko-KR&ad=KR에서 확인할 수 있다. 추가 개인정보 설정은 쿼리편집 창에서 [데이터 원본설
정]→[권한편집]을 클릭하면 가능하다.

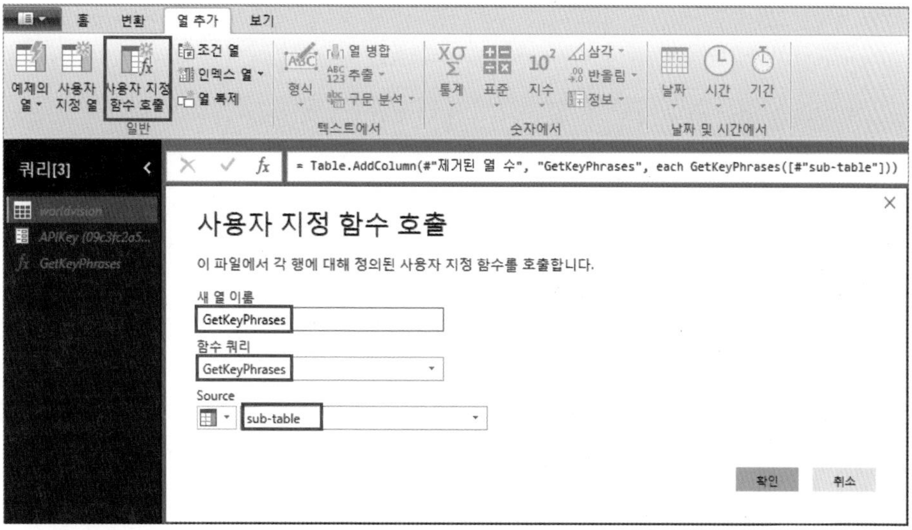

[그림 5-45] 코그니티브 서비스로 정보 보내기

참고로 앞에서 JSON으로 만들어준 함수는 'Sub-Table' 값을 받아서 코그니티브 서비스 중 텍스트 분석으로 이를 보내고 알고리즘에 의해 키워드가 선정된 결괏값을 받아서 이를 다시 파워비아이로 보내주는 역할을 한다.

과정 중에 오류가 없었다면 그림 5-46과 같이 선정된 키워드로 이루어진 테이블을 받을 수 있다. 이제 최종 분석을 위해서 'sub-table' 열을 삭제해 주고 'getKeyPhrases' 열의 확장 버튼을 클릭해 선정된 키워드 데이터를 확인해 보자.

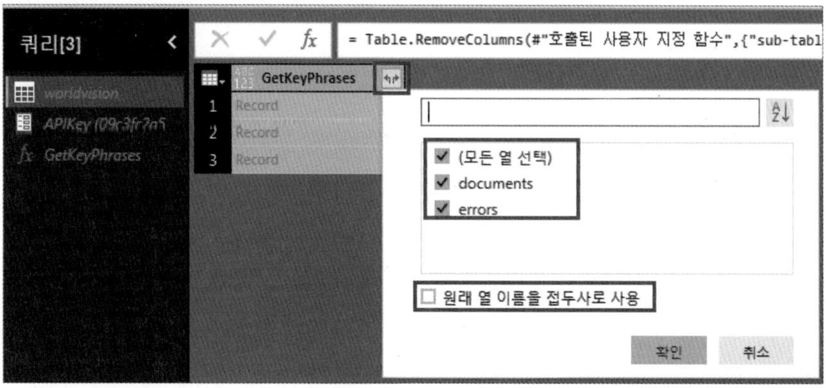

[그림 5-46] 테이블 확장

확장 시에는 '원래 열 이름을 접두사로 사용'란을 선택하지 않아야 한다. 또한 'errors' 행도 필터링해 준다. 최종 완성된 테이블의 'keyPhrases' 열에서는 코그니티브 서비스 중 텍스트 분석이 선정한 키워드들을 확인할 수 있다. 선정된 키워드들은 코그니티브 서비스 중 인공지능이 해당 포스트에서 가장 의미 있다고 판단한 단어 또는 문구들이다.

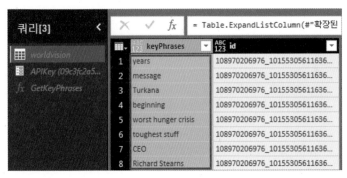

[그림 5-47] 페이스북 게시글에서 선정된 키워드

워드클라우드 보고서 만들기

완성된 테이블은 워드클라우드 작성을 위해 그림 5-48과 같이 'KeyPhrases' 열로 그룹화해 해당 단어의 빈도수를 추가해 준다. 이 때 '연산'에 '행 카운트'를 선택하면 손쉽게 빈도수를 새로운 변수로 추가할 수 있다. 이를 내림차순으로 정리하면 어떤 키워드들이 가장 많이 언급되었는지 테이블로 확인할 수 있다.

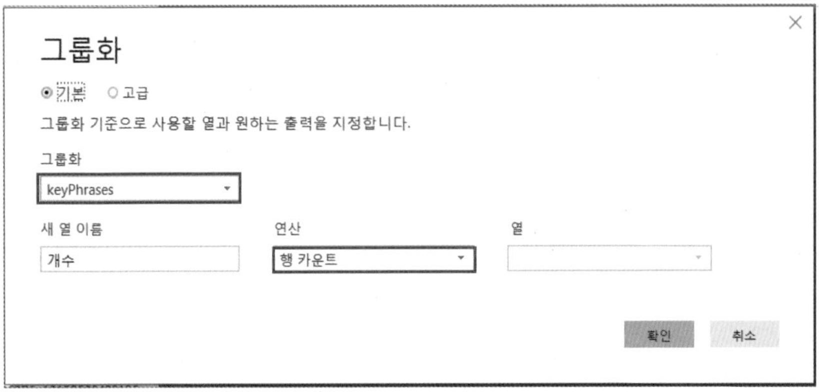

[그림 5-48] 키워드 빈도 수 계산을 위한 그룹화

[그림 5-49] 빈도 수로 정렬된 키워드

파워비아이의 워드클라우드 보고서 개체는 'Visual Gallery'에서 직접 다운받거나 그림
5-50과 같이 [홈]→[저장소에서]를 선택해 추가로 설치하면 된다.

[그림 5-50] 워드클라우드 시각적 개체 설치

파워비아이 저장소에서는 워드 클라우드 개체뿐만 아니라 여러 다른 고급 시각화 개체도 손
쉽게 내려받을 수 있다.

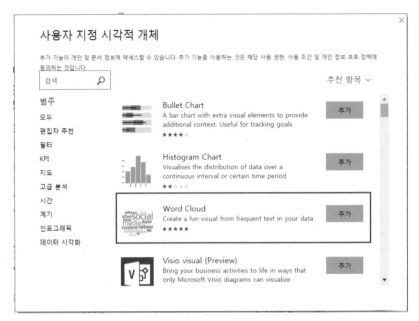

[그림 5-51] 파워비아이 저장소 시각화 개체

[그림 5-52] 페이스북 데이터 워드 클라우드 보고서

워드클라우드 개체를 설치한 후 'Category'에 'KeyPhrases' 열을 가져다 놓고 'Value' 값에 '개수' 열을 위치시키면 그림 5-52와 같이 언급 횟수에 따른 워드클라우드 보고서를 만들 수 있다. 이때 설정 창에서 그림 5-53과 같이 'Word-breaking'과 'Rotate Text' 항목은 해제 하면 더 읽기 쉬운 보고서를 만들 수 있다.

[그림 5-53] 워드클라우드 보고서 설정

5.2.3 마이크로소프트 애저 머신러닝 스튜디오

애저 머신러닝 스튜디오 기본 사용법

머신러닝은 주어진 데이터를 바탕으로 어떻게 하면 '효과적인 예측을 할 수 있을지'에 대한 질문에서 출발한다. (그것이 현상에 대한 것이라면 미래 예측이 되고 특정한 조건에 대한 것이라면 알파고와 같은 인공지능이 된다.) 그런데 이 문제에 효과적으로 답을 하기 위해서는 기본적으로 바탕이 되는 데이터가 일정한 규모 이상이어야 한다. 한정된 데이터만을 가지고 만든 모델은 많은 경우의 수를 반영하지 못하기에 예측의 정확성이 떨어질 수밖에 없다. 따라서 꼭 빅데이터가 아니더라도 일정 규모 이상의 데이터를 바탕으로 모델을 만들어야 예측에 있어서 의미 있는 결과를 만들어 낼 수 있다.

문제는 빅데이터를 다룰 수 있으면서 고급 분석 알고리즘까지 지원해 주는 툴이 일반적이지 않다는 것이다. 일부 전문가들이 사용하는 상용프로그램을 제외하고 현재로써 이러한 기능을 모두 지원해 주는 툴은 찾기 어렵다. 그나마 이러한 상황에서 R 이나 파이썬 등, 데이터와 알고리즘을 동시에 효과적으로 다룰 수 있는 언어와 텐서플로우가 등장하면서 데이터 분석과 머신러닝이 조금씩 보편화되고 있지만, 여전히 코딩이라는 한계 때문에 머신러닝이 전문가들의 영역에만 남아 있는 것이 현실이다.

이러한 상황에서 머신러닝의 보편화를 위해 등장한 것이 마이크로소프트 머신러닝 스튜디오 (이하 ML 스튜디오)다. ML 스튜디오는 구글 텐서보드와 마찬가지로 여러 가지 알고리즘을 사용해 모델을 만들고 이를 실험해 볼 수 있는 기능을 제공하면서도 코딩이 필요 없는 윈도우 환경으로 초보자도 쉽게 활용할 수 있는 머신러닝 플랫폼이다. 애저 머신러닝을 사용하는 두 번째 방법이 바로 이 애저 머신러닝 스튜디오를 이용하는 것이다.

ML 스튜디오에서는 데이터 분석과 머신러닝 모델화의 전 과정을 그림을 그리듯이 (구글 텐서플로우의 텐서보드와 유사한 형태) 디자인할 수 있다. 따라서 코딩이나 복잡한 계산식의 사용 없이도 머신러닝을 바탕으로 한 모델을 만들 수 있도록 해 준다. R이나 파이썬을 사용하는 사용자들도 ML 스튜디오를 통해 기존에 작성한 알고리즘을 마음대로 병합하고 확장할 수 있어 복잡한 데이터 분석 모델 작업에 효과적이다.

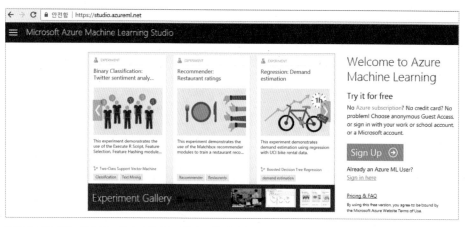

[그림 5-54] 마이크로스포트 애저 머신러닝 스튜디오 웹 페이지

또한 ML 스튜디오를 사용하면 분석을 위한 데이터 전처리 과정 역시 손쉽게 처리할 수 있다. 특히 100만 행 이상인 테이블도 몇 번의 클릭만으로 널 값을 제거하고 대체 값을 입력하는 등의 번거로운 작업을 쉽게 할 수 있어 매우 편리하다. 게다가 ML 스튜디오로 만든 분석 모델은 API를 통해 특정 사용자들이 사용할 수 있도록 공개할 수도 있어서 애플리케이션 배포용으로도 사용할 수 있다.

물론 이러한 ML 스튜디오를 제대로 활용하기 위해서는 각 알고리즘과 데이터 프로세싱(편집) 도구들이 어떠한 동작을 하는지 알아야 한다. 하지만 알고리즘을 제외하고는 대부분 직관적으로 동작을 이해할 수 있어 초보자도 어렵지 않게 사용할 수 있다.

ML 스튜디오를 통해 데이터를 분석하거나 머신러닝 모델을 만드는 과정은 일반적인 데이터 분석과 동일하다. 먼저 분석을 위한 데이터를 선별하고 이를 분석이 가능하도록 수정 (데이터 전처리)해야 한다. 그리고 여러 알고리즘을 적용한 모델을 구축해 실험해 보고 최종석으로 이를 평가하는 절차를 거친다.

애저 머신러닝 스튜디오를 활용한 군집화 분석

이번 예에서는 앞선 예에서 실행했던 비교적 간단한 형태의 군집화 분석을 통해 ML 스튜디오의 사용법을 간단히 익혀보도록 하겠다.

ML 스튜디오 갤러리 활용하기

사실 애저 머신러닝 스튜디오는 그 자체로도 방대한 규모의 소프트웨어이고, 포함하고 있는 각 모듈도 복잡한 기능을 가지고 있어, 단기간에 이를 모두 습득하기는 쉽지 않다. 하지만 코딩에 대한 부담이 없어 기본적인 통계학 지식만 뒷받침된다면 코타나 인텔리전스 갤러리에 공개되어 있는 기존 모델들을 통해 어렵지 않게 스스로 학습이 가능하다. 마이크로소프트는 또한 관련된 여러 튜토리얼도 제공하고 있어 처음 ML 스튜디오를 사용하는 사용자들이 손쉽게 이를 활용할 수 있게 하고 있다.

[그림 5-55] 코타나 인텔리전스 갤러리(https://gallery.cortanaintelligence.com/)

우선 애저 머신러닝 스튜디오 https://studio.azureml.net/에 접속해 계정을 만든다. 마이크로소프트 계정이 있는 사람은 그대로 사용이 가능하다. 계정을 만들고 메인 페이지로 들어가면 그림 5-56과 같이 실험과 웹 서비스를 만들고 관리할 수 있는 메인 캔버스 화면을 열 수 있다.

메인 캔버스에서는 기존에 만들어 놓은 실험(실험이라고 표현했지만 결국 머신러닝 알고리즘 등을 사용해 데이터의 패턴을 찾아내는 분석 과정 즉 모델)을 확인하고 이를 수정하거나 배포하는 등의 작업을 할 수 있다. 메인 캔버스의 아래쪽에 있는 + 버튼을 누르면 새로운 실험 (모델)을 만들 수 있다.

[그림 5-56] 마이크로소프트 머신러닝 스튜디오의 메인 화면

참고로 ML 스튜디오에는 자신이 올리는 데이터셋뿐만 아니라 기존에 공개된 여러 빅데이터 소스들이 저장되어 있으므로, 이를 활용한 분석도 가능하다.

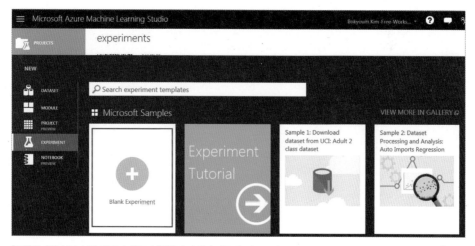

[그림 5-57] 신규 실험 만들기. 신규 실험뿐만 아니라 기존에 샘플로 만들어진 모델을 가져와 원하는 형태로 수정하는 작업도 가능하다.

그림5-56의 실험 메인 페이지에서 하단의 New(신규 실험 만들기) 버튼을 클릭하면 그림 5-58과 같이 빈 페이지가 열리는데 여기서 제일 위쪽 점선으로 만들어진 상자에 분석하고 자 하는 데이터를 끌어 놓으면 데이터 분석 또는 모델링을 시작할 수 있다. 처음 머신러닝 스

튜디오에 접속했다면 ML 스튜디오에 저장되어 있는 샘플 데이터셋 말고는 끌어 놓을 수 있는 데이터셋이 없을 것이다. ML 스튜디오에서 제공하는 공개 데이터셋으로 분석을 할 것이 아니라면 먼저 자신의 데이터셋을 업로드해야 한다. 데이터셋 업로드는 그림 5–58과 같이 제일 왼편에 있는 아이콘 들 중 데이터셋 아이콘(적색으로 표시된 부분)을 클릭하면 된다. 앞서 작성한 '2016년 3분기 손익계산서' 자료를 업로드해 보자.

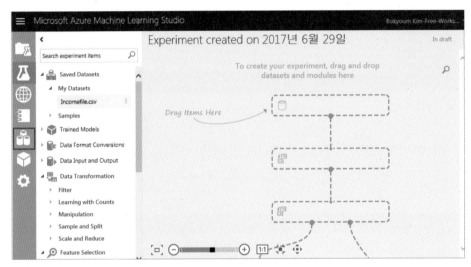

[그림 5–58] ML스튜디오를 활용한 데이터 분석 모델 만들기

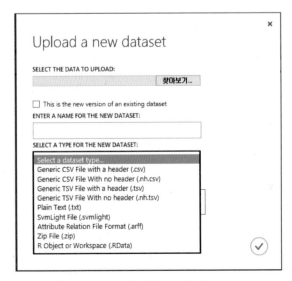

[그림 5–59] ML 스튜디오 데이터셋 업로드 대화 상자

데이터셋 파일을 업로드하고 나면 Mydatasets 메뉴에서 해당 파일을 확인할 수 있다. 이를 끌어서(drag) 캔버스로 옮겨 놓으면 해당 데이터를 활용한 본격적인 분석 모델 만들기를 시작할 수 있다.

참고로 ML 스튜디오는 구글의 텐서플로우와 마찬가지로 거의 모든 종류의 머신러닝 알고리즘을 조합하고 활용해 분석 모델을 만들 수 있다. 또한 각 알고리즘에 대한 기본적인 지식만 있다면 텐서플로우와는 달리 별도의 코딩 작업 없이도 머신러닝 기법을 활용한 데이터 분석을 가능하게 해 준다. 물론 다양한 데이터별로 어떤 알고리즘을 적용하는 것이 좋은지를 판단하기가 쉽지 않고, 여러 모듈을 복합적으로 연결해 사용하는 것 역시 수월한 작업은 아니지만, 머신러닝에 대한 전체적인 개념만 알고 있다면 다른 도구들에 비해 쉽게 활용할 수 있다는 장점이 있다.

본격적으로 머신러닝 모듈을 적용하기 전에 먼저 가져온 데이터를 분석에 맞게 편집해야 한다. 검색 창을 통해서 'Clean Missing Data(결측 데이터 정제)' 모듈과 'Convert to Dataset(데이터셋으로 전환)' 모듈을 찾아 캔버스에 추가한다. 그리고 그림 5-60과 같이 업로드 한 데이터와 각각의 모듈을 선으로 연결해 흐름을 만든다. 각 모듈은 화면 좌측 상단의 검색 창을 통해서 찾을 수 있다.

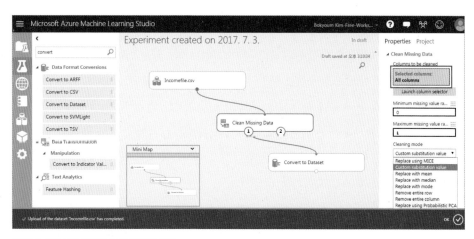

[그림 5-60] 모듈 연결해 작업 흐름 만들기

'Clean Missing Data' 모듈을 클릭하면 해당 모듈에서 실행할 동작 속성에 대해서 설정할 수 있는 창이 오른쪽에 보여진다. 여기서 수정하고자 하는 열을 선택하고 편집 속성을 입력하면 원하는 편집 작업을 할 수 있다. 예제에서는 그림 5–61과 같이 세 개 열의 널 값을 수정하기 위해 Select Columns(열 선택) 대화상자를 열어 각 열을 선택하고 Cleaning Mode(정제 모드)와 Replace Value(대체 값)에 각기 Custom Substitute Value(맞춤 대체 값)와 0을 입력했다.

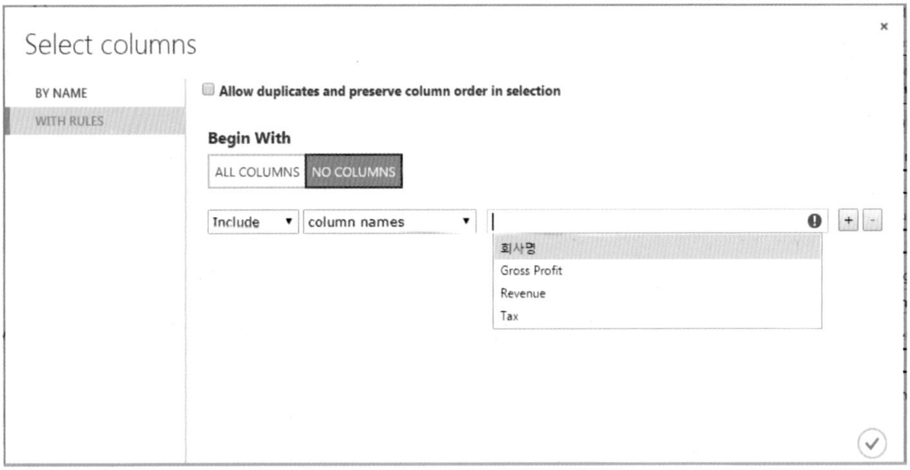

[그림 5–61] 모듈 적용 대상 열 선택

만들어진 데이터 모델을 실행할 때는 메인 캔버스 아래쪽에 있는 실행 버튼을 클릭하면 된다. 모델의 실행은 각 단계를 추가할 때마다 실행해 주는 것이 좋다. 그래야 어느 부분에서 오류가 있는지 바로 알고 수정할 수 있다. 위 상태에서 실행을 클릭하면 선택된 세 개의 열에서 모든 널 값을 0으로 바꾸는 데이터 편집 작업이 실행된다. 모듈을 거쳐 편집된 데이터를 확인하기 위해서는 해당 모듈이 실행된 이후 그림 5–62와 같이 모듈의 아래쪽 노드에서 마우스 우 클릭 후 Visualize(시각화)를 선택한다.

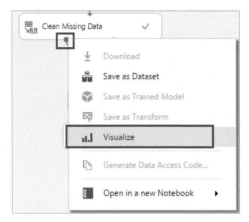

[그림 5-62] 모듈에서의 데이터 확인

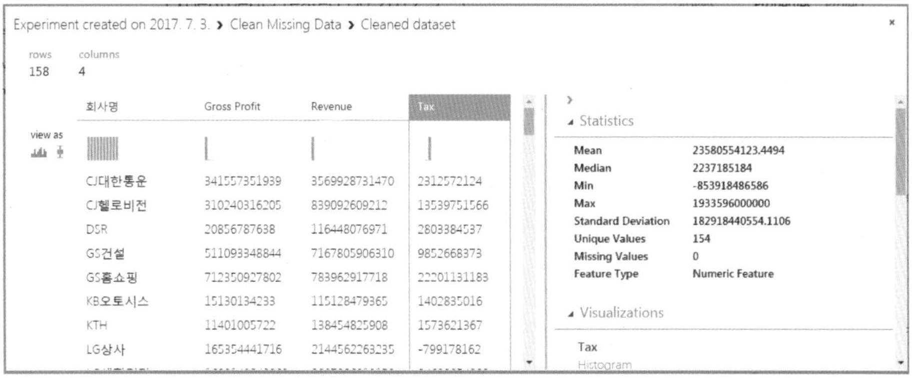

[그림 5-63] 편집된 데이터 확인

'Convert to dataset' 모듈은 특정 값을 바꾸거나 제거할 때 사용할 수 있는 모듈로 당장은 필요하지 않지만 분석 과정에서 데이터 값을 임으로 변경해야 할 경우 사용할 수 있으므로 우선 삽입해 놓는 것이 좋다.

'데이터 전처리'가 끝났다면 이제 본격적으로 머신러닝 모듈을 찾아 해당 데이터와 연결하면 된다. 검색을 통해 'K means clustering(k 평균 군집화)' 모듈을 찾아 캔버스에 추가하고 속성을 설정해 준다.

k 평균 모듈을 사용하기 위해서는 그림 5-65에서 확인할 수 있는 것과 같이 6개 속성 값을 각각 입력해야 한다. 속성 값은 일련의 조건과 같은 의미로 사용되는데, 해당 모듈을 실행할

때 어떠한 방법으로 알고리즘을 실행할 것인가에 대한 조건을 설정해 주는 것이라고 생각하면 된다. 속성 값 설정은k 평균 모듈뿐만 아니라 모든 모듈을 실행할 때 설정해야 한다. 속성 값에 대한 자세한 내용은 마이크로소프트 지원 문서에서 확인할 수 있다.

해당 모듈에서 마우스 우 클릭 후 'Help' 아이콘을 선택하면 지원 문서를 확인할 수 있다.

[그림 5-64] 모듈 지원 문서 확인 방법

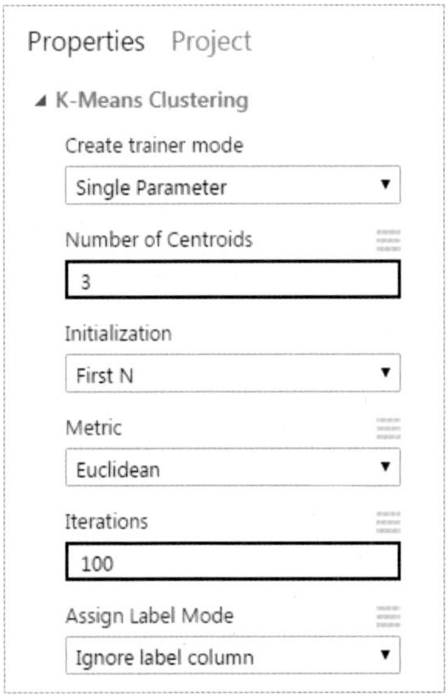

[그림 5-65] K-means Clustering 속성 설정 창

속성 값을 모두 설정했다면 이제 이를 데이터와 연결하면 된다. 그림 5-66과 같이 'Train Clustering Model(군집화 모델 훈련)'을 캔버스에 추가하고 정리한 데이터와 k 평균 모듈을 함께 연결해 준다.

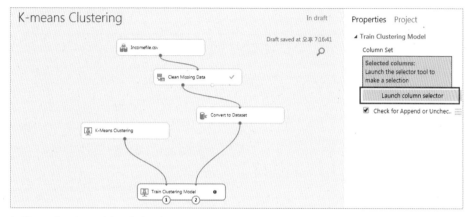

[그림 5-66] k 평균 군집화 모델 만들기

그리고 그림 5-67과 같이 훈련 모듈을 설정할 때 군집화 분석에 포함할 변수를 선택하면 기본적인 모델이 완성된다.

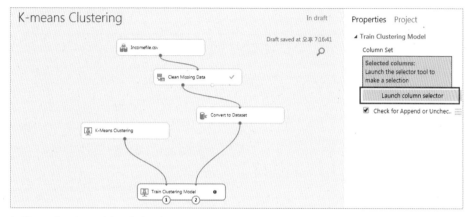

[그림 5-67] 분석 대상 열 선택

마지막으로 데이터 확인 및 데이터 유형 설정을 위해 'Edit Metadata(메타데이터 편집)' 모
듈을 제일 아래쪽에 추가하고 이를 'Train Clustering Model(군집화 모델 훈련)'의 Result
Dataset 부분에 연결해 준다. 그리고 아래쪽의 실행 아이콘을 클릭하면 모듈의 흐름에 따라
군집화 작업이 진행되는 것을 확인할 수 있다.

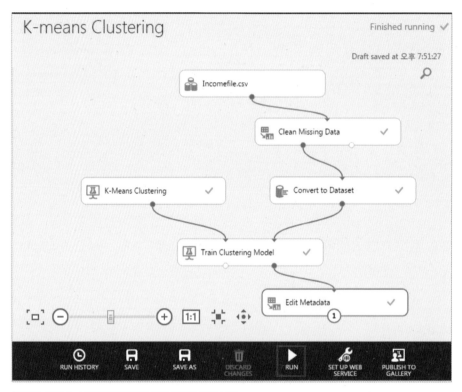

[그림 5-68] ML 스튜디오를 활용한k평균 군집화 모델 실행

최종 분석 결과 확인은 'Edit Metadata'를 우 클릭 후 [Result Dataset]→ [Visualization]
을 선택하면 된다.

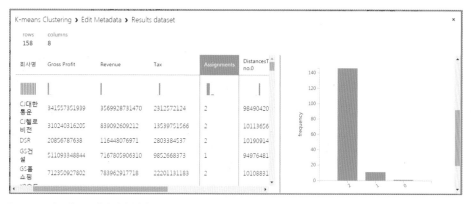

[그림 5-69] k평균 군집화 결과 확인

완성된 최종 결과물은 앞선 파워비아이를 활용한 군집화 분석과 거의 비슷한 형태를 보여준다. 참고로 앞선 예에서는 군집 개수를 지정하지 않았지만 이번 분석에서는 설정 창을 통해 군집 개수를 세 개로 지정했다.

한 가지 주목할 만한 것은 세 번째 범주에 속한 삼성전자는 수익과 매출이 다른 기업들의 형태와는 크게 달라서 혼자 하나의 범주를 이루고 있다는 것이다. 이는 삼성전자의 매출액과 이익 그리고 법인세가 다른 기업들과는 크게 다르다는 것을 알려준다. 이러한 경우 보통 해당 데이터를 이상점으로 취급해 배제하고 다시 분석작업을 하는 것이 보통이다. 이렇게 하면 조금 더 유사성이 있는 데이터끼리 하나의 군집을 형성하기 때문에 분석이나 예측의 효율을 높일 수 있다.

살펴본 바와 같이 애저 머신러닝 스튜디오를 활용하면 특별한 도구 없이도 다양한 데이터들을 가공하거나 연결해 손쉽게 의미 있는 분석 결과를 만들어 낼 수 있다. 더욱이 모델 형태로 나온 결과물을 API로 작성해 공유하거나 배포할 수도 있어 애플리케이션 직성과 지식 공유에 효과적으로 사용될 수 있다(API 작성법 및 알고리즘에 대한 설명을 애저 공식 지원 문서에서 확인할 수 있다). 물론 이를 사용하기 위해서는 데이터에 대한 기본적인 이해와 머신러닝 알고리즘에 대한 일정 수준의 지식이 필요하다. 하지만 애저 머신러닝 스튜디오 플랫폼 자체가 쉽게 사용할 수 있는 윈도우 방식(알고리즘 아이콘과 드래그 앤 드롭 방식의 실행 모듈생성 방법)으로 디자인되어 있어 조금만 노력한다면 이를 활용해 여러 데이터 분석 작업을 실행할 수 있다.

5.3 정리

머신러닝은 그 활용분야가 무궁무진하다. 4차 산업의 핵심인 인공지능이나 자율주행 자동차 등의 기술은 모두 이러한 머신러닝을 바탕으로 하고 있다. 따라서 머신러닝을 이해하지 못한다면 4차 산업으로 인한 기술 혁신에서 변두리에 머물러 있을 수밖에 없다. 물론 이러한 머신러닝 개념을 제대로 이해하기가 쉬운 일은 아니다. 하지만 데이터로부터 시작되는 머신러닝은 일반적으로 생각하는 것과는 달리 이해하지 못할 정도로 난해한 개념은 아니다. 따라서 데이터의 형태와 구조에 대해서 잘 이해하고 있다면 혼자서도 학습을 통해 충분히 이해할 수 있다. 또한 요즘에는 수학 지식이나 통계학 지식이 충분하지 않아도 직접 머신러닝 모델을 만들어 실행해 볼 수 있게 해 주는 도구들이 존재한다. 구글의 텐서플로우와 애저 머신러닝이 그것인데, 이러한 프레임 워크를 잘 활용한다면 조금 더 쉽게 머신러닝을 실행해 보고 이해할 수 있다.

결국 중요한 것은 관심과 의지의 문제다. 머신러닝이 분명 어려운 개념이기는 하지만 누구나 어느 정도의 노력과 시간을 들이고 적절한 도구를 사용한다면 이러한 개념을 이해하는 것은 물론 실용적인 모델도 만들 수 있을 것이다. 그리고 이렇게 만들어진 모델은 인공지능까지는 아니더라도 여러 현상을 더욱 잘 이해할 수 있는 훌륭한 데이터 분석 모델로서 효율적으로 활용될 수 있을 것이다. 따라서 당장은 조금 어려울지라도 여러 머신러닝 알고리즘을 하나씩 배우고 실험해 가면서 이해해 보아야 한다. 이러한 과정을 통해서 데이터와 데이터가 이야기하는 여러 현상에 대해서 이해할 수 있다면 머신러닝 전문가 못지않은 실력을 갖출 수 있을 것이다.

A.1 R 설치

오픈소스인 R은 누구나 홈페이지인 http://www.r-project.org에서 자유롭게 설치 파일
을 내려받아 설치할 수 있다.

[그림 A-1] R 홈페이지

R 홈페이지에서 'CRAN'을 클릭하면 나라별 다운로드 센터로 이동한다. 세 곳 중 하나의 서
버를 선택해 내려받는다.

[그림 A-2] 나라별 다운로드 센터

자신의 운영체제에 맞는 설치 파일을 선택하고 'Base'를 선택한다.

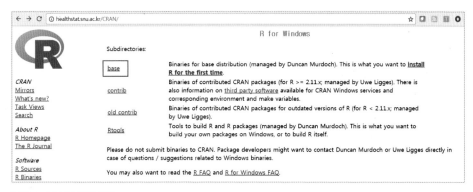

[그림 A-3] 설치 유형 선택

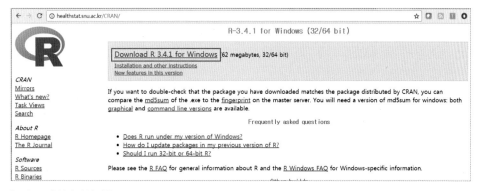

[그림 A-4] 설치 파일 다운로드

설치할 때 설치 디렉토리에 한글이 포함되어 있으면 에러가 날 수 있으니 주의해야 한다. 설치 파일을 실행하고 자신의 운영체제의 비트 체계에 맞는 옵션을 선택하면 설치를 진행할 수 있다.

A.2 R 스튜디오 설치

R 스튜디오(R Studio)는 R을 조금 더 사용하기 쉽게 만들어 주는 개발도구다. 필수 도구는 아니지만 R을 효과적으로 사용하려면 설치하는 게 좋다. R 스튜디오는 반드시 R을 설치하고 난 이후에 설치해야 한다. http://www.rstudio.com에 접속하면 무료 설치 파일을 내려받을 수 있다.

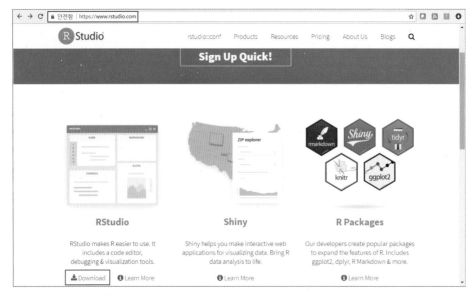

[그림 A-5] R Studio 다운로드 페이지

R과 마찬가지로 로컬 컴퓨터의 운영체제에 맞는 파일을 내려받아 설치해야 한다

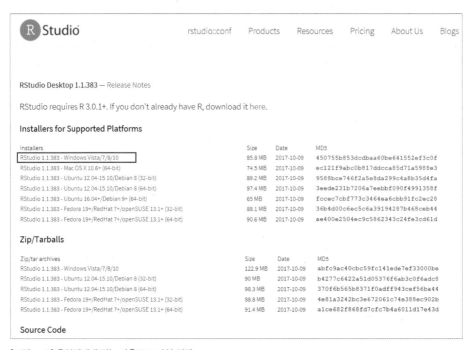

[그림 A-6] 운영체제에 맞는 다운로드 파일 선택

A.3 자바 설치

R 과 R Studio를 모두 설치했다면 이제 본격적으로 R을 사용할 수 있는 환경은 만들었다고 할 수 있다. 하지만 아직 완벽한 것은 아니다. R의 핵심이라고 할 수 있는 여러 패키지들을 문제 없이 사용하기 위해서는 자바도 함께 설치해야 한다. 일부 패키지들이 자바를 기반으로 만들어졌기에 이를 설치하지 않으면 실행 과정에서 오류가 날 수 있다. 자바는 그림 6과 같이 다운로드 페이지에 접속해 운영체제에 맞는 파일을 내려받아 설치하면 된다.

[그림 A-7] 자바 설치화면

프로그램이 제대로 설치되었다면 R 스튜디오를 실행해 보자. 그림 A-7과 같이 정상적으로 R 스튜디오가 실행되면 R을 사용할 준비가 된 것이다.

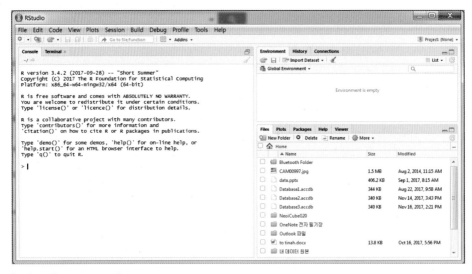

[그림 A-8] 실행된 R 스튜디오